会计学堂

零起点学会计

会计实操辅导教材研究院 编著

人民邮电出版社
北京

图书在版编目（CIP）数据

零起点学会计 / 会计实操辅导教材研究院编著. -- 北京 : 人民邮电出版社, 2019.9
ISBN 978-7-115-51127-0

Ⅰ. ①零… Ⅱ. ①会… Ⅲ. ①会计学 Ⅳ. ①F230

中国版本图书馆CIP数据核字(2019)第072809号

内 容 提 要

本书以帮助读者从“不知道会计是怎么回事”到基本能独立完成会计工作为目的，详细且全面地介绍了会计的基础理论知识，包括会计基本假设、会计要素、会计等式等，并通过具体的实际业务举例，帮助读者理解和处理会计业务；还针对打算做会计或刚开始做会计的读者的需要，介绍了会计实操过程中各个环节的处理方法，包括会计建账、填制会计凭证、登记会计账簿、编制财务报表等。书中提供的案例、行家点拨、知识补充等均来自于工作实践，对读者有较大的参考价值。

本书由浅入深，将晦涩难懂的会计术语用浅显易懂、形象生动的语言来讲述；将烦琐的会计业务处理，以案例分析的方式进行了详细讲解。

本书适合财务会计岗位的新手、会计初学者以及缺乏会计专业基础知识的入门级读者阅读，也可以作为各类会计培训班和职业院校会计专业的教材。

◆ 编　　著　会计实操辅导教材研究院
责任编辑　刘　琦
责任印制　马振武

◆ 人民邮电出版社出版发行　　北京市丰台区成寿寺路 11 号
邮编　100164　　电子邮件　315@ptpress.com.cn
网址　http://www.ptpress.com.cn
北京鑫丰华彩印有限公司印刷

◆ 开本：787×1092　1/16
印张：15　　2019 年 9 月第 1 版
字数：362 千字　　2019 年 9 月北京第 1 次印刷

定价：49.80 元

读者服务热线：(010)81055256　印装质量热线：(010)81055316
反盗版热线：(010)81055315
广告经营许可证：京东工商广登字 20170147 号

前言 PREFACE

会计在现代企业中占有重要地位，任何一家企业都离不开会计。一名合格的会计人员，不仅需要具有扎实的理论功底和丰富的实操经验，也需要有足够的耐心和对会计工作的热情。

正是基于上述考虑，本书详细地介绍了企业会计工作的全过程，从熟识会计的基本理论知识和业务处理中涉及的税收知识，到企业的建账，由会计凭证登记会计账簿，再由会计账簿生成财务报表，并向相关税务机关进行纳税申报。不仅如此，本书还以会计业务的具体处理为基本出发点，在介绍会计理论知识的基础上，详细讲述了会计人员在日常工作中会涉及的各项经济业务的处理。

本书以“零起点”为立足点，将读者定位为没有做过会计工作或具备一定会计理论基础但尚未有过会计工作经历的会计新手，循序渐进地介绍了会计的具体工作内容以及相关业务的处理方法。

本书能给读者带来的帮助

了解会计的内涵

本书专门用了一章的篇幅对“什么是会计”做了详细介绍，读者通过阅读相关内容，可以了解会计、认识会计；同时，还可以使读者对如何做会计、怎样成为一名优秀的会计有所认识。

熟识会计基础理论

本书从会计工作实际出发，针对会计工作过程中会涉及的各类基础理论知识，做了详细、充分的介绍，包括会计的基本职能、会计要素、会计科目及会计记账方法等。通过学习相关内容，读者基本可以具备会计日常工作中需具备的会计基础知识。

提升票据管理和税务处理能力

在实际工作中，会计人员常常会与各类票据打交道，因此，本书介绍了票据的相关知识，并讲解了 4 类银行结算方法。同时，由于企业有纳税义务，所以会计人员与税务机关之间的业务往来也是“家常便饭”。因此，本书还对企业经营中涉及的常见税种及主要税种税额的计算进行了简单的介绍。

掌握常见的会计业务处理方法

本书将会计人员日常工作中涉及的业务进行了系统的分类，然后分别对不同类别的会计业务的处理进行了详细介绍。在介绍相关业务处理的同时，本书还提供了丰富的案例，这些案例都是对真实业务的提炼。通过这些案例，读者可以真实地体会会计业务的具体处理方法以及详细的操作步骤。

亲历会计工作的全过程

本书详细地介绍了会计各项工作的操作方法，不仅对企业建账进行了详细介绍，还从填写凭证到编制报表等方面剖析了企业会计工作的全过程。通过学习本书，读者可以清楚地了解并牢牢地掌握会计做账的方法，如能够利用原始凭证填制记账凭证，能够登记日记账、明细账等账簿，能够编制会计报表，能够为企业进行纳税申报等。

丰富的配套资源，助力优秀会计人员的养成

本书每章的最后一节“动动手”是为本章内容准备的一个小练习，相关的练习资料与练习答案都可以通过本书配套资源包获取。另外，读者可通过扫描书中的二维码查看相应的视频或动画讲解。

本书配套资源的获取方法

通过访问网站 www.ryjiaoyu.com，输入本书书名后即可查找并下载本书配套资源，也可直接扫描封底上的配套资源二维码进行资源下载。

本书的作者团队介绍

本书由会计学堂的会计实操辅导教材研究院编写，参与本书编写、校对、排版等工作的人员有：陈美瑶、肖庆、李秋菊、赵莉、黄晓宇、蔡长兵、牟春花、廖宵、何晓琴、蔡雪梅、李星、杨楠、张健、连伟、李婷婷、蒲加爽、曾勤等。

尽管在本书的编写过程中编者精益求精，但由于水平有限，书中难免有不足之处，恳请广大读者批评指正。

编者

2019年5月

目录 CONTENTS

01 Chapter

第1章　初来作到——什么是会计

情景导读

小叶：张姐，我马上要开始会计实习了。

张姐：恭喜你，那你以前有过会计工作经历吗？

小叶：没有，这是我第一次接触会计工作，对什么是会计我都不是特别清楚，感觉心里有点忐忑。

张姐：哈哈，心里忐忑是很正常的，我第一次实际接触会计工作也是这样的。你可以先了解一下什么是会计，再熟悉会计基础知识，逐步地了解会计、认识会计、掌握会计知识，才能在以后的会计工作中活学活用。刚好我有时间，可以为你梳理一下这方面的知识。

小叶：那太好了！我会认真学习的。

1.1 会计无处不在

会计从最简单、直观的角度来看，它是一种计量的行为，这种行为自人类社会产生并发展到一定阶段后开始出现。伴随着经济的不断发展和生产技术的不断提高，会计也在不停地改进和完善，目前已形成了一套通用的记账方法，并且会计学已成为了一门独立的学科。

1.1.1 生活中的会计

人们在日常生活中经常都会涉及会计的相关应用，如衣食住行、学习工作、游山玩水等。举个简单的例子，家庭主妇每天去菜市场买菜，首先询问的是价格，并且还会讲价，试图将价格讲到最低；有些人还可能会等到下午才去买菜，因为这时菜会比较便宜。如果是要购买一些比较昂贵的物品，如小汽车、商品房等，人们会很慎重，会选择邀请内行专家帮忙参谋，进行成本核算，会更加注重质量，以期把风险降到最低。

会计无处不在、会计到底是什么

另外，人们在进行投资时，也会运用到会计知识。例如，有人通过炒股或进行投资获取收益，而有的人认为炒股风险大，因此会选择把钱存入银行来获取收益。

综上所述，不难看出生活中处处都会涉及会计知识，因此，学好会计会对我们的生活有很大帮助。

1.1.2 工作中的会计

在工作中会经常运用到会计知识，例如，一个企业的日常开销费用、购进货物的费用会使用企业资金来支付，而企业资金主要来源于销售货物而取得的收入。因此会计人员会对企业发生的开销和收入进行计算，以合理分配用于开支的日常费用和购进货物的费用。在工作中对资金的分配使用，对经营成本的计算，对收入、利润的计算都是会计的运用。

再举例来说，单位领导要求员工去购买办公用品，如纸、笔等，员工购买办公用品所需的款项需要由公司来支付，此时员工就会向公司申请购买办公用品的资金，经公司批准后，财务部就会发放资金用于购买办公物品，这也是工作中常会出现的会计的运用情境。

因此，无论是在生活中还是在工作中，会计都是无处不在的。

1.2 会计到底是什么

会计伴随着人类社会生产的发展和经济管理的需要而产生、发展并不断得到完善。“会计”这两个字代表的内容是不同的，其中“会”表示总结性盘算，“计”则表示各种零星盘算，两者相加就代表了大大小小的各种核算工作。

1.2.1 会计的产生与发展

会计的产生最早可以追溯到原始社会的“结绳记事”和“刻契记事”，当时的会计只是作为生产职能的附带部分，即把收入、支付的日期和数量等信息记载下来，由于生产尚未社会化，因此，独立的会计并未产生，后来随着社会生产力的不断发展，会计的核算内容逐渐扩展，核算的方法也在不断完善，这时，会计便逐渐从生产职能中分离出来，成为由专门的人员从事的一项特殊、独立的职能。

随着社会生产的日益发展和科学技术的不断进步，会计也经历了从简单到复杂、从低级到高级的一个漫长的发展过程。

1. 早期会计的发展过程

在15世纪末以前，四大文明古国都留下了有关会计活动的记载。例如，在中国原始社会过渡到奴隶社会时期便形成了最早的会计制度，而纵观中国的早期会计发展史，“司会”的设立、“四柱清册”的编造、“龙门账”的形成以及“四脚账”的出现，标志着我国早期会计由简单到复杂、由低级到高级的发展过程，具体如图1–1所示。

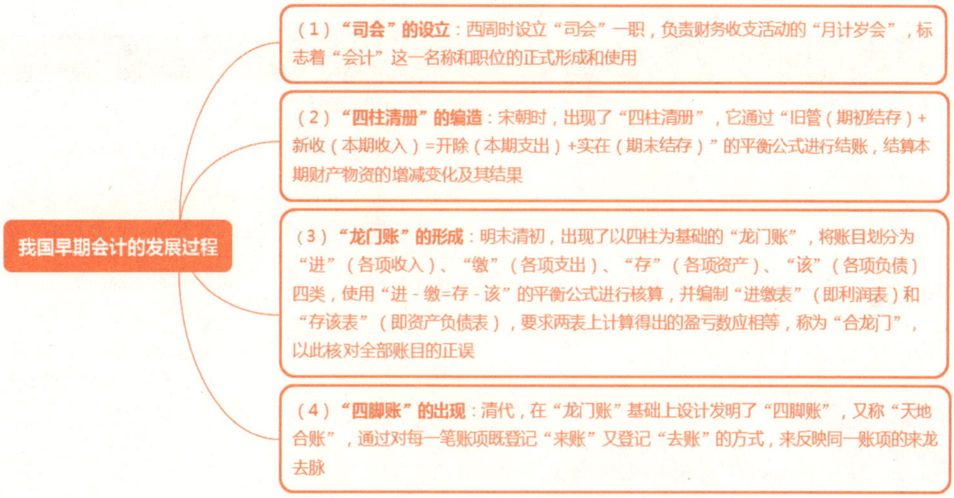

图1–1 我国早期会计的发展过程

2. 现代会计的发展过程

在资本主义商品经济的推动下，欧洲的会计得到了不断的发展。1494年，意大利数学家、会计学家卢卡·帕乔利所著《算术、几何、比及比例概要》一书的公开出版，使得复式记账法得到不断的完善和推广，成为现代会计的重要基础。1853年，英国在苏格兰成立了世界上第一个注册会计师专业团体“爱丁堡会计师协会”，这标志着会计开始成为一种社会性的专门职业和通用的商业语言。

在我国，20世纪是新旧会计观念交织的时期。20世纪90年代建立市场经济体制后，通过颁布《中华人民共和国会计法》《企业会计制度》《企业会计准则》及《小企业会计制度》等法律法规，从法律层面上确立了不断与国际趋同的现代会计体系。这些会计法律法规为我国融入世界市场、参与跨国经营等起到了重要作用。

1.2.2 从两个层面认识会计

现代企业会计根据服务的对象和目的的不同，通常可以分为管理会计和财务会计两大分支。财务会计侧重于服务企业外部的使用者，包括投资者、债权人、政府和有关部门以及社会公众等，而管理会计侧重于服务企业内部的使用者，包括企业内部各层次的管理者。

1. 财务会计和管理会计的联系

财务会计和管理会计处于相同的环境中，都在为企业的生产、经营、管理服务，都能够记录、计算、分析以及评价企业的经济活动，为企业的经营管理决策提供客观依据，有助于企业实现经济价值最大化的发展目标。

财务会计和管理会计都源于传统的会计，二者之间相互制约、相互依存，共同构成了企业财务活动的有机整体。它们通过对企业资金的记录、控制、运用，帮助企业高层管理人员做出最优决策，合理利用企业资源，并对企业运营效果进行评价、考核。

2. 财务会计和管理会计的区别

财务会计和管理会计分别以对外报告和内部管理为目标，其各自的分析处理方法也存在着差异。财务会计和管理会计的区别如表1-1所示。

表1-1　财务会计与管理会计的区别

具体区别	财务会计	管理会计
服务对象	与企业有经济利益联系的外部个人或团体	企业内部管理人员
工作重点	提供历史资金信息，面向过去	强化前景预测、规划、决策，面向未来
企业会计准则	严格遵守《企业会计准则》以及政府有关法律法规	不受《企业会计准则》约束，受企业内部控制制度、系统理论和成本效益分析原理的约束
时间跨度	时间跨度弹性小，编制时间为一年、一季度或一个月	时间跨度弹性大，编制时间可为一天，也可为几年
会计主体	以整个企业为工作主体	以企业内部各层次的责任单位为主体
方法及程序	只需运用简单的算术方法，遵循固定的会计循环程序	方法灵活多样，工作程序性较差
体系完善程度	工作具有规范性和统一性，体系相对成熟，形成了通用的会计规范和统一的会计模式	缺乏规范性和统一性，体系尚不健全
观念取向	不大重视管理过程及其结果对企业职工心理和行为的影响	注重管理过程及其结果对企业内部各方面人员在心理和行为方面的影响

1.2.3　会计做什么

从财务会计的角度出发，会计的准确定义为：会计是以货币为主要计量单位，运用一系列专门的技术方法，核算和监督一个单位经济活动的一种经济管理工作。

在实务中，企业的会计工作主要是通过一系列会计程序，对企业的经济活动和财务收支进行核算和监督，反映企业的财务状况、经营成果和现金流量，反映企业管理层受托责任的履行情况，为会计信息使用者提供对决策有用的信息，并积极参与经营管理决策，提高企业经济效益，促进市场经济的健康有序发展。

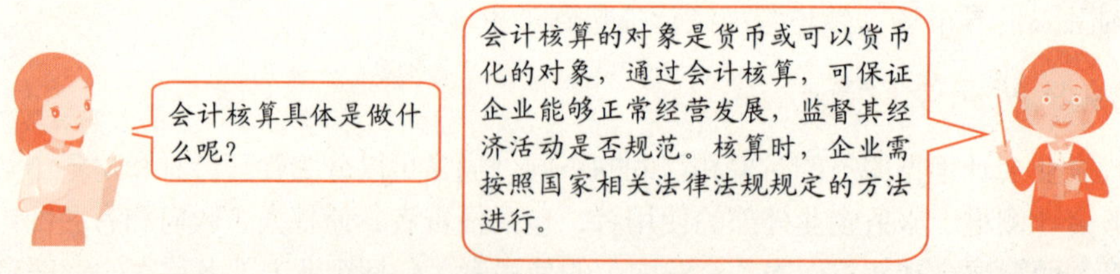

在企业中，会计人员主要负责管账（或进行账务处理），保管除了库存现金日记账、银行存款日记账以外的所有账簿，如明细分类账、总账等。一般情况下，小规模企业只设置明细分类账、总账；规模较大的企业还会设置辅助账簿，包括成本明细账、费用明细账、固定资产明细账等账簿。

1.3 用对准则做好账

所谓“没有规矩，不成方圆”，会计掌握着一个企业的财政收支，是企业经营活动中重要的组成部分。国家制定了一系列的会计法律、会计准则，会计机构、会计人员要严格按照法律规范进行账务处理，不得有任何违法行为。

1.3.1 会计法律知多少

我国目前形成了以《中华人民共和国会计法》为主体的比较完整的会计法律体系，主要包括会计法律、会计行政法规、会计部门规章和地方性会计法规等。

用对准则做好账、找准自己的定位

1. 会计法律

会计法律是由全国人民代表大会及其常务委员会根据一定立法程序制定的有关会计工作的法律，目前，我国有《中华人民共和国会计法》和《中华人民共和国注册会计师法》两部会计法律。

- 《中华人民共和国会计法》：《中华人民共和国会计法》是会计法律制度中层次最高的法律规范，是制定其他会计法规的依据，也是指导会计工作的最高准则。《中华人民共和国会计法》的立法宗旨是规范会计行为，保证会计资料真实、完整，加强经济管理和财务管理，提高经济效益，维护社会主义市场经济秩序。
- 《中华人民共和国注册会计师法》：《中华人民共和国注册会计师法》是规范注册会计师及其行业行为规范的最高准则，主要规定了注册会计师的考试与注册、注册会计师承办的业务范围和规则、注册会计师事务所、注册会计师协会的相关问题，并对注册会计师有关的法律责任做出了明确规定。

2. 会计行政法规

会计行政法规是根据《中华人民共和国会计法》，由国务院制定并发布，或者由国务院有关部门拟定并经国务院批准发布的法律规范，如《企业财务会计报告条例》和《总会计师条例》。

- 《企业财务会计报告条例》：由国务院于2000年6月21日颁布，自2001年1月1日起施行，其制定的目的是规范企业财务会计报告，保证财务会计报告的真实和完整。
- 《总会计师条例》：由国务院于1990年12月31日颁布并施行，其制定的目的是确定总会计师的职权和地位，发挥总会计师在加强经济管理、提高经济效益中的作用。

3. 会计部门规章

会计部门规章是根据法律和国务院的行政法规、决定、命令，由国家主管会计工作的行政部门（即财政部）以及其他相关部委，在本部门的权限范围内制定的法律规范，包括国家统一的会计核算制度、会计监督制度、会计机构和会计人员管理制度及会计工作管理制度等。

《企业会计准则——基本准则》《财政部门实施会计监督办法》《会计基础工作规范》《会计档案管理办法》《代理记账管理办法》《注册会计师注册办法》等都属于会计部门规章。

4．地方性会计法规

地方性会计法规是由各省、自治区、直辖市人民代表大会或其常务委员会在同宪法、会计法律、行政法规和国家统一的会计准则制度不相抵触的前提下，根据本地区情况制定发布的关于会计核算、会计监督、会计机构和会计人员以及会计工作管理的规范性文件。此外，实行计划单列市、经济特区的人民代表大会及其常务委员会，在宪法、法律和行政法规允许范围内可制定会计规范文件。

行家点拨

在会计法律体系中，会计法律、会计行政法规、会计部门规章、地方性会计法规的法律效力是依次减弱的，会计部门规章和地方性会计法规的法律地位都低于会计法律和会计行政法规。

1.3.2　选择适用的会计准则

会计准则是反映经济活动、确认产权关系、规范收益分配的会计技术标准，是生成和提供会计信息的重要依据，也是政府调控经济活动、规范经济秩序和开展国际经济交往等的重要手段。会计准则具有严密和完整的体系。

1．会计准则有哪些

我国已颁布的会计准则有《企业会计准则》《小企业会计准则》《事业单位会计准则》和《政府会计准则——基本准则》。根据企业性质不同，其适用的会计准则也不同。

- 《企业会计准则》：企业会计准则体系包括基本准则、具体准则、应用指南和解释公告等。《企业会计准则》明确规定上市公司必须执行《企业会计准则》。
- 《小企业会计准则》：2011年10月18日，财政部发布了《小企业会计准则》，内容包括总则、资产、负债、所有者权益、收入、费用、利润以及利润分配、外币业务、财务报表、附则等内容。
- 《事业单位会计准则》：2012年12月6日，财政部修订发布了《事业单位会计准则》，自2013年1月1日起在各级各类事业单位施行，内容涵盖总则、会计信息质量要求、资产、负债、净资产、收入、支出或者费用、财务会计报告、附则。《事业单位会计准则》 适用于各级各类事业单位，如高等学校、中小学校、科学研究所等。
- 《政府会计准则——基本准则》：根据《中华人民共和国会计法》《中华人民共和国预算法》和其他有关法律、行政法规制定，用以规范政府的会计核算，保证会计信息质量，适用于各级政府、各部门、各单位。

2．《小企业会计准则》与《企业会计准则》有什么关系

《小企业会计准则》和《企业会计准则》虽然有不同，但总的来看，两种会计准则的根本点是相同的，只是《小企业会计准则》比《企业会计准则》更为简化，更适合经济业务类型简单且数量不多的小企业使用。下面将通过表1-2来对比《小企业会计准则》和《企业会计准则》的异同。

表1-2 《小企业会计准则》和《企业会计准则》的异同

对比标准	异同	解释
制定依据	相同	依据《中华人民共和国会计法》和其他有关法律法规制定
会计工作要求	相同	填制会计凭证、登记会计账簿、编制会计报表、管理会计档案
核算前提条件	相同	会计主体假设、持续经营假设、会计期间假设、货币计量假设
遵循基本原则	相同	权责发生制原则、配比原则、历史成本原则、划分收益性支出和资本性支出原则
会计科目	不同	①两者部分会计科目名称不同，如《小企业会计准则》中的“短期投资”科目，在《企业会计准则》中对应的是“交易性金融资产”科目 ②《小企业会计准则》中会计科目的数量更少
账务处理	不同	《小企业会计准则》的账务处理要求更加精简，更适合经济业务少的小微型企业使用；《企业会计准则》的账务处理要求更加具体和全面。例如，对财产清查的处理，《小企业会计准则》没有设置“待处理财产损溢”科目，发生盘盈或盘亏时不用通过“待处理财产损溢”科目，直接处理即可
会计报表	不同	《小企业会计准则》一般只要求企业提供资产负债表和利润表两张基本报表，而且报表的内容相较于《企业会计准则》要求的资产负债表和利润表更加简单

3. 小型企业适用什么准则

就小型企业而言，应按以下规定选择并执行会计准则。

- 符合表1-3所示的各行业的小型企业，可以执行《小企业会计准则》，也可以执行《企业会计准则》。
- 执行《小企业会计准则》的小型企业，发生的交易或事项在该准则中未作规范的，可参照《企业会计准则》中的相关规定进行处理。
- 执行《企业会计准则》的小型企业，不得在执行《企业会计准则》的同时，选择执行《小企业会计准则》。
- 执行《小企业会计准则》的小型企业公开发行股票或债券后，应转为执行《企业会计准则》。
- 因经营规模或企业性质变化导致不符合小型企业规模而成为大中型企业或金融企业后，应在次年1月1日开始转为执行《企业会计准则》。

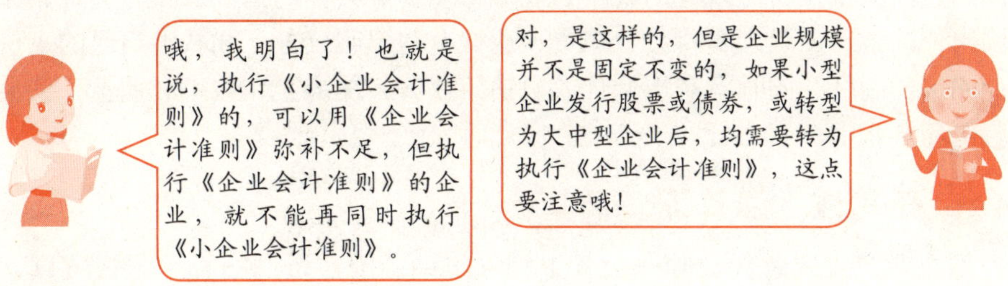

知识补充

企业按照规模不同，分为大型企业、中型企业、小型企业和微型企业，要想确定企业适用什么类型的会计准则，要先明确企业的的类型。关于企业规模的界定，在《中小企业划型标准规定》中已经做了详细的说明，表1-3所示为小型企业的界定标准。

表1-3　符合小型企业条件的各行业企业标准

所属行业	从业人员（人）	营业收入（万元）	资产总额（万元）
农、林、牧、渔业	—	（50，500）	—
工业	（20，300）	（300，2 000）	—
建筑业	—	（300，6 000）	（300，5 000）
批发业	（5，20）	（1 000，5 000）	—
零售业	（10，50）	（100，500）	—
交通运输业	（20，300）	（200，3 000）	—
仓储业	（20，100）	（100，1 000）	—
邮政业	（20，300）	（100，2 000）	—
住宿业	（10，100）	（100，2 000）	—
餐饮业	（10，100）	（100，2 000）	—
信息传输业	（10，100）	（100，1 000）	—
软件和信息技术服务业	（10，100）	（50，1 000）	—
房地产开发经营	—	（100，1 000）	（2 000，5 000）
物业管理	（100，300）	（500，1 000）	—
租赁和商务服务业	（10，100）	（100，8 000）	—
其他未列明行业	（10，100）	—	—

一般而言，只要企业所属的行业符合表1-3中规定的从业人员、营业收入和资产总额的情形，就可以判定该企业为小型企业。例如，工业企业的从业人员为20人以上300人以下，且营业收入为300万元以上2 000万元以下可认定为小型企业。

本书后面的讲解将主要以《企业会计准则》为依据。

1.4　找准自己的定位

不同的企业会根据自身规模的大小、业务量多少等具体的情况去设置会计岗位，聘请适合不同岗位的会计人员来履行会计职责，这样有利于明确分工和找准自己的定位，建立适合企业的岗位制度，同时有利于会计人员钻研业务，提高工作效率和质量，使会计工作更加规范化和专业化。

1.4.1　在其位，谋其职，负其责

大中型企业应设置总会计师、会计主管、出纳、固定资产核算、工资核算、成本核算、收入核算、利润核算、稽核等岗位，不同会计岗位的会计工作人员要履行不同的职责。下面将介绍各会计岗位的主要职责。

1. 总会计师

总会计师是在单位主要领导人的领导下，主管经济核算和财务会计工作的负责人。总会计师主要有以下职责。

- 编制和执行预算、财务收支计划和信贷计划，拟定资金筹措和使用的方案，开辟

财源，有效地使用资金。

- 进行成本费用预测、计划、控制、预算、分析和考核，督促本单位有关部门降低消耗、节约费用，提高经济效益。
- 建立健全企业经济核算制度，利用财务会计资料进行经济活动分析。
- 承办单位主要行政领导人交办的其他会计工作。
- 负责对企业财务会计机构的设置和会计人员的配备、会计专业职务的设置和聘任提出方案，组织会计人员的业务培训和考核，支持会计人员依法行使职权。
- 协助企业主要行政领导人对企业的生产经营、行政事业单位的业务发展以及基本建设投资等问题做出决策。
- 参与新产品、技术改造、科技研究、商品（劳务）、价格和工资奖金等方案的制定；参与重大经济协议的研究审查。

2. 会计主管

会计主管主要负责组织和领导本单位的会计工作，其工作职责主要包括以下内容。

- 参与经营管理的预测和决策。
- 负责制订本单位的会计制度，编制财务和成本计划，检查计划执行情况以及编制会计报表。
- 负责所属会计人员业务素质的提高和思想政治工作，确保会计机构的正常运行。

3. 出纳

出纳主要负责企业的库存现金、银行存款和其他货币资金的收付、保管和日记账核算工作，确保企业货币资金的安全与完整。出纳人员主要有以下职责。

- 办理库存现金的收付和结算业务。
- 登记库存现金和银行存款日记账。
- 保管库存现金和各种有价证券。
- 保管有关印章、空白收据和空白支票。

需要注意的是，在会计工作岗位中，可以一人一岗、一人多岗或者一岗多人，但是出纳人员不能兼任稽核。同时在设置会计岗位时，无论企业的规模大小，都应设有一个出纳、一个会计。

案例1-1 **东华公司刚刚成立，因为规模较小，公司领导人张明认为招聘一个会计就可以了，让其既管账又管钱。张明的做法正确吗？**

分析：领导人张明的这种做法是错误的。根据规定，无论企业规模的大小，企业的财务人员都应该至少有两个，即一个会计人员和一个出纳人员，这样才能有利于企业的内部控制和合规运营。

4. 固定资产核算人员

固定资产核算人员负责核算固定资产的购建、验收、折旧、报废等工作，其具体工作可归纳为以下5项。

- 会同有关部门拟定固定资产的核算与管理办法。
- 参与编制固定资产更新改造和大修理计划。

- 负责固定资产的明细核算和有关报表的编制。
- 计算提取固定资产折旧和大修理资金。
- 参与固定资产的清查盘点。

5. 材料物资核算人员

材料物资核算人员主要负责企业各类存货的收入、发出、盘点等事项的核算，其主要有以下职责。

- 会同有关部门拟定材料物资的核算与管理办法。
- 审查汇编材料物资的采购资金计划。
- 负责材料物资的明细核算。
- 会同有关部门编制材料物资计划成本目录。
- 配合有关部门制定材料物资消耗定额。
- 参与材料物资的清查盘点。

6. 工资核算人员

工资核算人员主要负责企业各类人员的工资核算等工作，具体包括以下内容。

- 监督工资、基金的使用。
- 审核、发放工资和奖金。
- 负责工资的明细核算。
- 负责工资分配的核算。
- 计提福利费、工会经费和社保等费用。

7. 成本核算人员

成本核算人员主要负责企业发生的各项费用的归集与分配，控制不必要费用的发生，主要职责如下。

- 拟定成本核算办法。
- 制订成本费用计划。
- 负责成本管理基础工作。
- 核算产品成本和期间费用。
- 编制成本费用报表并进行分析。
- 协助管理产品和自制半成品。

8. 收入、利润及利润分配核算人员

收入、利润及利润分配核算人员的职责可归纳为以下几项。

- 负责编制收入、利润计划。
- 办理销售款项结算业务。
- 负责收入和利润的明细核算。
- 负责利润分配的明细核算。
- 编制收入和利润报表。
- 协助有关部门对产成品进行清查盘点。

9. 资金核算人员

资金核算人员主要有以下职责。

- 拟定资金管理的核算办法。

- 编制资金收支计划。
- 负责资金调度。
- 负责资金筹集的明细分类核算。
- 负责企业各项投资的明细分类核算。

10. 稽核人员

稽核人员主要有以下职责。

- 审查财产计划表。
- 审查各项财务收支。
- 复核会计凭证和财务会计报表。

行家点拨

一些小企业，因为资金业务量较少，可适当合并或减少部分会计岗位的设置，例如，可以只设置出纳、资金核算等会计岗位。

1.4.2 会计人员有权限，要回避

会计人员是企业的员工，也是国家法律的执行者，同时又受到国家法律和企业规章制度的制约。在完成工作时，会计人员拥有一定的权限，但同时为了保证执行时的公正性，需遵循会计人员回避制度。

1. 会计人员的权限

会计人员按照职责规范做事，在完成本职工作后，有权对本单位的会计事项进行监督检查。会计人员的权限可归纳为以下几点。

- 会计人员有权要求企业相关部门及人员严格执行国家批准的计划和预算，遵守国家法律法规、纪律和财务制度等。
- 会计人员有权参与本企业的编制计划、制定定额及签订经济合同活动，有权参加有关生产和经营的管理会议。
- 会计人员有权监督并检查本单位相关部门的财务收支、资金使用情况和财产、财物的保管、收发、计量和验收。
- 会计人员有权对本企业各部门进行会计监督。

案例1-2 东华公司的张会计要求审核采购部门和销售部门的经济合同，销售部门的工作人员很不理解，觉得张会计越权了，认为自己部门的合同没必要给张会计审核。销售部门工作人员的想法是正确的吗？

分析：想法不正确。根据规定，在会计人员的权限方面，会计人员有权参与经济合同的签订和执行。因此，销售部门应该积极配合张会计进行经济合同的审核。

2. 会计人员回避制度

回避制度是指为了保证执法的公正性，对可能影响其公正性的执法或者执法人员实行职务回避和业务回避的一种制度。

国家机关、国有企业、事业单位任用会计人员应当实行回避制度。会计人员回避制度

的内容主要包括以下3点。

- 单位负责人的直系亲属不得担任本单位的会计机构负责人、会计主管人员。
- 会计机构负责人、会计主管人员的直系亲属不得在本单位会计机构中担任出纳工作。
- 存在夫妻关系、直系血亲关系、三代以内旁系血亲以及近姻亲关系等亲属关系时需要回避。

知识补充

直系血亲还包括本来没有自然的或者直接的血缘关系，但法律上确定其地位与血亲相等，如养父母和养子女之间的关系。三代以内旁系血亲关系包括自己的兄弟姐妹及其子女与父母的兄弟姐妹及其子女；近姻亲关系是指配偶的父母、兄弟姐妹，儿女的配偶及儿女配偶的父母。主要直系亲属关系如图1-2所示。

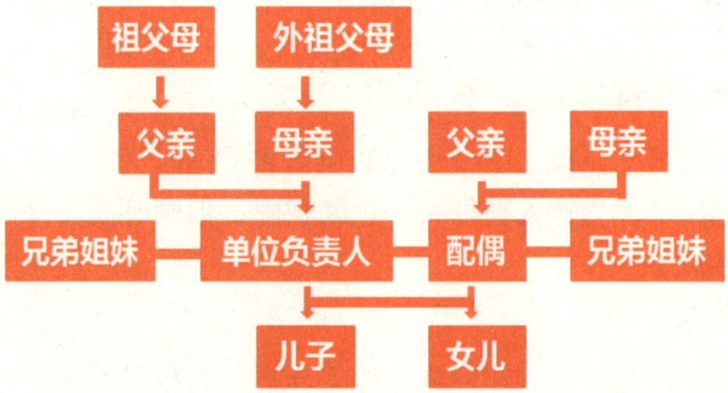

图1-2 直系亲属关系

案例1-3 某事业单位的领导人张明认为公司的财务工作比较重要，因此想找一个信任的人来管理，于是让其妹妹张艾做会计，妻子李浩做出纳。张明的做法正确吗?

分析：根据规定，任用会计人员应该注意回避原则，单位负责人和会计人员不可以是直系亲属关系，会计人员和出纳人员为互相监督的岗位，不可以是亲属关系。因此该事业单位的领导人张明的做法是错误的，应该立刻停止这种行为，并按照规定招聘合适的人员。

1.4.3 会计人员的职业道德

会计职业道德是会计人员在职业活动中应当遵循的、体现会计职业特征的、调整会计职业关系的职业行为准则和规范。会计职业道德对会计人员提出了较高的要求，它以善恶为标准来判定会计人员的行为是否违背会计职业道德规范。

会计职业道德的主要内容包括爱岗敬业、诚实守信、廉洁自律、客观公正、坚持准则、提高技能、参与管理、强化服务。

- 爱岗敬业：要求会计人员正确认识会计职业，树立职业荣誉感；热爱会计工作，尊重会计职业；安心工作，任劳任怨；严肃认真，一丝不苟；忠于职守，尽职尽责。
- 诚实守信：要求会计人员做老实人，说老实话，办老实事，不搞虚假；保密守信，不为利益所诱惑；执业谨慎，信誉至上。

- 廉洁自律：要求会计人员树立正确的人生观和价值观；公私分明，不贪不占；遵纪守法，一身正气。
- 客观公正：要求会计人员依法办事，实事求是，保持应有的独立性。
- 坚持准则：要求会计人员熟悉准则，遵循准则，敢于同违法行为作斗争。
- 提高技能：要求会计人员具有不断提高会计专业技能的意识和愿望，具有勤学苦练的精神并掌握科学的学习方法。
- 参与管理：要求会计人员努力钻研业务，熟悉财经法规和相关制度，提高业务技能，为参与管理打下坚实的基础；熟悉服务对象的经营活动和业务流程，使管理活动更具针对性和有效性。
- 强化服务：要求会计人员强化服务意识，提高服务质量，努力维护和提升会计职业的良好社会形象。

1.5 新手加油站

1. 会计人员应该具备什么职业能力

会计是一个专业性很强的职业，会计人员的素质、水平和能力将直接影响会计职能的发挥和会计工作的质量。因此，会计工作的质量与会计人员所拥有的能力息息相关。会计人员主要应具备以下5个方面的职业能力。

（1）职业道德

会计人员的工作直接关系到企业信用。因此，会计人员要具备一定的职业道德，前面1.4.3小节已有具体介绍，这里将其主要概括为以下3点：忠于职守，明确服务的会计主体，行为要符合会计主体要求，一切要从主体利益出发；做事严谨，会计工作是一门“细活”，不能有半点马虎和大意；保守秘密，会计人员掌握着企业核心的商业秘密，要保证企业的秘密不对外泄露。

（2）专业能力

会计人员所需要具备的专业知识和专业技能主要包括会计的相关理论和实际操作技能。其中，会计理论主要是指指导会计人员计算和处理不同的经济业务，编制会计分录等的专业知识，专业技能主要包括使用财务软件、点钞技术等相关的技能。

（3）职业判断能力

会计工作既是一项科学，也是一门艺术，很多时候需要会计人员依据其主观判断进行决策。因此，作为一名合格的会计人员，在处理业务时，要有独立思考的能力并养成独立思考的职业习惯，在遇到个别突发事件时，要有主见并能坚持正确的观点。

（4）内外协调能力

一名合格的会计人员，不仅需要具备全面的会计知识、法律知识等，而且还需要具备内外协调的能力。在市场经济环境下，企业的生产社会化程度较高，对会计人员的对外协调能力方面的要求也较高。企业与工商、税务、银行以及政府有关部门之间，主要是处理财务、会计、税务方面的关系。如果会计人员不具备一定的内外协调能力和技巧，就可能会影响企业的发展。

（5）创新能力

创新是市场经济时代的灵魂，没有创新就没有企业的发展，这就需要会计人员不断地更新自己的知识，扩大自己的知识面，并根据经济活动的变革，相应地创新财务与会计的模式，使会计工作适应经济的发展。

2. 与会计相关的会计证书有哪些

（1）会计专业技术资格证

会计专业技术资格证是对会计人员业务能力的认可。会计专业技术资格分为初级资格、中级资格和高级资格3个级别，通过全国统一考试，取得会计专业技术资格的会计人员，表明已经具备担任相应级别会计专业职务的任职资格。

初级、中级会计资格要通过参加全国统一考试来取得，高级会计师资格实行考试与评审相结合的制度。报考初级会计资格考试的人员必须具备国家教育部门认可的高中毕业以上学历。报考中级会计资格考试的人员应具备以下条件。

- 取得大学专科学历，从事会计工作满5年。
- 取得大学本科学历，从事会计工作满4年。
- 取得双学士学位或研究生班毕业，从事会计工作满2年。
- 取得硕士学位，从事会计工作满1年。
- 取得博士学位。

（2）注册会计师证

注册会计师是指取得注册会计证书并在会计师事务所执业的会计人员，是从事社会审计、中介审计、独立审计的专业人士。取得注册会计师执业资格后，可以成为会计师事务所的合伙人，也可为大型企业尤其是上市公司出具有法律效力的相关会计文件。

注册会计师的考试分为专业阶段和综合阶段两个阶段，专业阶段考试的科目包括“经济法”“审计”“税法”“财务成本管理”“公司战略与风险管理”“会计”6个科目，综合阶段考试为职业能力综合测试。

3. 会计人员违法行为的法律责任

会计人员的责任重大，在从事会计工作时，会计人员应该时时警惕，了解相关的法律知识，特别是和自身利益有密切关系的法律，只有这样才能真正了解自己的法律责任，切实维护自身的合法权益。

（1）会计人员有下列行为之一的，由县级以上人民政府财政部门责令限期改正，可以对单位处3 000元以上5万元以下的罚款；对其直接负责的主管人员和其他直接责任人员，可以处2 000元以上2万元以下的罚款；属于国家工作人员的，还应当由其所在单位或者有关单位依法给予行政处分，构成犯罪的，依法追究其刑事责任。

- 不依法设置会计账簿的行为。
- 私设会计账簿的行为。
- 未按照规定填制、取得原始凭证或者填制、取得的原始凭证不符合规定的行为。
- 以未经审核的会计凭证为依据登记会计账簿或者登记会计账簿不符合规定的行为。
- 随意变更会计处理方法的行为。

- 向不同的会计资料使用者提供的财务会计报告编制依据不一致的行为。
- 未按照规定使用会计记录文字或者记账本位币的行为。
- 未按照规定保管会计资料，致使会计资料毁损、灭失的行为。
- 未按照规定建立并实施单位内部会计监督制度，或者拒绝依法实施监督，或者不如实提供有关会计资料及有关情况的行为。
- 任用会计人员不符合《中华人民共和国会计法》规定的行为。

（2）伪造、变造会计凭证、会计账簿，编制虚假财务会计报告，或者隐匿、故意销毁依法应当保存的会计凭证、会计账簿和财务会计报告，已构成犯罪的，依法追究其刑事责任；尚不构成犯罪的，由县级以上人民政府予以通报，可以对企业处5 000元以上10万元以下的罚款，对其直接负责的主管人员和其他直接责任人员，可以处3 000元以上5万元以下的罚款，属于国家工作人员的，还应当由其所在单位或者有关单位依法给予撤职直至开除的行政处分。

（3）授意、指使、强令会计机构、会计人员及其他人员伪造、变造会计凭证、会计账簿，编制虚假财务会计报告或者隐匿、故意销毁依法应当保存的会计凭证、会计账簿、财务会计报告，构成犯罪的，依法追究刑事责任；尚不构成犯罪的，可以处5 000元以上5万元以下的罚款，属于国家工作人员的，还应当由其所在单位或者有关单位依法给予撤职直至开除的行政处分。

1.6 动动手

1. 编制虚假财务报表的法律责任

新丰公司的负责人陈明为了逃避缴纳税款，要求会计人员李艾做一套亏损的财务报表。在这种情况下，会计人员李艾应该怎么处理？

参考答案

配套\第1章\参考答案\编制虚假财务报表的法律责任.docx

2. 会计人员任职处理

随着新丰公司生产经营的扩大，财务部人手短缺，其领导人陈明决定再招聘一名出纳人员缓解财务部的工作压力，并将该项招聘任务下达给会计主管蔡军。因为时间紧迫，蔡军找到其会计专业毕业的弟弟蔡刚，让其担任公司出纳一职。请问，会计主管蔡军的做法正确吗？

参考答案

配套\第1章\参考答案\会计人员任职处理.docx

02 Chapter

第2章 入门指引——会计初印象

情景导读

小叶： 张姐，我现在对会计理论知识还是掌握得不太牢固，感觉还不能胜任会计这份工作，你能多给我讲讲吗？

张姐： 别灰心，小叶。会计的基础知识其实并不难理解，在学习之后相信你是能够轻松掌握的。

小叶： 那我首先应该从什么开始学起呢？

张姐： 首先我们可以学习会计的职能，了解会计的假设、会计要素，当然还有会计科目和会计账户……

小叶： 有这么多知识要学习，张姐，你快给我讲讲会计的基础知识吧！

2.1 怎么运用会计——会计的基本职能

职能是某种事物或机构等具有的功能或者应该起到的作用，会计职能是指会计在经济管理过程中所具有的功能，它包括核算和监督两项基本职能，下面分别进行介绍。

2.1.1 核算职能

会计的基本职能

1. 什么是核算职能

会计的核算职能是指会计以货币为主要计量单位，对核算主体的主要经济活动进行确认、计量和报告。

- **确认：** 运用特定会计方法对某一交易事项进行定性，如根据实际情况在未支付货款的情况下，购进货物应确认为应付账款还是应付票据等。
- **计量：** 以货币为主要计量单位，对已确认的交易事项确定其金额，如应付账款是多少，原材料是多少等。
- **报告：** 在确认和计量的基础上，通过财务报告对内或对外反映主体财务状况、经营成果和现金流量等会计信息，即编制会计报表。

2. 核算职能的特征

会计核算贯穿于经济活动的整个过程，是会计最基本的职能，它具有以下3个特征。

- 会计核算以货币为主要计量单位，以劳动度量和实物度量为辅助度量单位，从数量上综合反映各单位的经济活动状况。
- 会计核算主要是对已经发生的经济活动进行事中、事后的核算，同时也为预测未来提供信息。
- 会计核算具有连续性、完整性和系统性。

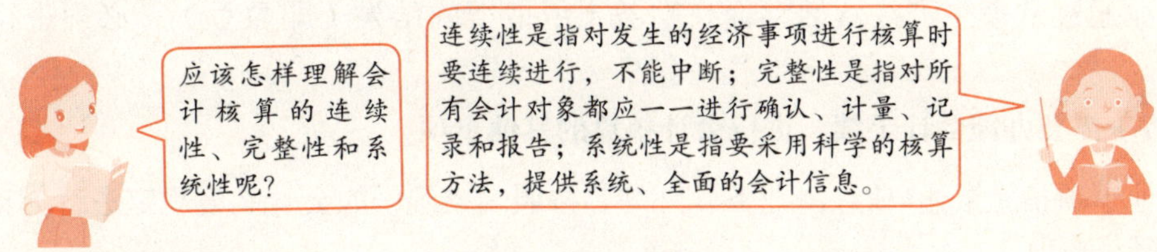

3. 会计核算的具体内容

根据规定，企业在发生以下7项经济业务事项时，应办理会计手续，进行会计核算。

（1）款项和有价证券的收付

涉及款项和有价证券的收付时，就必须进行会计核算。常见的款项和有价证券的具体内容如图2-1所示。

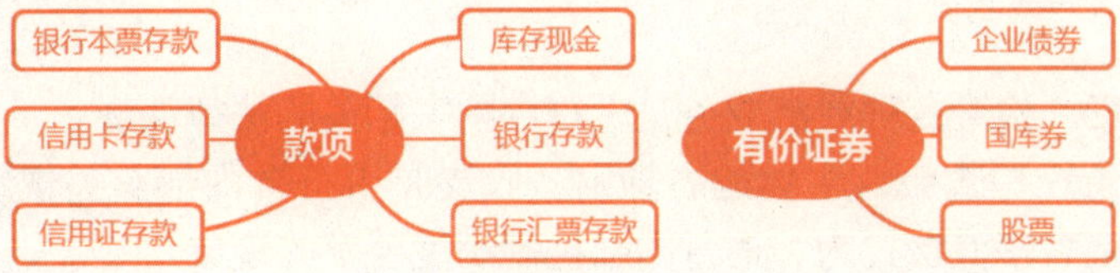

图2-1 常见的款项和有价证券

（2）财物的收发、增减和使用

企业对财产和物资的收发、使用、增减变化等情况必须及时进行会计核算。常见的财产和物资核算内容如图2-2所示。

图2-2　常见的财产和物资核算内容

（3）债权、债务的发生和结算

债权、债务是各单位在其日常经济业务中产生的，它的发生和结算会涉及企业和其他企业的经济利益，关系企业自身资金的周转，因此必须及时、真实、完整地核算。

（4）资本、基金的增减

所有者权益中的实收资本和资本公积，其增减直接影响到企业的经营规模和收益分配，因此在会计上会要求对资本、基金的增减及时进行会计核算，如实反映单位资本、基金的增减变动和实有数额。

（5）收入、支出、费用、成本的计算

收入、支出、费用、成本是互相联系、密不可分的，都是计算和判断企业经营成果及其盈亏状况的主要依据，会直接影响企业的财务状况，因此必须及时进行核算。

（6）财务成果的计算和处理

企业通过从事生产经营活动而在财务上所取得的结果（即盈亏），必须进行会计核算。

（7）需要办理会计手续、进行会计核算的其他事项

其他事项指除上述6项经济业务以外的，按照国家统一的会计制度规定进行会计核算的其他经济事项。

2.1.2　监督职能

1. 什么是监督职能

会计的监督职能是指对核算主体经济活动和相关会计核算的真实性、合法性和合理性实施的审查，如防止会计主体做假账错账、偷税漏税等行为。

- **真实性审查：**检查各项会计核算是否与客观经济事实相符合，防止出现虚假的会计信息。
- **合法性审查：**检查各项经济业务是否符合国家相关的法律法规。
- **合理性审查：**检查会计主体的各项财务收支是否符合内部有关规定和经营管理要求，以杜绝奢侈浪费行为、违背内部控制制度要求的现象。

2. 监督职能的特征

会计监督包括事前监督、事中监督和事后监督。会计监督的内容主要包括分析会计核算资料、检查遵纪守法情况、考核经营业绩、确定经营目标以及调整预定计划等内容。通过会计监督不仅能促使企业改善经营管理水平，而且还可以提高企业的经济效益。

2.1.3 会计核算与会计监督的关系

会计核算和会计监督两种基本职能是相辅相成、辩证统一的关系。会计核算是会计监督的基础，没有会计核算所提供的各种信息，会计监督就失去了依据；而会计监督则是会计核算的保证，没有严格的会计监督，就难以保证会计核算所提供信息的真实性和可靠性。两者必须结合起来发挥作用，才能正确、及时、完整地反映经济活动。

2.2 先说断后不乱——会计基本假设

会计基本假设就是会计核算的基本前提，只有满足这些前提，会计核算才有意义，会计才能够顺利开展会计工作。会计核算的基本前提包括会计主体、持续经营、会计分期和货币计量。

2.2.1 会计主体

会计主体是会计核算和监督的特定单位或组织。进行会计核算前，必须明确谁是会计主体，即为谁做账。明确会计主体的原因在于，一个企业的会计人员只能给本企业做账，没有权力做其他企业的账。同样，本企业的账也不可能让其他企业的会计人员来做，否则就无法实现会计的监督职能，做到真实、合法与合理。

为了向企业的财务报告使用者反映企业的财务状况、经营成果和现金流量，提供对决策有用的信息，企业的会计核算和财务报表的编制要集中反映出企业特定对象的活动，并与其他的经济主体有所区分。因此，在会计主体假设下，企业就能对其本身发生的交易或事项进行会计确认、计量和报告，从而反映企业本身所从事的各项生产经营活动。

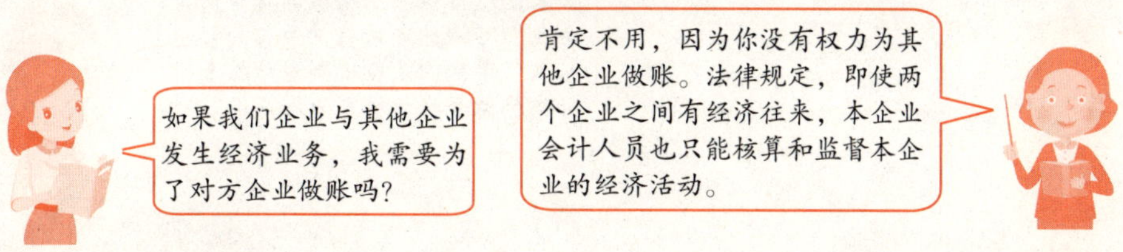

2.2.2 持续经营

持续经营即假设企业能够正常经营下去，在可以预见的未来，会计主体不会因遭遇清算、解散等变故而不复存在。

如果企业总是无法持续经营，就会涉及许多资金问题无法解决，最明显的就是应付账款、借款等无法偿还，从而造成市场混乱，影响其他企业的正常生产经营。更重要的是，没有持续经营，就无法划分会计分期，会计做账也就无从谈起。因此，在持续经营假设下，会计确认、计量和报告应当以企业持续、正常的生产经营活动为前提。

行家点拨

可预见的未来通常是指资产负债表日后的12个月。资产负债表日也就是编报年度资产负债表的日期，一般为12月31日。

2.2.3 会计分期

会计分期是假设将一个企业持续经营的经济活动划分为若干个连续的、长短相同的会计期间。通过会计期间的划分，可以将持续经营期间的生产活动划分为连续、相等的期间，以此结算盈亏，按期编制财务报告，从而及时地向财务报告使用者提供有关企业财务状况、经营成果和现金流量的信息。

会计分期的假设，产生了当期与以前期间、以后期间的差别，也产生了权责发生制和收付实现制的区别，进而出现了应收、应付、预收、折旧、摊销等会计处理方法。

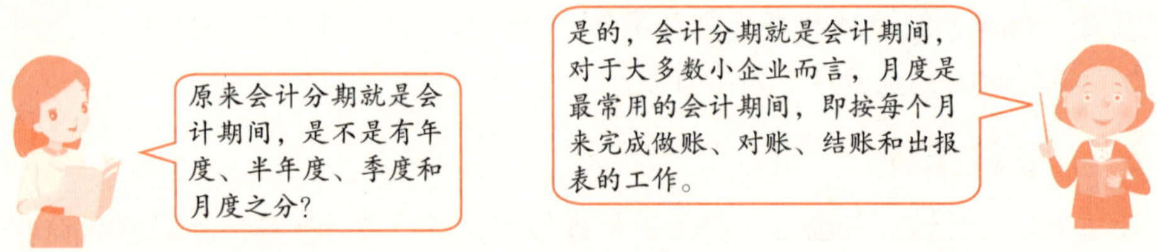

2.2.4 货币计量

货币计量假设会计主体在会计确认、计量和报告过程中都以货币为计量尺度来反映各种经济业务的活动。采用货币为计量尺度的原因在于货币是衡量其他一切有价物价值的共同尺度，货币具有价值尺度、流通手段、贮藏手段以及支付手段等功能特点。我国会计核算的货币计量以人民币为参照，即所说的记账本位币。

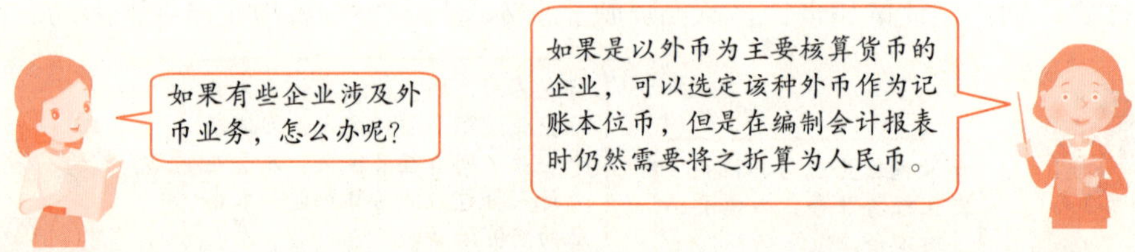

行家点拨

会计核算的4大基本假设相互依存、相互补充。会计主体确立了会计核算的空间范围，持续经营与会计分期确立了会计核算的时间长度，货币计量则为会计核算提供了必要手段。也就是说，没有会计主体，就不会有持续经营；没有持续经营，就不会有会计分期；没有货币计量，就不会有现代会计。

2.3 归类好办事——会计要素

会计核算的对象是资金运动，但由于资金运动是个抽象的概念，不便于在会计工作中使用，因此为了将会计对象具体化，就提出了“会计要素”这一概念，以便于在会计工作中用其更好地体现资金运动的情况。就会计领域而言，会计要素是根据交易或事项的经济特征所确定的财务会计对象的基本分类，它为会计分类核算提供了基础，也为财务会计报告使用者提供了更加有用的信息资料。

会计要素按照会计对象的经济特征不同，具体可划分为资产、负债、所有者权益、收入、费用和利润六大类，如图2-3所示。其中，资产、负债和所有者权益主要侧重于反映企业的财务状况；收入、费用和利润主要侧重于反映企业的经营成果。

会计要素

图2-3　六大会计要素

2.3.1　资产

资产是指企业过去的交易或事项形成的、由企业拥有或控制的、预期会给企业带来经济利益的资源。

1. 资产的特征

资产在过去形成，由企业拥有或控制并会为企业带来经济利益，其具备以下特征。

- 资产只能是由企业过去的交易或事项形成的，它是企业过去已经发生的交易或事项所产生的结果。如果企业打算购置一套办公用家具，那就不能成为企业的资产，只有购入后才能形成资产。
- 资产由企业所拥有或控制，即企业享有该资源的所有权或控制权，换句话说，企业可以支配某种物资，则该物资就是企业的资产。
- 资产能够或预期能够为给企业带来经济利益，如库存现金、银行存款可用于购买商品、材料和设备等。

2. 资产的分类

可以确认为企业资产的项目有很多，按照流动性的不同，可以将资产划分为流动资产和非流动资产两大类。

（1）流动资产

流动资产是指预计在一年内或一个正常营业周期中可以随时变现或耗用的资产，包括库存现金、银行存款、应收账款、预付账款、存货等。

- 库存现金：存放于企业财务部门，由出纳人员保管的现金。
- 银行存款：企业存放在开户银行的存款。
- 应收及预付账款：企业在日常生产经营过程中发生的各项债权，包括应收票据、应收账款和预付账款等。
- 存货：企业在日常生活中持有以备出售的产成品或商品、在产品及在生产过程或提供劳务过程中耗用的材料和物料，包括原材料、在产品、半成品、产成品、商品、委托加工物资等。

（2）非流动资产

非流动资产是指变现能力不强的资产，可以理解为流动资产以外的资产，包括长期股权投资、固定资产、无形资产、其他资产等。

- 长期股权投资：一段时间内不准变现、持有时间在一年以上的股票和超过一年的其他类型投资。
- 固定资产：企业为生产商品、提供劳务、出租或经营而持有的，使用寿命超过一个会计年度的有形资产。
- 无形资产：企业拥有或者控制的没有实物形态的可辨认非货币性资产，包括专利权、商标权、土地使用权等。
- 其他资产：包括银行冻结专款、诉讼中的财产等资产范畴。

3. 资产的确认条件

要想将某个项目确认为资产，还应当同时符合以下两个确认条件。

- 与该项资源有关的经济利益很可能流入企业。
- 该项资源的成本或价值能够可靠地计量。

案例2-1 东华公司采用分期付款方式购买了一套商品房，在付完最后一期房贷之前，房屋所有权都归银行所有，那么在付清房贷前，该商品房是否属于东华公司的资产？

分析：该商品房是否属于东华公司的资产，要看其是否满足资产的确认条件。就本案例而言，房屋的价值是可以计量的，而且未来能够带来经济收益，虽然房屋所有权归银行所有，购房者东华公司没有房屋的所有权，但其完全拥有房屋的控制权，可以按自己的想法进行使用。因此在未还清最后一笔房贷之前，该房屋仍然属于东华公司的资产。

2.3.2 负债

根据字面含义，负债即企业应负担的债务。具体来说，负债就是企业过去交易或事项形成的，预期将会导致经济利益流出企业的现时义务（未来发生的交易事项不是负债）。

1. 负债的特征

负债的特征可以对比资产的特征进行理解，具体如下。

- 负债是由企业过去的交易或事项形成的，这一特征与资产相同。
- 负债是企业承担的现时义务，包括法定的缴纳税款等义务，以及销售产品承诺的保修服务等企业公开承诺将承担的推定义务。
- 负债预期会导致经济利益流出企业，如以使用现金或实物资产形式进行偿还，或以提供劳务形式偿还等。

2. 负债的分类

负债按偿还期限的长短，可以分为流动负债和非流动负债两大类。

（1）流动负债

流动负债是指预计在一年内或一个正常营业周期中偿还的负债，包括短期借款、应付及预收款项、应付职工薪酬、应交税费等。

- **短期借款：**企业从银行或其他金融机构等借入的期限在一年以下（含一年）的各种借款。
- **应付及预收款项：**企业在日常生产经营过程中发生的各项债务，包括应付票据、应付账款、预收账款和其他应付款等。
- **应付职工薪酬：**企业按规定应支付给职工的各种薪酬，包括工资、奖金、津贴和职工福利等。
- **应交税费：**企业按照规定计算的应向国家缴纳的各种税费，包括增值税、消费税、企业所得税等。

（2）非流动负债

非流动负债是指偿还期限在一年以上的负债，可以理解为流动负债以外的负债，包括长期借款、应付债券、长期应付款等。

- **长期借款：**企业向银行或其他金融机构借入的期限在一年以上（不含一年）的各项借款。
- **应付债券：**企业为筹集长期资金而发行债券的本金及应付利息。
- **长期应付款：**企业除长期借款、应付债券以外的其他各种长期应付款项。

3. 负债的确认条件

要想将某个项目确认为负债，还应当同时符合以下两个确认条件。

- 与该项义务有关的经济利益很可能流出企业。
- 未来流出的经济利益的金额能够可靠地计量。

案例2-2 **东华公司会计人员李芳收到新丰公司提前开具的发票，预计下月支付该项货款，会计人员李芳将这笔业务在本月进行了入账，确认为本月的负债。请问李芳的做法正确吗？为什么？**

分析：李芳做法正确，因为该笔经济业务已经发生，属于企业过去的交易事项，是企业在现行条件下要承担的义务，且对方单位已经开具了发票，就说明其金额是可以确定的，可以作为到期付款的依据，在履行该义务时，会使经济利益流出企业。因此，这笔业务应作为应付账款入账，确认为公司的一笔负债。

2.3.3 所有者权益

所有者权益是资产减去负债后由企业所有者和投资者享有的权益，资产总额减去负债总额后的余额又叫作净资产。

1. 所有者权益的特征

所有者权益是除资产和负债以外的另一类静态要素，它具有以下特征。

- 所有者权益一般不用偿还，除非发生减资、清算或分派现金股利等情形。
- 企业因破产等原因进行清算时，先清偿完所有债务后，剩余的所有者权益才能返还给所有者和投资者。
- 所有者可以凭借所有者权益参与企业利润分配。

2. 所有者权益的分类

所有者权益一般包括实收资本、资本公积金、盈余公积金和未分配利润等项目，其中，前两项属于投资者的初始投入资本，后两项属于企业留存收益。

- 实收资本：企业收到投资人实际投入的资本金。
- 资本公积金：投资人投入或者企业由其他来源取得的、最终归投资人享有，属于公积金性质的资本金，其主要包括资本溢价、接受捐赠的资产等。
- 盈余公积金：企业从税后利润中提取的公积金，主要包括法定盈余公积金和任意盈余公积金等。
- 未分配利润：企业的税后利润按照规定进行分配完毕以后的剩余部分，这部分没有分配的利润留存在企业，可以在以后年度进行分配。

所有者权益在进行分类后，不仅可以准确反映所有者权益总额，还可以清晰地反映所有者权益的构成，有助于保障企业投资人的权益，对于企业投资人做出投资决策以及利润分配都可以提供有利信息。

3. 所有者权益的确认条件

所有者权益体现的是所有者在企业中的剩余收益，因此，所有者权益的确认主要依赖于资产和负债的确认和计量。

2.3.4 收入

收入可以简单理解为企业生产经营后取得的经济利益，它会导致所有者权益增加。

1. 收入的特征

收入的特征比较容易理解，主要包括以下几项。

- 收入是企业在日常活动中形成的：凡是日常生活中形成的经济利益的流入均应确认为收入，除此之外得到的经济利益属于利得，而不是收入。例如，工业企业生产并销售产品得到的经济利益属于收入，但其获得的捐赠所得则属于利得。
- 收入会导致所有者权益增加：与收入相关的经济利益的流入会导致所有者权益的增加，不会导致所有者权益增加的经济利益流入则不应确认为收入。
- 收入是与所有者投入资本无关的经济利益的总流入：收入应当会导致经济利益的流入，从而导致资产的增加，而在实务中，经济利益的流入有时是所有者投入资本的增加导致的，所有者投入资本的增加不应当确认为收入，应当将其确认为所有者权益。

知识补充

企业经济利益的总流入包括销售商品收入、劳务收入、租金收入、股利收入等各种主营业务收入以及其他业务收入。所有者投入资本导致经济利益流入企业的，应确认为所有者权益。

2. 收入的分类

收入可以按照不同的标准进行分类，如图2-4所示。

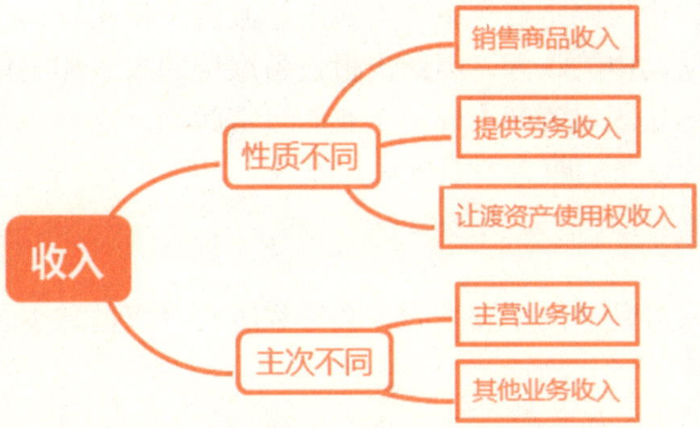

图2-4 收入的分类

收入按性质不同分为以下3类。

- **销售商品收入：**企业通过销售商品、自制半成品而收到货款或取得价款凭证，而认定的收入。
- **提供劳务收入：**企业通过提供劳务收到的劳务价款，而认定的收入。
- **让渡资产使用权收入：**包括利息收入、使用费收入、出租资产收取的租金、进行债券投资取得的利息、进行股权投资取得的现金股利收入等。

收入按主次不同分为以下2类。

- **主营业务收入：**是指由企业的主要业务所带来的基本收入，如制造业的销售产品收入。
- **其他业务收入：**由企业的兼营业务所带来的收入，如材料物资及包装物销售收入。

知识补充

同一项收入，对于不同的企业可以有不同的归类，如经营出租固定资产而取得的收入，对于工业企业而言，属于其他业务收入，但对于专门从事财产租赁的企业而言，就属于主营业务收入。

3. 收入的确认条件

企业收入的来源渠道是多种多样的，不同收入的来源特征虽然有所不同，但是其收入的确认条件都是相同的，当企业和客户之间签订的合同满足以下5个确认条件时，就可确认为收入。

- 合同各方已经批准该合同并承诺将履行各自的义务。
- 合同中明确了合同各方与所转让商品或提供劳务相关的权利和义务。
- 合同中有明确的与所转让商品或提供劳务相关的支付条款。
- 合同具有商业实质，履行合同将会有改变企业未来现金流量的风险。
- 企业因向客户转让商品或提供劳务而有权取得的收入很有可能会被收回。

案例2-3 东华公司为机械公司，2018年出租机械设备，取得收入500 000元，同年出售一批不需要的材料和一台不需要的设备，分别收到款项50 000元和100 000元，这3笔收到的款项是否都可以确认为企业的收入？

分析：按照规定，出租固定资产事实上属于让渡资产使用权，出售不需要的材料的收入也属于企业非日常活动中的收入，因此出租设备取得的收入和出售材料取得的收入应确认为企业的收入，而出售固定资产不属于企业的日常活动，这种偶然发生的收入不能确认为收入，因此取得出售设备的收入不能确认为收入。

2.3.5 费用

费用是企业在日常经营活动中发生的，会导致所有者权益减少、与向所有者分配利润无关的经济利益的总流出。

1. 费用的特征

费用是由于资产流出企业、资产损耗或负债增加而引起所有者权益减少，因此费用具有以下特征。

- 费用是企业在日常生产经营活动中发生的，具有经常性。如果不是企业日常生产经营活动产生的经济利益流出，则属于损失而不是费用。例如，管理人员工资属于企业在日常生产经营活动中发生的，应计入费用；而企业向某贫困地区进行的捐赠与企业日常经营活动无关，并具有偶然性，只能作为损失确认为营业外支出。
- 费用会导致所有者权益的减少，这与收入导致所有者权益增加的道理是相同的。
- 企业向所有者分配利润时也会导致经济利益流出。但费用与向所有者分配利润无关，因此该事项不应确认为费用。
- 企业生产经营活动产生的费用，即经济利益的流出金额能够可靠地计量。

2. 费用的分类

按照费用与收入的配比关系，费用一般可以分为生产费用和期间费用两类。生产费用是指与企业日常生产经营活动有关的费用，包括直接材料、直接人工和制造费用，这些费用都应该按照实际发生情况计入产品生产成本；期间费用是指企业本期发生的、不能直接或间接归入生产成本，而只能计入当期损益的各项费用。期间费用包括以下3种。

- 销售费用：企业在销售商品和材料、自制半成品以及提供劳务等过程中发生的各种费用，包括包装费、广告费、装卸费、委托代销手续费、展览费以及为销售本企业商品而专设销售机构的销售人员工资、业务费、折旧费等。
- 管理费用：企业为组织和管理生产经营活动所发生的各项费用，包括企业在筹建期间发生的开办费、咨询费、业务招待费、土地使用税、印花税等。
- 财务费用：企业为筹集生产经营所需资金而发生的筹资费用，包括利息支出、汇兑差额和相关的手续费等。

3. 费用的确认条件

费用的确认应该符合以下条件。

- 与费用相关的经济利益很有可能流出企业。
- 经济利益流出企业的结果会导致资产的减少或者负债的增加。
- 经济利益的流出额能够可靠地计量。

2.3.6 利润

对每个企业来说，获取利润是进行生产经营的最终目的。企业如果实现盈利，则企业所有者权益增加；如果亏损，则企业所有者权益减少。

1. 利润的分类

利润按照构成可以分为营业利润、利润总额和净利润。

- **营业利润：** 即营业收入减去营业成本、税金及附加、期间费用、资产减值损失、信用减值损失，再加上其他收益、投资收益（或减去投资损失）、净敞口套期收益（或减去净敞口套期损失）、公允价值变动收益（或减去公允价值变动损失）和资产处置收益（或减去资产处置损失）的金额。
- **利润总额：** 即营业利润加上营业外收入，再减去营业外支出的金额。
- **净利润：** 即利润总额减去所得税后的金额，又称税后利润。净利润需要进行分配，按一定的比例提取盈余公积金，然后再进行利润分配，分配后如果有剩余则为未分配利润。

2. 利润的确认条件

利润的确认主要依赖于收入和费用，以及利得和损失，其金额的确定也主要取决于收入、费用、利得和损失金额的计量。其中，利得是指由企业非日常经营活动形成的、会导致所有者权益增加、与所有者投入资本无关的经济利益的流入；损失是指由企业非日常经营活动所发生的、会导致所有者权益减少的、与向所有者分配利润无关的经济利益的流出。

行家点拨

利得和损失主要包括企业当期确认的投资收益或投资损失，以及处置固定资产等发生的收益或损失。而对于收入与利得、费用与损失这四者之间有表2-1所示的联系与区别，在会计工作中要注意区分。

表2-1 收入与利得、费用与损失的联系和区别

项目	区别	联系
收入与利得	收入与日常活动有关，利得与非日常活动有关	都会导致所有者权益增加，且与所有者投入资本无关
	收入是经济利益总流入，利得是经济利益净流入	
费用与损失	费用与日常活动有关，损失与非日常活动有关	都会导致所有者权益减少，且与向所有者分配利润无关
	费用是经济利益总流出，损失是经济利益净流出	

2.3.7 会计要素之间的基本关系——会计等式

会计等式是反映各会计要素之间基本关系的等式。企业发生的每一项交易或每一个经济事项，都是一个资金运动的过程。在该过程中，会计要素之间存在一定的内在联系，这种内在联系可通过会计平衡公式表现出来。会计等式从形式上看，反映了各项会计要素之间的内在联系；从实质上看，它揭示了会计主体的产权关系、基本财务状况和经营成果。

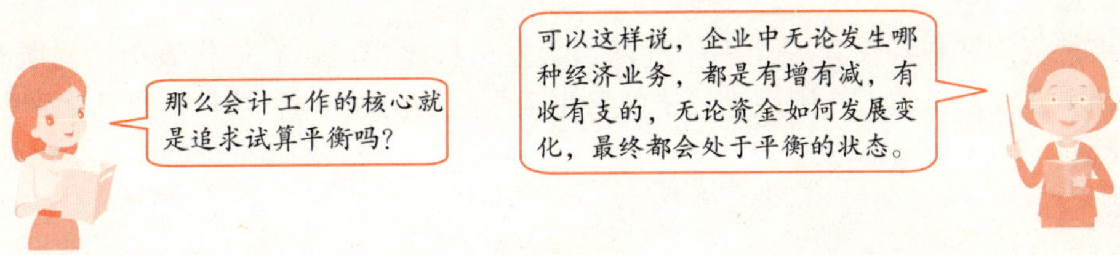

1. 会计等式的表现形式

（1）财务状况等式

财务状况等式又称基本会计等式和静态会计等式，是用以反映企业某一特定时点资产、负债和所有者权益三者之间平衡关系的会计等式。

资产＝负债+所有者权益

这一等式表示企业资产归属于所有者的部分形成所有者权益，归属于债权人的部分形成债权人权益（即企业的负债）。

资产＝权益

这一等式表示企业有多少数额的资产必有与其等量的权益，即资产与权益在任何一个时点上都必然保持恒等的关系。

行家点拨

资产＝负债+所有者权益，这一等式是会计等式中最通用、最一般的形式，所以通常称之为基本会计等式，它是复式记账法的理论依据，也是编制资产负债表的依据。

（2）经营成果等式

经营成果等式也称动态会计等式，是用以反映企业一定时期收入、费用和利润之间恒等关系的会计等式。

收入－费用=利润

这一等式表示利润是收入与相关费用之间的差额，收入的取得和费用的发生，直接影响企业利润，来自于特定会计期间的收入与其相关费用进行比较，可以确定该期间的企业利润金额。

2. 经济业务对会计等式的影响

企业在生产经营的过程中，每天都会发生各种各样、纷繁复杂的经济业务，并引起各会计要素随之发生增减变动，但是各会计要素无论发生怎样的增减变动，都不会影响资产与权益的恒等关系。按照对财务状况等式的影响不同，企业发生的交易或事项可以分为图2-5所示的9种类型。

- 类型一　一项资产增加、另一项资产等额减少的经济业务
- 类型二　一项资产增加、一项负债等额增加的经济业务
- 类型三　一项资产增加、一项所有者权益等额增加的经济业务
- 类型四　一项资产减少、一项负债等额减少的经济业务
- 类型五　一项资产减少、一项所有者权益等额减少的经济业务
- 类型六　一项负债增加、另一项负债等额减少的经济业务
- 类型七　一项负债增加、一项所有者权益等额减少的经济业务
- 类型八　一项所有者权益增加、一项负债等额减少的经济业务
- 类型九　一项所有者权益增加、另一项所有者权益等额减少的经济业务

图2-5　9种不同类型的经济业务

如果把资产和权益比作一个天平的两边，左边代表资产，右边代表负债与所有者权益的合计（即权益总数），则以上经济业务事项可总结为以下4种情形，具体如图2-6~图2-9所示。

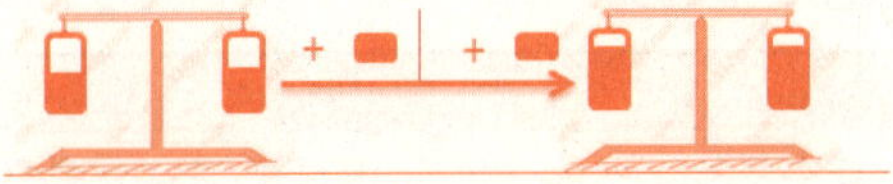

图2-6 等式两边同时、同向增加

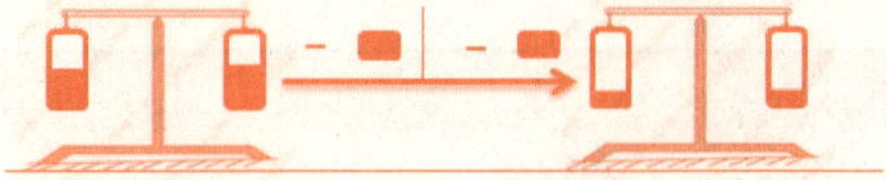

图2-7 等式两边同时、同向减少

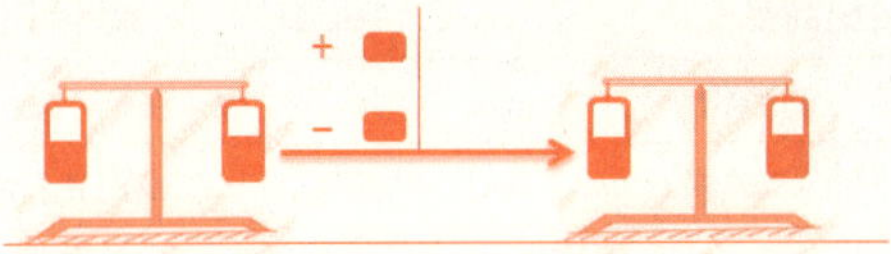

图2-8 等式一边（资产）有增有减

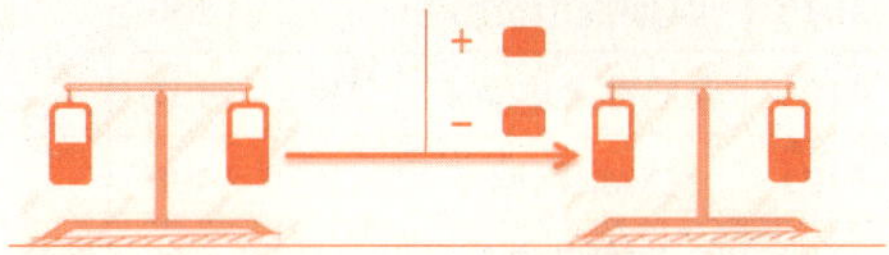

图2-9 等式一边（权益）有增有减

案例2-4 东华公司2018年3月2日发生两笔经济业务，一笔是从银行提取库存现金20 000元，另一笔是宣布向投资者分配利润200 000元。判断这两笔经济业务事项对会计等式的影响是哪种类型？

分析：第一笔经济业务发生后，东华公司的库存现金增加20 000元，银行存款减少20 000元，属于会计等式左边资产内部的一增一减，且增减的金额相等，平衡关系保持不变，属于图2-5中类型一表示的经济业务。第二笔经济业务发生后，东华公司的应付股利增加200 000元，未分配利润减少200 000元，这时会计等式右边一项负债增加而一项所有者权益减少，且增减的金额相等，平衡关系保持不变，属于图2-5中类型七表示的经济业务。

2.4 记账基础——会计科目

会计科目是对会计要素具体内容进行分类核算的项目，是进行会计核算和提供会计信息的基础，是企业会计做账时不可或缺的“工具”之一。

会计科目之间既有严格的区别，又有紧密的联系。根据反映的经济内容的不同，会计科目可以分为资产类科目、负债类科目、所有者权益类科目、成本类科目和损益类科目。

会计科目

知识补充

为了能够全面、系统、详细地对各项会计要素的具体内容进行监督核算，才形成了会计科目，因此会计科目与各会计要素之间有着密切的联系，如图2-10所示。

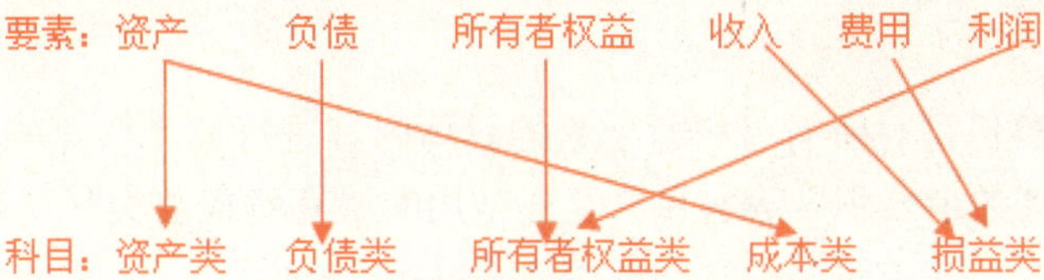

图2-10 会计要素与会计科目的联系

2.4.1 资产类科目

资产类科目是对资产要素的具体内容进行分类核算的项目，如“库存现金”“银行存款”“固定资产”等科目。企业常用的资产类科目如表2-2所示。

表2-2　企业常用的资产类科目

序号	编号	会计科目名称	序号	编号	会计科目名称	序号	编号	会计科目名称
1	1001	库存现金	15	1404	材料成本差异	29	1532	未实现融资收益
2	1002	银行存款	16	1405	库存商品	30	1601	固定资产
3	1012	其他货币资金	17	1406	发出商品	31	1602	累计折旧
4	1101	交易性金融资产	18	1407	商品进销差价	32	1603	固定资产减值准备
5	1121	应收票据	19	1408	委托加工物资	33	1604	在建工程
6	1122	应收账款	20	1411	周转材料	34	1605	工程物资
7	1123	预付账款	21	1471	存货跌价准备	35	1606	固定资产清理
8	1131	应收股利	22	1505	债权投资	36	1701	无形资产
9	1132	应收利息	23	1506	债权投资减值准备	37	1702	累计摊销
10	1221	其他应收款	24	1521	其他债权投资	38	1703	无形资产减值准备
11	1231	坏账准备	25	1511	长期股权投资	39	1711	商誉
12	1401	材料采购	26	1512	长期股权投资减值准备	40	1801	长期待摊费用
13	1402	在途物资	27	1521	投资性房地产	41	1811	递延所得税资产
14	1403	原材料	28	1531	长期应收款	42	1901	待处理财产损溢

2.4.2　负债类科目

负债类科目是对负债要素的具体内容进行分类核算的项目，如“应付账款”“短期借款”“长期借款”等科目。企业常用的负债类科目如表2-3所示。

表2-3　企业常用的负债类科目

顺序	编号	会计科目名称	序号	编号	会计科目名称
1	2001	短期借款	9	2501	长期借款
2	2201	应付票据	10	2502	应付债券
3	2202	应付账款	11	2701	长期应付款
4	2203	预收账款	12	2702	未确认融资费用
5	2211	应付职工薪酬	13	2711	专项应付款
6	2221	应交税费	14	2801	预计负债
7	2231	应付利息	15	2901	递延所得税负债
8	2241	其他应付款			

2.4.3　所有者权益类科目

所有者权益类科目是对所有者权益要素的具体内容进行分类核算的项目，如“实收资本”“资本公积”“盈余公积”等科目。企业常用的所有者权益类科目如表2-4所示。

表 2-4　企业常用的所有者权益类科目

序号	编号	会计科目名称	序号	编号	会计科目名称
1	4001	实收资本	4	4101	盈余公积
2	4002	资本公积	5	4103	本年利润
3	4003	其他综合收益	6	4104	利润分配

2.4.4 成本类科目

成本类科目是对可归属于产品生产成本、劳务成本等的具体内容进行分类核算的项目。企业常用的成本类科目如表2-5所示。

表2-5 企业常用的成本类科目

序号	编号	会计科目名称	序号	编号	会计科目名称
1	5001	生产成本	3	5201	劳务成本
2	5101	制造费用	4	5301	研发支出

2.4.5 损益类科目

损益类科目是对收入、费用等具体内容进行分类核算的项目，按损益的不同内容，可以分为反映收入的科目和反映费用的科目。企业常用的损益类科目如表2-6所示。

表2-6 企业常用的损益类科目

序号	编号	会计科目名称	序号	编号	会计科目名称
1	6001	主营业务收入	9	6601	销售费用
2	6051	其他业务收入	10	6602	管理费用
3	6101	公允价值变动损益	11	6603	财务费用
4	6111	投资收益	12	6701	资产减值损失
5	6301	营业外收入	13	6711	营业外支出
6	6401	主营业务成本	14	6801	所得税费用
7	6402	其他业务成本	15	6901	以前年度损益调整
8	6403	税金及附加			

知识补充

除上述分类外，按提供信息的详细程度及其统驭关系，可将会计科目分为总分类科目和明细分类科目两种，具体划分如图2-11所示。如果某总分类科目所属的明细分类科目较多，可以在总分类科目下设置二级明细科目，再在二级明细科目下设置三级明细科目。

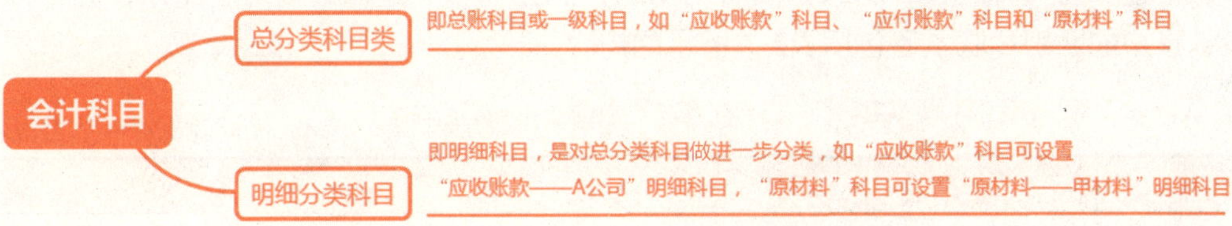

图2-11 总分类科目和明细分类科目

2.4.6 会计科目与会计账户

会计账户是根据会计科目开设的，在会计核算中，会计科目只是会计账户的名称，不能体现资金的变化；而一个会计账户除了名称之外还包括金额以及金额体现的借贷方向等。为了适应会计核算的要求，便在会计科目上增加了能反映会计要素增减变动的会计账户。因此，会计账户和会计科目是一一对应的，有什么会计科目就会有相应的会计账户。

与会计科目的分类相对应，账户也可根据核算的经济内容，将其分为资产类账户、负债类账户、所有者权益类账户、成本类账户和损益类账户。

1. 会计账户的“4要素”

账户的功能在于连续、系统、完整地提供企业经济活动中各会计要素增减变动及其结果的具体信息。要理解会计要素的增减变动及其结果，需要掌握4个金额要素即“本期增加发生额”“本期减少发生额”“期初余额”“期末余额”。

- **本期增加发生额：**表示会计要素在特定会计期间增加的金额。
- **本期减少发生额：**表示会计要素在特定会计期间减少的金额。
- **期初余额：**账户上期的期末余额转入本期，表示为本期的期初余额。
- **期末余额：**账户本期的期末余额转入下期，表示为下期的期初余额。

对于同一账户而言，它们之间的基本关系可用公式表示为：

期末余额=期初余额+本期增加发生额-本期减少发生额

2. 会计账户的结构

会计账户主要用于记录经济业务，因此根据账户所记载的各项经济业务所引起的会计要素数量上的增减变动，分别记录账户的增加额和减少额。账户通常分为左、右两方，其中一方记增加，另一方则记减少。因为账户结构在整体上类似于汉字“丁”和大写的英文字母“T”，因此，账户的基本结构在实务中被形象地称为“丁”字账户或者“T”型账户。图2-12所示为“T”型账户。

账户名称
（会计科目）

左方（借方）	右方（贷方）
期初余额	期初余额
借方发生额	贷方发生额
期末余额	期末余额

图2-12 “T”型账户

3. 会计科目与会计账户的联系

从上述内容可知，会计科目是没有结构的，而会计账户是有结构的。此外，会计科目和会计账户的区别和联系还包括表2-7所示的内容。

表2-7 会计科目与会计账户的联系与区别

<table>
<tr><th>项目</th><th>会计科目</th><th>会计账户</th></tr>
<tr><td rowspan="3">联系</td><td colspan="2">都是会计对象具体内容的分类</td></tr>
<tr><td colspan="2">会计科目是会计账户的名称及设置依据，会计账户是会计科目的具体运用</td></tr>
<tr><td colspan="2">没有会计科目，会计账户就没有设置的依据；没有会计账户，会计科目就无法发挥作用</td></tr>
<tr><td rowspan="3">区别</td><td>只有名称，没有结构</td><td>有名称有结构</td></tr>
<tr><td>仅反映经济内容是什么</td><td>不仅反映经济内容，还能反映其增减变化和结余情况</td></tr>
<tr><td>主要作用是为了会计账户的开设和为填制凭证提供依据</td><td>主要作用是提供某一具体会计对象的资料，为编制财务报告提供依据</td></tr>
</table>

2.5 业务处理有章可循——借贷记账法

会计记账的方法有多种，总的来说可以分为单式记账法和复式记账法两种，其中复式记账法又包括借贷记账法、增减记账法和收付记账法等。我国规定企业、行政单位或事业单位应当采用的会计记账方法是借贷记账法。

会计学堂

借贷记账法

知识补充

单式记账法是对发生的每项经济业务只在一个账户中加以登记的记账方法，是一种不完整的方法；复式记账法是对发生的每笔经济业务，都要在两个或两个以上相互联系的账户中进行登记，系统地反映资金运动变化结果的一种记账方法。

2.5.1 借贷记账法的账户结构

借贷记账法是以“资产=负债+所有者权益”为依据，以“借”和“贷”作为记账符号，以“有借必有贷，借贷必相等”作为记账规则，反映会计要素增减变动情况的一种复式记账方法。

借贷记账法下，账户的左方称为借方，右方称为贷方。所有账户的借方和贷方按照相反方向，一方登记增加额，一方登记减少额。至于是“借”表示增加，还是“贷”表示增加，要取决于账户的性质与所记录经济内容的性质。

1. 资产类和成本类账户的结构

资产类和成本类账户的借方登记增加额，贷方登记减少额；在一定会计期间内，借方登记的增加额合计称为本期借方发生额，贷方登记的减少额合计称为本期贷方发生额；期末一般都有余额，方向在借方。资产类和成本类账户的结构如图2-13所示。

资产类和成本类账户

借方			贷方
期初余额	×××		
本期增加额	××× ×××	本期减少额	××× ×××
本期借方发生额	×××	本期贷方发生额	×××
期末余额	×××		

图2-13 资产类和成本类账户的结构

根据资产类和成本类账户的结构可以得知，资产类和成本类账户的期末余额计算公式为：

期末余额＝期初余额+本期借方发生额-本期贷方发生额

2. 负债类和所有者权益类账户的结构

负债类和所有者权益类账户的贷方登记增加额，借方登记减少额；在一定会计期间内，贷方登记的增加额合计称为本期贷方发生额，借方登记的减少额合计称为本期借方发生额；期末一般都有余额，方向在贷方。负债类和所有者权益类账户的结构如图2-14所示。

负债类和所有者权益类账户

借方		贷方	
		期初余额	×××
本期减少额	××× ×××	本期增加额	××× ×××
本期借方发生额	×××	本期贷方发生额	×××
		期末余额	×××

图2-14 负债类和所有者权益类账户的结构

负债类和所有者权益类账户的期末余额计算公式为：

期末余额＝期初余额+本期贷方发生额-本期借方发生额

案例2-5 东华公司成立于2018年1月，公司应付账款账户期初贷方金额为30 000元，2月发生应付账款20 000元，归还应付账款10 000元，2月“应付账款”账户的贷方余额为多少？

分析：根据负债类账户期末余额的计算公式：期末余额＝期初余额+本期贷方发生额-本期借方发生额，因此，东华公司2月“应付账款”账户的贷方余额=30 000+20 000-10 000=40 000（元）。

3. 损益类账户的结构

损益类账户是反映会计主体在某一会计期间取得收入和发生费用支出的情况，包括收入和费用两类。

（1）收入类账户的结构

收入类账户的贷方登记增加额，借方登记减少额或转销额；在一定会计期间内，贷方登记的增加额合计称为本期贷方发生额，借方登记的减少额合计称为本期借方发生额；期末一般无余额。收入类账户的结构如图2-15所示。

收入类账户

借方		贷方	
本期减少额	×××	本期增加额	×××
本期转销额	×××		×××
本期借方发生额	×××	本期贷方发生额	×××
		（一般无期末余额）	

图2-15 收入类账户的结构

（2）费用类账户的结构

费用类账户的借方登记增加额，贷方登记减少额或转销额；在一定会计期间内，借方登记的增加额合计称为本期借方发生额，贷方登记的减少额合计称为本期贷方发生额；期末一般无余额。费用类账户的结构如图2-16所示。

费用类账户

借方		贷方	
本期增加额	×××	本期减少额	×××
	×××	本期转销额	×××
本期借方发生额	×××	本期贷方发生额	×××
（一般无期末余额）			

图2-16 费用类账户的结构

行家点拨

收入和费用是企业在一定会计期间取得的收入或发生的支出，都应在当期予以结转，而不应留存到下一会计期间。为了在下一会计期间能准确地反映本期的实际收入状况，期末就要将全部余额转入“本年利润”账户，以便结算本期利润，因此期末一般无余额。

会计账户中增加额、减少额和余额的登记方向取决于所记录的经济业务和会计账户的性质。这里将各类账户增减变动的登记方向和余额方向进行了归纳汇总，具体如表2-8所示。

表2-8　账户增减变动情况汇总表

会计账户类型		账户的增减变动		
		借方	贷方	余额
资产类		登记增加额	登记减少额	一般在借方
负债类		登记减少额	登记增加额	一般在贷方
所有者权益类		登记减少额	登记增加额	一般在贷方
成本类		登记增加额	登记减少额	在借方
损益类	费用、损失类	登记增加额	登记减少额	期末结转后无余额
	收入、利得类	登记减少额	登记增加额	期末结转后无余额

案例2-6 东华公司2018年3月8日库存现金余额为20 000元，3月10日收到现金3 000元。对于该项经济业务，应该怎样通过“库存现金”账户来体现其增减变化？

分析：库存现金属于资产类账户，通过表2-8可知，资产类账户借方登记增加额，贷方登记减少额，余额一般在借方。因此，“库存现金”账户的登记结果如图2-17所示。

库存现金

借方	贷方
20 000	
3 000	
23 000	

图2-17　“库存现金”账户的登记结果

2.5.2　借贷记账法的记账规则

所谓记账规则，是指采用某种记账方法记录经济业务时所应遵循的规则。

不同的记账方法，具有不同的记账规则。借贷记账法的记账规则为“有借必有贷，借贷必相等”。对于每一笔经济业务，都要在两个或两个以上相互联系的会计科目中以借方和贷方的金额进行登记。即发生的每笔经济交易，在一个会计科目中登记了借方，就必须同时在另一个或多个会计科目中登记贷方，并且登记在借方的合计数与贷方的合计数金额必须相等。

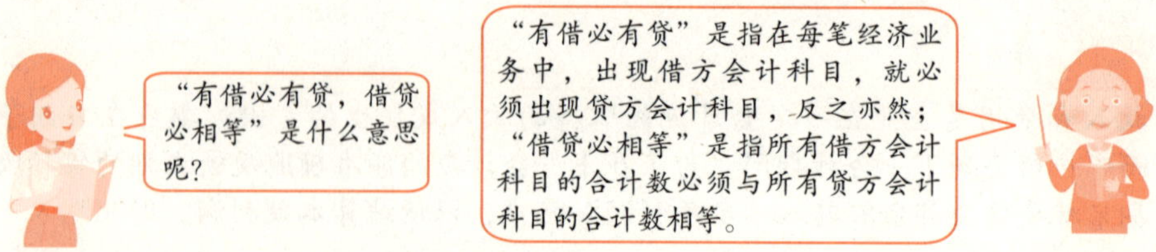

在运用借贷记账法的记账规则登记经济业务时，一般可以按照以下4个步骤进行。

- 分析经济业务中涉及的会计账户，判断属于哪一类会计要素。
- 判断会计账户中所涉及的资金数量是增加还是减少。
- 根据记账符号的含义，确定会计账户的登记方向。
- 检查登记方向和借贷双方的总合计数是否相等。

2.5.3　借贷记账法下的会计分录

会计分录是指对每项经济业务事项标明其应借、应贷的账户名称及其金额的记录。会计分录主要包括记账符号、两个或两个以上的会计科目以及借贷双方的相等金额。

1. 会计分录的分类

按照所涉及的账户的个数，会计分录可以分为简单会计分录和复合会计分录。

（1）简单会计分录

简单会计分录是指只涉及一个账户的借方和另一个账户的贷方的会计分录，即一借一贷的会计分录。

（2）复合会计分录

复合会计分录是指由两个以上对应账户组成的会计分录，包括一借多贷、多借一贷或多借多贷的会计分录。

行家点拨

一笔复合会计分录可以分解为若干简单的会计分录，而若干笔相关的简单会计分录又可复合为一笔复合会计分录，复合或分解的目的是便于会计工作和更好地反映经济业务的实质。

2. 会计分录的书写

一般情况下，会计分录的书写格式如下。

- 先借后贷，分行列示，“借”和“贷”字后均加冒号。即借方在上，先写；贷方在下，后写。
- 每一个会计科目占一行，左右错开。即“贷”字应对齐借方会计科目的第一个字。
- 借贷金额也要适当错开写，同时，所有借方金额个位数字右对齐，所有贷方金额个位数字右对齐。
- 在一借多贷、一贷多借或多借多贷的会计分录中，“借”“贷”通常只列示在第一个借方科目和第一个贷方科目前，其他科目前不再列示。借方或贷方科目的首个文字各自保持对齐，所有借方和贷方金额的个位数字各自保持右对齐。
- 当会计分录中需要列示明细科目时，应按科目级次高低从左向右列示，二级科目前加破折号，三级科目放在二级科目后的一对小圆括号中。

行家点拨

如果会计科目中的二级科目分别列示于会计分录的借方和贷方，那么应在借方和贷方分别列示出一个一级科目，但是处于同一方向的每两个二级科目之间不能列示其他一级科目。

- 借方和贷方会计科目中有两个或两个以上的二级科目属于同一个一级科目时，所属的一级科目只在第一个二级科目前列示，其余省略，每个二级科目各占一行，前面的破折号保留且保持左对齐，如图2-18所示。

借：一级科目　×××
　　一级科目——二级科目　×××
　　　　——二级科目　×××
　　贷：一级科目——二级科目　×××
　　　　　　——二级科目　×××
　　　一级科目——二级科目（三级科目）　×××

图2-18　多个明细科目的会计分录格式

案例2-7　东华公司在2019年5月15日发生两笔经济事项，一笔是用库存现金购买办公用品，共计500元；另一笔是向新丰公司购进一批原材料，价款为50 000元，增值税税额为6 500元，款项以银行存款支付。要求编制两笔经济事项的会计分录。

分析：第一笔经济事项可以做简单会计分录，即：

借：管理费用　500
　　贷：库存现金　500

第二笔经济事项可以做复合会计分录，即：

借：原材料　50 000
　　应交税费——应交增值税（进项税额）　6 500
　　贷：银行存款　56 500

2.5.4　借贷记账法下的试算平衡

试算平衡是指根据会计恒等式“资产=负债+所有者权益”以及借贷记账法的记账规则，通过对所有账户的发生额和余额进行汇总计算和比较，以此来检查记录是否正确的一种方法。试算平衡分为发生额试算平衡法和余额试算平衡法两种。

1. 发生额试算平衡法

发生额试算平衡法是根据本期所有账户借方发生额合计与贷方发生额合计的恒等关系，来检验本期发生额记录是否正确的一种方法。在借贷记账法下，发生额试算平衡法的数量相等关系用公式表示如下。

全部账户本期借方发生额合计=全部账户本期贷方发生额合计

2. 余额试算平衡法

余额试算平衡法是指根据全部账户借方期末（初）余额合计与全部账户贷方期末（初）余额合计的恒等关系，来检验本期账户记录是否正确的一种方法。

在借贷记账法下，全部账户借方余额合计数与全部账户贷方合计数相等，总结出余额试算平衡法下的公式如下。

全部账户的借方期初余额合计=全部账户的贷方期初余额合计

全部账户的借方期末余额合计=全部账户的贷方期末余额合计

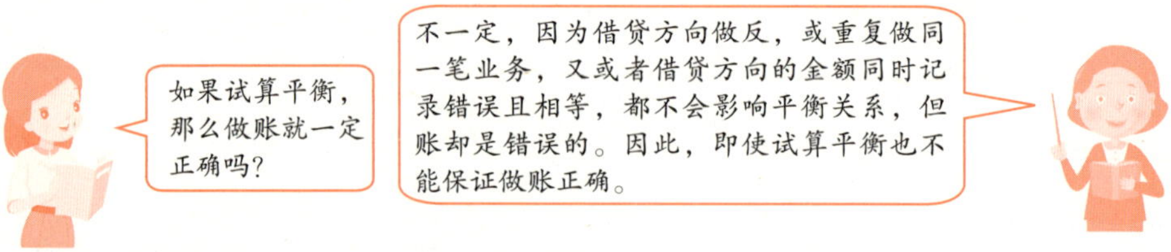

3. 编制试算平衡表

试算平衡是通过编制试算平衡表进行的。试算平衡表通常是在期末结出各账户的本期发生额合计和期末余额后编制的，试算平衡表中一般应设置“期初余额”“本期发生额”和“期末余额”三大栏目，其下分设“借方”和“贷方”两个小栏。各大栏中的借方合计与贷方合计应该平衡相等，否则，便存在记账错误。

案例2-8 新丰公司部分账户的期初余额如表2-9所示，4月发生以下经济业务：①用银行存款支付购买原材料的货款为2 000元；②向银行借入短期借款50 000元用于偿还应付账款；③销售货物，收到价款20 000元并存入银行。要求进行试算平衡并编制试算平衡表。

表2-9 新丰公司部分账户的期初余额　　单位：元

资产	金额	负债及所有者权益	金额
银行存款	30 000	应付账款	30 000
原材料	6 000	短期借款	6 000
固定资产	5 000	实收资本	3 000
其他应收款	20 000	盈余公积	22 000

分析：编制试算平衡表之前，要先对发生的经济业务编制会计分录。3项经济业务所对应的会计分录依次如下。

借：原材料　　2 000
　　贷：银行存款　　2 000

借：应付账款　　30 000
　　贷：短期借款　　30 000

借：银行存款　　20 000
　　贷：主营业务收入　　20 000

然后，根据编制的会计分录计算本期的发生额后结算期末余额，并进行试算平衡，编制试算平衡表，如表2-10所示。

表2-10 发生额及余额试算平衡表

单位：元

账户名称	期初余额		本期发生额		期末余额	
	借方	贷方	借方	贷方	借方	贷方
银行存款	30 000		20 000	2 000	48 000	
原材料	6 000		2 000		8 000	
固定资产	5 000				5 000	
其他应收款	20 000				20 000	
应付账款		30 000	30 000			
短期借款		6 000		30 000		36 000
实收资本		3 000				3 000
盈余公积		22 000				22 000
主营业务收入				20 000		20 000
合计	61 000	61 000	52 000	52 000	81 000	81 000

2.6 新手加油站

1. 会计的扩展职能

会计除了具有核算和监督的基本职能外，还具有扩展职能。会计的扩展职能主要体现在管理会计方面，即通过财务会计报告等信息来实现相关职能，具体职能如下。

（1）预测经济前景

预测经济前景是指通过财务会计报告等信息，定性或定量地对经济发展趋势进行判断和预测，以此来指导和调节经济活动，提高经济效益。

（2）参与经济决策

参与经济决策是指通过财务会计报告等信息，运用定量或定性分析法，对备选方案的经济可行性进行分析，从而为企业决策者提供准确的决策信息。

（3）评价经营业绩

评价经营业绩是指通过财务会计报告等信息，运用特定的指标和标准，采用科学的方法，对企业一定期间的资产运营、经济效益等经营成果，进行定量及定性对比分析，从而做出公平、客观和真实的综合评判。

2. 企业应该开设哪些会计科目

会计科目表中列示的科目都是总账科目，是不允许企业私自改动的，如“库存现金”科目不能擅自修改为“现金”。企业应当根据自身的业务有选择性地使用部分会计科目，而对于总账科目下的明细科目，可以根据企业经营情况自行决定，如“应收账款”科目下可设置与企业业务相关的各个单位名称的明细科目。

总体而言，根据公司的主要业务可以粗略筛选出常用的会计科目进行做账，如果实际操作中出现有新的会计科目时，可以视情况增补。

2.7 动动手

1. 新丰公司经济业务的处理

（1）收到股东刘明投入的资金8 000 000元，在工商部门进行依法登记后，其资本金欲暂时用于其他用途。这种做法可以吗？

（2）假设新丰公司的一个车间同时生产某产品的A部件和B部件，则为生产A部件和B部件而耗费的原材料属于哪类费用？

（3）2018年1月新丰公司的银行存款期初借方余额是220 000元，1月借方发生额为100 000元，贷方发生额为98 000元。那么，期末银行存款余额为多少？

参考答案

配套\第2章\参考答案\新丰公司经济业务的处理.docx

2. 编制试算平衡表

新丰公司2018年5月有关账户的期初余额如下，库存现金：3 000元，银行存款：20 000元，固定资产：4 000元，应收账款：5 000元，应付账款：8 000元，短期借款：10 000元，实收资本：5 000元，主营业务收入：9 000元。

5月发生的经济业务包括：（1）从银行提取现金30 000元；（2）购置空调等固定资产，共计20 000元，以银行存款支付；（3）收回百盛公司所欠货款5 000元，存入银行；（4）向百盛公司销售一批货物，共计30 000元，存入银行。假定不考虑相关税费。要求编制新丰公司2018年5月的余额试算平衡表。

参考答案

配套\第2章\参考答案\编制试算平衡表.docx

03 Chapter

第3章　略知一二——会计必备的票据常识与银行结算知识

情景导读

张姐： 小叶，你现在对会计已经有一个大致的认识了吧？

小叶： 是的，张姐，我感觉现在是“拨开云雾见天日”了。

张姐： 哈哈，那这样真是太好了，那你对会计中会涉及的票据有了解吗?

小叶： 嗯……常见的票据有汇票、本票和支票，对吗?

张姐： 回答正确！这是常见的“三大”票据，也是企业进行银行结算的方式，除此之外还有汇兑、委托收款、托收承付等方式。这些知识在会计工作中可能会遇到。

小叶： 张姐，那我可得跟着你好好学习！

3.1 票据基本概念

票据是作为银行结算中一种重要的凭证，在实际生活中的使用十分广泛。在学习银行结算的知识之前，首先要对会计工作中常用的票据有所了解。

3.1.1 什么是票据

票据是指根据《中华人民共和国票据法》（简称《票据法》）规定，由出票人依法签发的，约定自己或者委托付款人在见票时或在指定的日期向收款人或持票人无条件支付一定金额并可转让的有价证券。

票据有广义和狭义之分，广义的票据囊括了各种有价证券和凭证，如股票、企业债券、发票等；狭义的票据主要是指汇票、银行本票和支票。本书主要是对狭义的票据进行介绍。

- 汇票：是指出票人签发的，委托付款人在见票时，或者在指定日期无条件支付确定的金额给收款人或者持票人的票据。汇票是一种无条件支付的委托，包括商业汇票和银行汇票，其中商业汇票又包括商业承兑汇票和银行承兑汇票。汇票有出票人、付款人和收款人三个当事人。
- 银行本票：是指申请人将款项交存银行，由银行签发的承诺自己在见票时无条件支付确定的金额给收款人或者持票人的票据。
- 支票：是汇票的一种特例，是出票人签发的，委托办理支票存款业务的银行在见票时无条件向收款人或者持票人支付确定的金额的票据。

1. 票据当事人

票据当事人，是指在票据法律关系中，享有票据权利、承担票据义务的主体。票据当事人分为基本当事人和非基本当事人。

（1）基本当事人

基本当事人是指在票据作成和交付时就已存在的当事人，是构成票据法律关系的必要主体，包括出票人、付款人和收款人。

- 出票人：依照法定方式签发票据并将票据交付给收款人的人。图3-1所示为不同票据的出票人。

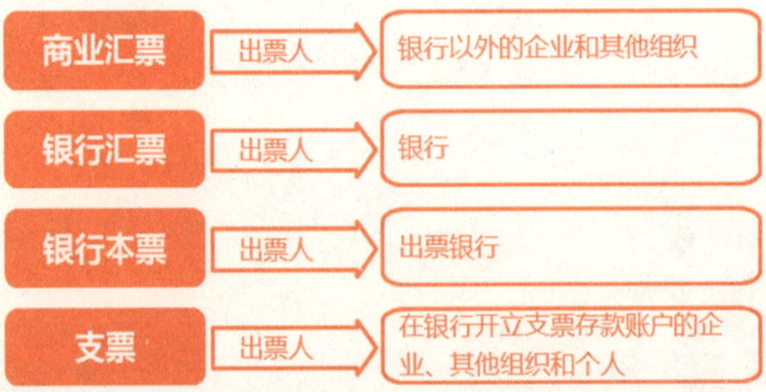

图3-1　不同票据的出票人

- 付款人：由出票人委托付款或自行承担借款责任的人。图3-2所示为不同票据的付款人。
- 收款人：票据到期后有权收取票据所载金额的人，又称票据权利人。

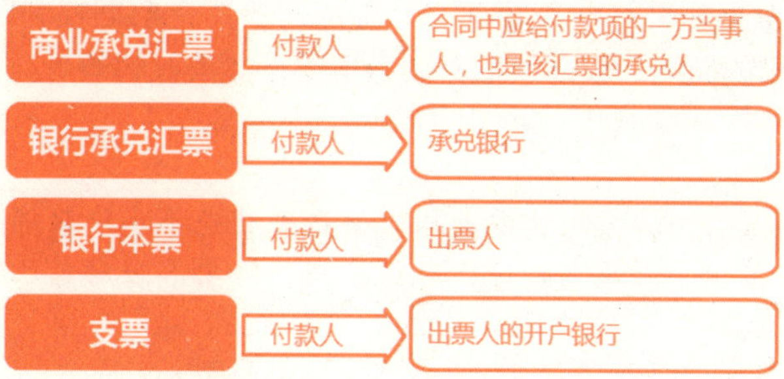

图3-2　不同票据的付款人

行家点拨

银行本票由出票人自己付款，因此基本当事人包括出票人和收款人。而对于汇票和支票，其付款人不一定是出票人，所以基本当事人包括出票人、付款人（银行承兑汇票，银行承兑后付款）和收款人。基本当事人关系示意图如图3-3所示。

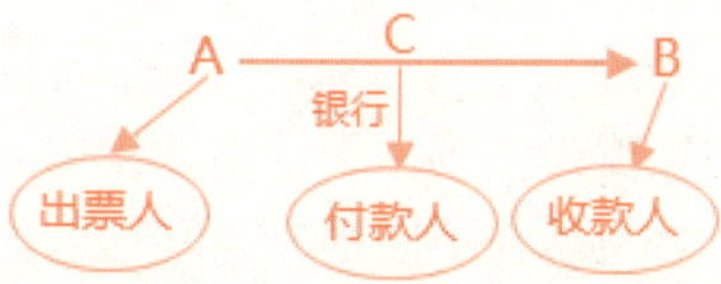

图3-3　基本当事人关系示意图

（2）非基本当事人

基本当事人是作成和交付时就存在的当事人，票据交付后，可能会涉及一些非基本当事人。非基本当事人是指在票据作成并交付后，通过一定的票据行为加入票据关系而享有一定权利或承担一定义务的当事人，包括承兑人、背书人、被背书人、保证人。

- **承兑人：**接受汇票出票人的付款委托，同意承担支付票款义务的人。
- **背书人：**在转让票据时，在票据背面签字或盖章并将该票据交付给受让人的票据收款人或持有人。
- **被背书人：**被记名受让票据或接受票据转让的人。
- **保证人：**是指为票据债务提供担保的人，由票据债务人以外的其他人担任。

2. 票据的特征

票据的特征主要体现为它是完全有价证券、文义证券、无因证券、金钱债权证券、要式证券和流通证券。

- **完全有价证券：**票据权利完全证券化，即票据的权利与票据本身融为一体、不可分离。具体而言，完全有价证券这一特征可通过票据的“设权证券”“提示证券”“交付证券”和“缴回证券”等特征来体现。

“设权证券”是指票据的权利需要通过票据行为来获取；“提示证券”是指要证明能行使权利必须提示票据；“交付证券”是指票据权利的转让要交付票据；“缴回证券”是指票据权利实现后要将票据缴回付款人。

- **文义证券：**票据上的一切票据权利义务必须严格依照票据记载的文义而定。文义以外的任何理由、事项均不得作为根据，即使文义本身记载错误，也不得用票据之外的其他证明方法变更或补充票据。

- **无因证券：**票据如果符合《票据法》规定的条件，票据权利则成立。持票人不必证明取得票据的原因，仅以票据文义请求履行票据权利即可。

行家点拨

如果票据债务人认为持票人是以欺诈、偷盗或胁迫等手段取得票据，或明知有上述情形而恶意取得票据，或因重大过失取得票据，持票人应对自己持票的合法性负责举证。

- **金钱债权证券：**票据上体现的权利性质是财产权而不是其他权利，财产权的内容是请求支付一定的金钱而不是物品。
- **要式证券：**票据的制作、形式、文义都有规定的格式和要求，必须符合《票据法》的规定。
- **流通证券：**票据通过流通转让，其功能才能充分发挥，衔接企业的产供销活动，畅通经济金融运行。

3. 票据的功能

票据的功能主要体现为支付功能、汇兑功能、信用功能、结算功能和融资功能。

- **支付功能：**票据可以充当支付工具，代替现金使用。
- **汇兑功能：**票据可以代替货币在不同地方之间运送，方便异地之间的支付。
- **信用功能：**票据当事人可以凭借自己的信誉，将未来才能获得的金钱作为现在的金钱来使用。如甲企业向乙企业购买原材料，甲企业可凭借自己的信誉签发一张以“乙企业”为收款人、以自己的开户银行为付款人，约定一定时间后付款的票据给乙企业，以解决本企业暂时现金不足的情况。
- **结算功能：**结算功能也称债务抵销功能。例如，互有债务的双方当事人各签发一张本票，待两张本票都到到期日时，可以相互抵销债务。
- **融资功能：**融资功能是指融通资金或调度资金，票据的融资功能是通过票据的贴现来实现的。

知识补充

票据的贴现是指持票人由于资金的需要，可以将自己手中尚未到期的票据向银行或贴现公司要求兑换成现款。

3.1.2 票据行为

票据行为就是能够产生票据权利和义务关系的法律行为。票据行为包括出票、承兑、背书和保证。

1. 出票

出票是出票人签发票据并将其交付给收款人的票据行为。出票人须与付款人具有真实的委托付款关系，并且具有支付票据金额的可靠资金来源。不得签发无对价的票据来骗取银行或其他票据当事人的资金。出票包括签发票据和交付票据两种行为，二者缺一不可。

- **签发票据：**出票人依照《票据法》的规定作成票据，即在原始票据上记载法定事项并签章。

- 交付票据：将作成的票据交付给他人占有。

2. 承兑

票据出票后，收款人担心付款人不能按时付款，就需要承兑票据。承兑就是在持票人向付款人提示远期汇票时，付款人应在汇票上签名，并承诺于汇票到期时付款的行为。承兑仅限于商业汇票。承兑的程序主要包括提示承兑、受理承兑和记载承兑事项等环节。

- 提示承兑：持票人向付款人出示汇票时，根据汇票付款日期的不同，汇票提示承兑的期限是不一样的。定日付款或者出票后定期付款的汇票，持票人应当在汇票到期日前向付款人提示承兑；见票后定期付款的汇票，持票人应当自出票日起1个月内向付款人提示承兑；见票即付的汇票无须提示承兑。
- 受理承兑：付款人在收到持票人提示承兑的汇票时，应向持票人签发收到汇票的回单。回单上应记明汇票提示承兑日期并签章。付款人对向持票人提示承兑的汇票，应自收到提示承兑的汇票之日起3日内承兑或者拒绝承兑。
- 记载承兑事项：付款人承兑汇票的，应在汇票正面记载“承兑”字样和承兑日期并签章；见票后定期付款的汇票，应在承兑时记载付款日期。汇票上未记载承兑日期的，应以收到提示承兑的汇票之日起3日内的最后一日为承兑日期。

知识补充

付款人承兑汇票，不得附有条件；附有条件的，则被视为拒绝承兑。付款人承兑汇票后，应当承担到期付款的责任。

3. 保证

保证是指票据债务人以外的人，为担保特定债务人履行票据债务而在票据上记载有关事项并签章的行为。即票据出票后，若付款人不付款，票据就需要承兑和保证，若承兑人不付款，保证人就得付款。被保证的票据，保证人应当与被保证人对持票人承担连带责任。保证人为两人以上的，保证人之间也承担连带责任，票据到期后得不到付款的，持票人有权向保证人请求付款，保证人应当足额付款。保证人清偿票据债务后，可以行使持票人对被保证人及其前手的追索权。

案例3-1 2018年5月15日，A公司签发了一张银行承兑汇票，收款人为B公司。B公司获得承兑汇票后背书转让给了C公司，C公司再次将该承兑汇票转让给了D公司，D公司继续将该汇票背书转让给E公司，其中甲企业是C公司的票据保证人。分析当E公司被拒绝付款时，甲企业可以向哪些票据当事人行使追索权？

分析：甲企业是C公司的票据保证人，那么它只能向被保证人以及被保证人的前手行使追索权，而不能向被保证人的后手行使追索权。因此，甲企业可以行使追索权的票据当事人包括被保证人C公司，被保证人的前手B公司，以及出票人（即被保证人的再前手）A公司。

4. 背书

背书是指持票人在票据背面签上自己的名字，并记载被背书人名称，然后将票据交给被背书人（即受让人），使被背书人（受让人）成为持票人的行为。

根据背书的目的不同，背书分为转让背书和非转让背书，其中非转让背书又分为委托收款背书和质押背书。

- **转让背书：** 以转让票据权利为目的的背书。
- **非转让背书：** 以授予他人行使一定的票据权利为目的的背书。
- **委托收款背书：** 背书人委托被背书人行使票据权利的背书。委托收款背书的被背书人有权代背书人行使被委托的票据权利，但被背书人不得再以背书转让票据权利。
- **质押背书：** 以担保债务而在票据上设定质权为目的的背书。被背书人依法实现其质权时，可以行使票据权利。

在票据转让中，转让票据的背书人与受让票据的被背书人在票据上的签章依次前后衔接，这就是背书的连续。具体来说，第一背书人为票据收款人，最后持票人为最后背书的被背书人，中间的背书人为前手背书的被背书人。图3-4所示为连续的背书。

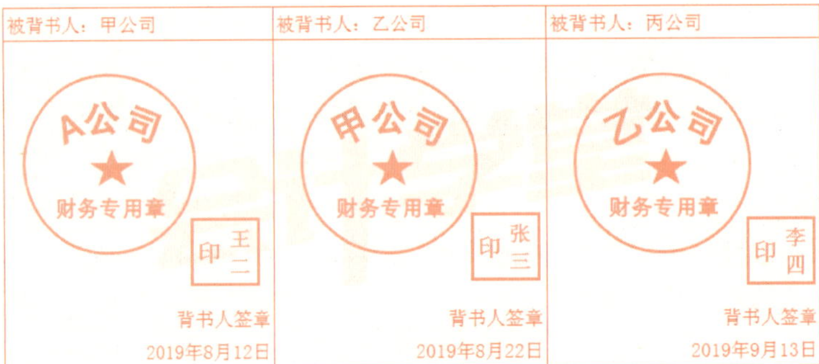

图3-4　连续的背书

案例3-2 东华公司于2018年6月销售一批商品给百盛公司，百盛公司签发了一张商业承兑汇票用于支付商品货款。2018年7月12日，东华公司向长舟公司购入一批商品，由于现金短缺，经商量，将该汇票作为商品采购款交付给长舟公司，并在汇票上注明了东华公司与长舟公司的公司名称。根据资料，分析东华公司的行为是否涉及背书？

分析：根据案例资料，百盛公司签发一张商业承兑汇票给东华公司，则百盛公司为该汇票的出票人，东华公司为收款人，同时也成为该汇票的持票人。2018年7月12日，东华公司将该汇票交予长舟公司抵作商品采购款，此时，长舟公司即成为该汇票的受让人与持票人，则东华公司将商业承兑汇票交付给长舟公司，并在汇票上记载东华公司与长舟公司名称的行为，就是背书。因此，东华公司的行为是涉及背书的。

3.1.3　票据的权利与责任

票据的权利和责任是票据当事人所享有的权利和应承担的相应责任。

1. 什么是票据权利

票据权利是指票据持票人向票据债务人请求支付票据金额的权利，包括付款请求权和追索权。

- 付款请求权：持票人向汇票的承兑人、本票的出票人、支票的付款人出示票据要求付款的权利，是第一顺序权利。行使付款请求权的持票人可以是票据记载的收款人或最后的被背书人，担负付款请求权付款义务的主要是主债务人。
- 追索权：票据当事人行使付款请求权遭到拒绝或因其他法定原因，向其前手请求偿还票据金额及其他法定费用的权利，是第二顺序权利。行使追索权的当事人除票据记载的收款人和最后被背书人外，还可能是代为清偿票据债务的保证人或背书人。

案例3-3 东华公司持有一张2018年4月3日到期收款的商业汇票，到期委托开户银行向承兑人百盛公司收取票款。东华公司行使的票据权利是什么？

分析：票据的权利有付款请求权和追索权。付款请求权是指持票人向汇票的承兑人、本票的出票人、支票的付款人出示票据要求付款的权利。案例中东华公司为持票人，其委托开户银行向汇票的承兑人百盛公司收取票款，即行使的是票据的付款请求权。

2. 票据权利的取得

通过接受出票人签发的票据，接受背书转让的票据或者通过税收、继承、赠与等方式取得票据的，可享有票据权利。

以欺诈、偷盗或胁迫等手段取得票据的，或明知有上述情形，出于恶意取得票据的，或者持票人因重大过失取得不符合《票据法》规定票据的，则不享有票据的权利。

3. 票据权利时效

持票人可以有效地行使票据权利的期间被称为票据权利时效。票据权利在下列期限内如果不行使就会立即消灭。

- 持票人对票据的出票人和承兑人的付款请求权和追索权，自票据到期日起2年。
- 见票即付的汇票、本票，自出票日起2年。
- 持票人对支票出票人的权利，自出票日起6个月。

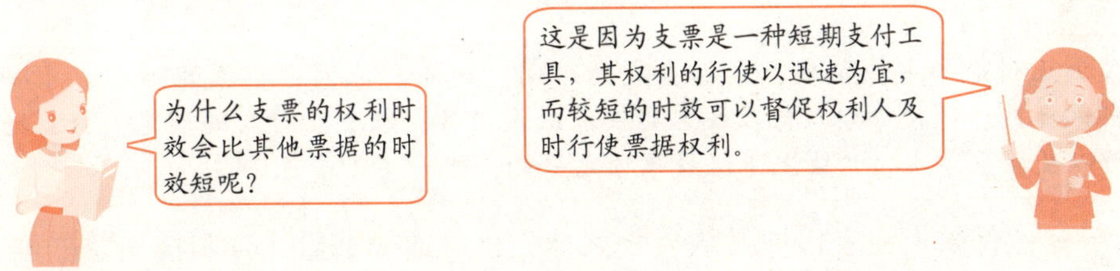

- 持票人对前手的追索权，自被拒绝承兑或者被拒绝付款之日起6个月。
- 持票人对前手的再追索权，自清偿或者被提起诉讼之日起3个月。

4. 票据的追索

追索是指如果票据遭到拒付，持票人可以向其前手（背书人、出票人）要求偿付票据的金额、利息和其他费用，这种权利被称为追索权。

具体来说，票据到期被拒绝付款的，持票人可以对背书人、出票人以及票据的其他债务人行使追索权；在票据到期日前，如汇票被拒绝承兑或被拒绝付款的，承兑人或者付款人死亡、逃匿的，承兑人或者付款人被依法宣告破产的，以及因违法被责令终止业务活动的，持票人也可行使追索权。

持票人对票据债务人行使追索权时，持票人可以对票据债务人中的一人或多人行使追索权，也可以向其他票据债务人行使追索权。

5. 票据权利的行使和保全

票据权利的行使是指持票人请求票据的付款人支付票据金额的行为，如行使付款请求权以获得票款、行使追索权以请求清偿法定的金额和费用等；票据权利的保全是指持票人为了防止票据权利丧失而采取的措施，如可以按照规定期限提示承兑、要求承兑人或付款人提供拒绝承兑或拒绝付款的证明，以保全追索权等。

票据权利的行使和保全可通过“按期提示”和“依法证明”两种方法进行。

- 按期提示：是指要按规定的期限向票据债务人提示票据，包括提示承兑或提示付款，以及时保全或行使追索权。
- 依法证明：是指持票人为证明自己曾经依法行使票据权利而遭拒绝或者根本无法行使票据权利而以法律规定的时间和方式取得相关的证据。

我国《票据法》规定，持票人对票据债务人行使票据权利，或者保全票据权利，应当在票据当事人的营业场所和营业时间内进行；票据当事人无营业场所的，应当在其住所进行。

6. 票据权利丧失补救

票据权利丧失是指票据因灭失、遗失、被盗等原因而使票据权利人脱离其对票据的占有。票据如果被盗，或者持票人无意丢失等，票据的权利人可以采用挂失止付、公示催告和普通诉讼这3种方式进行补救。

（1）挂失止付

挂失止付是指失票人将丧失票据的情况通知付款人，由接受通知的付款人审查后暂停支付的一种方式。只有确定付款人或代理付款人的票据丧失时，才可以进行挂失止付。通常支票、已承兑的商业汇票、填明“现金”字样的银行本票等是可以采取挂失止付的。挂失止付的具体程序包括申请和受理两个环节。

- 申请：失票人需要挂失止付的，应填写挂失止付通知书并签章。

知识补充

挂失止付通知书应记载：票据丧失的时间、地点、原因；票据的种类、号码、金额、出票日期、付款日期、付款人名称及收款人名称；挂失止付人的姓名、营业场所或者住所以及联系方法。欠缺上述记载事项之一的，银行不予受理。

- 受理：付款人或者代理付款人收到挂失止付通知书后，查明挂失票据确未付款时，应立即暂停支付。付款人或者代理付款人自收到挂失止付通知书之日起12日内没有收到人民法院的止付通知书的，自第13日起，不再承担止付责任，持票人提示付款即依法向持票人付款。付款人或者代理付款人在收到挂失止付通知书之前，已经向持票人付款的，不再承担责任。但付款人或者代理付款人以恶意或者重大过失付款的除外。

挂失止付只是一种暂时的预防措施，最终还是要通过申请公示催告或提起普通诉讼来补救票据权利。

（2）公示催告

公示催告是票据所有人在丧失票据后，申请人民法院宣告票据无效，从而使票据权利与票据相分离，丢失票据的人仍然占有票据权利的一种特殊的诉讼程序。公示催告程序只有申请人，没有对方当事人。

失票人应当在通知挂失止付后的3日内，也可以在票据丧失后，依法向人民法院申请公示催告，或者向人民法院提起诉讼。申请公示催告的主体必须是可以背书转让的票据的最后持票人，其具体程序包括申请、受理、公告和判决。

- **申请：**失票人申请公示催告的，应填写公示催告申请书。

知识补充

公示催告申请书的内容包括：票面金额；发票人、持票人、背书人；申请的理由、事实；通知票据付款人或者代理付款人挂失止付的时间；付款人或者代理付款人的名称、通信地址、电话号码等。

- **受理：**人民法院决定受理公示催告申请，应同时通知付款人或代理付款人停止支付，并自立案之日起3日内发出公告，催促利害关系人申报权利。付款人或者代理付款人收到人民法院发出的止付通知，应立即停止支付直至公示催告程序终结。非经发出止付通知的人民法院许可，擅自解付的，不得免除票据责任。
- **公告：**公示催告的期间，由人民法院根据情况决定，但不得少于60日，涉外票据可根据具体情况适当延长，但最长不得超过90日。

- **判决：**利害关系人应当在公示催告期间向人民法院申报。人民法院收到利害关系人的申报后，应当裁定终结公示催告程序，并通知申请人和支付人。申请人或者申报人可以向人民法院起诉，以主张自己的权利。无人申报的，人民法院应当根据申请人的申请，作出除权判决，宣告票据无效。判决应当公告，并通知支付人。自判决公告之日起，申请人有权向支付人请求支付。利害关系人因正当理由不能在判决前向人民法院申报的，自知道或者应当知道判决公告之日起1年内，可以向作出判决的人民法院起诉。

（3）普通诉讼

普通诉讼是指丧失票据的失票人直接向人民法院提起民事诉讼，要求法院判令付款人向其支付票据金额的活动。

行家点拨

如果能够明确与票据上的权利有利害关系的人，就不用进行公示催告，可以按照一般的票据纠纷向法院提起诉讼。

7. 票据责任

票据责任是指票据债务人向持票人支付票据金额的责任。它是基于债务人特定的票据行为（如出票、背书、承兑等）而应承担的义务，不具有制裁性质，主要包括付款义务和偿还义务。在实务中，票据债务人承担的票据义务一般有以下4种情况。

- 汇票承兑人因承兑而应承担付款义务。
- 本票出票人因出票而承担自己付款的义务。
- 支票付款人在与出票人有资金关系时承担付款义务。
- 汇票、本票、支票的背书人，汇票、支票的出票人、保证人，在票据不获承兑或不获付款时有付款清偿义务。

3.2 票据“三大件”

票据“三大件”

票据“三大件”指的就是狭义的票据，即汇票、银行本票和支票。

3.2.1 汇票

汇票是最常见的票据类型之一，也是国际结算中使用最广泛的一种信用工具。汇票根据出票人的不同分为银行汇票和商业汇票。

1. 银行汇票

银行汇票是出票银行签发的，并由出票银行（付款人）在见票时按照实际结算金额无条件支付给收款人或者持票人的票据。单位和个人在异地、同城或同一票据交换区的各种款项结算，都可以使用银行汇票。另外，填明“现金”字样的银行汇票可用于支取现金，因此银行汇票在使用上特别灵活，兑现性强。图3-5所示为银行汇票。

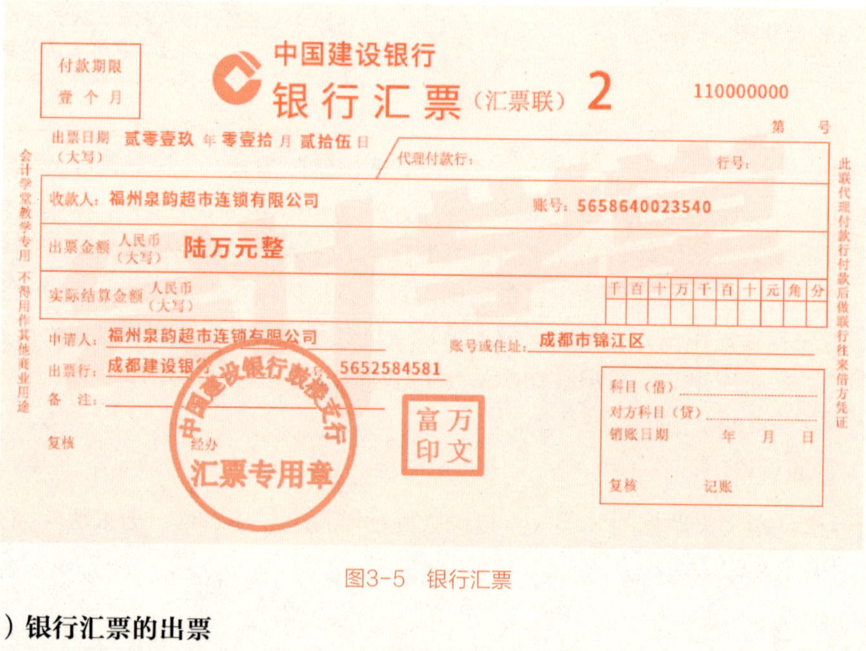
付款期限 壹 个 月
中国建设银行
银行汇票（汇票联）2
110000000
第 号
出票日期（大写） 贰零壹玖 年 零壹拾 月 贰拾伍 日
代理付款行： 行号：
收款人：福州泉韵超市连锁有限公司 账号：5658640023540
出票金额 人民币（大写） 陆万元整
实际结算金额 人民币（大写） 千 百 十 万 千 百 十 元 角 分
申请人：福州泉韵超市连锁有限公司 账号或住址：成都市锦江区
出票行：成都建设银行 行号：5652584581
备 注：
复核 经办
科目（借）
对方科目（贷）
销账日期 年 月 日
复核 记账
会计学堂教学专用 不得用作其他商业用途
此联代理付款行付款后做联行往来借方凭证
中国建设银行教接支行 汇票专用章
富万 印文

图3-5 银行汇票

（1）银行汇票的出票

银行汇票的出票主要包括申请、签发和交付等。

- **申请银行汇票：** 申请银行汇票需要填写“银行汇票申请书”。申请人使用银行汇票，应向出票银行填写申请书，在申请书上记载有关事项并签章，签章为其预留银行的签章。

知识补充

申请人和收款人为个人的，需使用银行汇票向代理付款人支取现金的，申请人须在“银行汇票申请书”上填明代理付款人名称，在“出票金额”栏先填写“现金”字样，并填写汇票金额；申请人或收款人为单位的，不得在申请书上填明“现金”字样。

- 签发银行汇票：出票银行受理银行汇票申请书，收妥款项后便可签发银行汇票，然后将银行汇票和解讫通知一并交给申请人。出票银行在签发银行汇票时，必须记载表明“银行汇票”的字样、无条件支付的承诺、出票金额、付款人名称、收款人名称、出票日期、出票人签章。欠缺任意一项的，银行汇票无效。
- 交付银行汇票：出票银行签发银行汇票后，申请人应将银行汇票和解讫通知一并交付给汇票上记明的收款人。

（2）银行汇票实际结算金额的填写

银行汇票实际结算金额指不超过出票金额，而另外记载的具体结算金额，出票金额是出票时汇票上记载的确定的金额。收款人在受理申请人交付的银行汇票时，要求银行汇票的实际结算金额应在出票金额以内，根据实际需要的款项办理结算，并将实际结算金额和多余的金额准确、清晰地填入银行汇票和解讫通知的有关栏目里。银行在受理银行汇票时，对于填写的实际结算金额有以下的规定。

- 银行汇票的实际结算金额低于出票金额的，其多余的金额应由银行退交给申请人。
- 未填明实际结算金额和多余金额或实际结算金额超过出票金额的，银行不受理。
- 银行汇票的实际结算金额一经填写则不得更改，更改实际结算金额的银行汇票无效。

（3）银行汇票的背书

银行汇票的背书转让以不超过出票金额的实际结算金额为准，未填写实际结算金额或实际结算金额超过出票金额的，银行汇票不得背书转让。此外，被背书人受理银行汇票时，应对以下事项进行审查：背书是否连续；背书人签章是否符合规定；背书使用粘单的是否已按规定签章；背书人为个人的身份证件；银行汇票是否记载实际结算金额，该金额有无更改，是否超过了出票金额等。

（4）银行汇票的提示付款

银行汇票的提示付款期限为自出票日起1个月。关于银行汇票的提示付款，要遵循以下几条规定。

- 持票人超过付款期限提示付款的，代理付款人不予受理。
- 持票人向银行提示付款时，必须同时提交银行汇票和解讫通知，缺少任意一联，银行不予受理。
- 持票人超过期限向代理付款银行提示付款且未获付款的，必须在票据权利时效内向出票银行做出说明，提供单位证明或本人身份证件，持银行汇票和解讫通知向出票银行请求付款。
- 持票人若在银行开立了存款账户，在向开户银行提示付款时，应在汇票背面“持票人向银行提示付款签章”处签章，签章必须与银行预留签章相同，并将银行汇票、解讫通知和进账单送交开户银行。

（5）银行汇票的退款和丧失

申请人因银行汇票超过付款提示期限或其他原因要求退款时，应将银行汇票和解讫通知同时提交到出票银行。申请人为单位的，出具该单位的证明；申请人为个人的，出具本人的身份证件。

银行汇票丧失的，失票人可以凭人民法院出具的其享有票据权利的证明，向出票银行请求付款或退款。

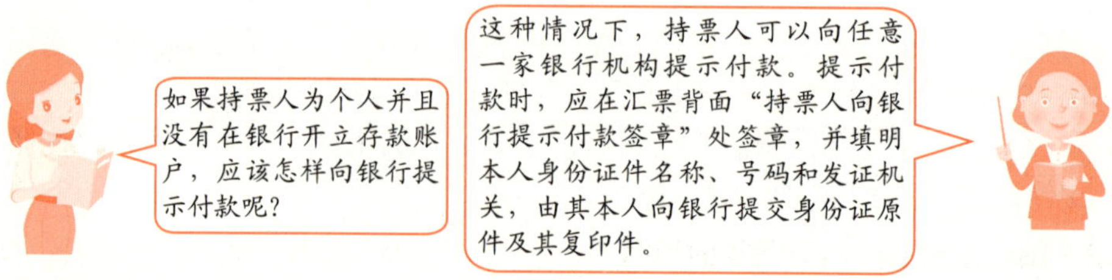

2. 商业汇票

商业汇票是出票人签发的，委托付款人在指定日期无条件支付确定的金额给收款人或者持票人的票据。商业汇票适用于具有真实交易关系或债权债务关系的，并在银行开立存款账户的法人及其他组织之间。如果公司的资金比较紧张，购买货物后，想以后将款项交给收款人，就可以考虑使用商业汇票。根据承兑人的不同，商业汇票可分为商业承兑汇票和银行承兑汇票。

- **商业承兑汇票：**由银行以外的付款人承兑的汇票。
- **银行承兑汇票：**由银行承兑的汇票。图3-6所示为银行承兑汇票。

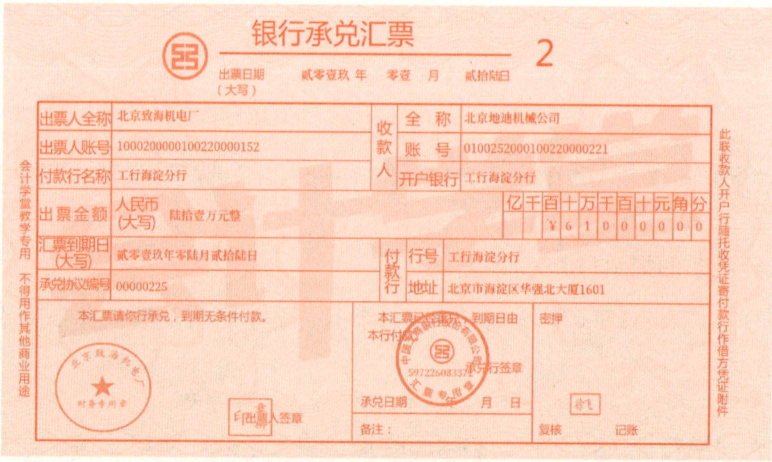
银行承兑汇票　2

出票日期（大写）　贰零壹玖 年　零壹　月　贰拾陆日

出票人全称	北京致海机电厂	收款人	全　称	北京地迪机械公司
出票人账号	1000200000100220000152		账　号	0100252000100220000221
付款行名称	工行海淀分行		开户银行	工行海淀分行
出票金额	人民币（大写）陆拾壹万元整		亿千百十万千百十元角分	￥61000000
汇票到期日（大写）	贰零壹玖年零陆月贰拾陆日	付款行	行号	工行海淀分行
承兑协议编号	00000225		地址	北京市海淀区华强北大厦1601

本汇票请你行承兑，到期无条件付款。　出票人签章

本汇票已经承兑，到期日由本行付款。　承兑行签章　承兑日期　年　月　日　备注：

密押　复核　记账

会计学堂教学专用　不得用作其他商业用途

此联收款人开户行随托收凭证寄付款行作借方凭证附件

图3-6　银行承兑汇票

（1）商业汇票的出票

商业承兑汇票出票人为在银行开立存款账户的法人以及其他组织，其必须与付款人之间具有真实的委托付款关系，并且具有支付汇票金额的可靠资金来源。商业承兑汇票可以由付款人签发并承兑，也可以由收款人签发交由付款人承兑。

商业汇票出票必须记载：表明“商业承兑汇票”或“银行承兑汇票”的字样；无条件支付的委托；确定的金额；付款人名称；收款人名称；出票日期；出票人签章。欠缺任意一项的，商业汇票无效。

案例3-4 2018年5月20日，东华公司从百盛公司购进一批办公设备，同时开具了一张商业承兑汇票给百盛公司，用于货款的结算。百盛公司收到汇票后，其会计人员杨兰发现该汇票的“收款人”并未填写。那么，东华公司开具的这张汇票是否具有票据效力呢?

分析：根据规定，商业汇票上必须要填明收款人名称，没有填写收款人名称的汇票无效。东华公司开具的商业承兑汇票没有填写收款人的姓名，所以这张商业承兑汇票是无效商业汇票。

（2）商业汇票的承兑

由于商业汇票通常都是由企业签发的，为了让收款人放心，商业汇票必须承兑。商业汇票的承兑就是持票人将持有的商业汇票向付款人出示，付款人经过审查，确定无误之后进行承兑，并同意在汇票到期时支付票款。在实务中，持票人持有的商业汇票可以在出票时向付款人提示承兑后使用，也可在出票后先使用再向付款人提示承兑。在实际操作中，如果付款人拒绝承兑，必须出具拒绝承兑的证明。付款人承兑汇票后，应当承担到期付款的责任。

商业承兑汇票可以由付款人签发并承兑，也可以由收款人签发交由付款人承兑。银行承兑汇票的，应按票面金额向出票人收取万分之五的手续费。

（3）商业汇票的付款

商业汇票承兑后，收款人应在商业汇票到期前10日内向付款人提示付款。收款人未在规定的时间内提示付款的，收款人作出说明后，付款人仍要承担付款责任。承兑人付款后，全体票据的债务人责任免除。对于办理商业承兑汇票和银行承兑汇票的付款有着不同的规定。

- 商业承兑汇票的付款：开户银行收到商业承兑汇票后，应将商业承兑汇票留存并及时通知付款人。付款人收到开户银行的付款通知后，应在当日通知银行付款；付款人在接到通知日的次日起3日内（遇法定休假日顺延，下同）未通知银行付款的，视同付款人承诺付款。付款人提前收到由其承兑的商业汇票，应通知银行于汇票到期日付款。银行应于汇票到期日将票款划给持票人。
- 银行承兑汇票的付款：银行承兑汇票的出票人应于汇票到期前将票款足额交存其开户银行。承兑银行应在汇票到期日或到期日后的见票当日支付票款。

案例3-5 2018年12月13日，东华公司持一张汇票向承兑银行工商银行提示付款，该汇票出票人为百盛公司，金额为1 000 000元，到期日为2018年12月12日。经核实，百盛公司当日在工商银行的存款账户余额为100 000元，因此工商银行当日向东华公司付款100 000元，工商银行的做法正确吗?

分析：工商银行的做法不正确。商业汇票的提示付款期限是自汇票到期日起10日内，所以东华公司是在规定期限内提示付款的。由于承兑银行为工商银行，可知该汇票为银行承兑汇票。因此东华公司依照规定提示付款时，即使百盛公司存款账户余额不足，工商银行也应在当日向东华公司付款1 000 000元，而不是100 000元。

（4）商业汇票的贴现

符合条件的商业汇票持票人可持未到期的商业汇票连同贴现凭证向银行申请贴现。如果汇票没有到期，收款人又急需用钱，则可以到银行进行贴现，即换成现金。图3-7所示为商业汇票的贴现凭证。

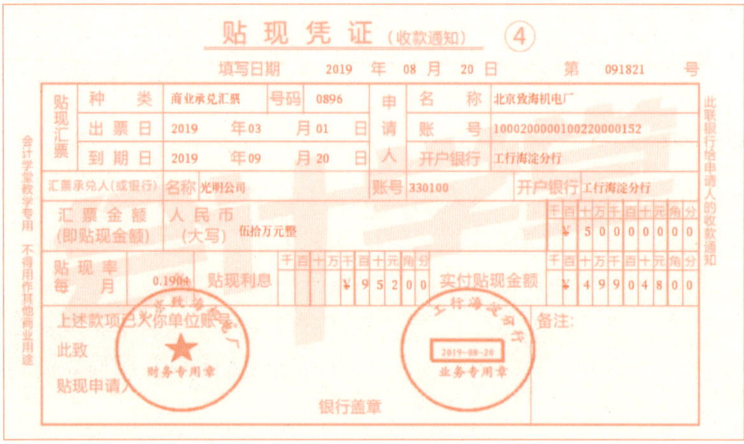
贴现凭证（收款通知） ④

填写日期 2019 年 08 月 20 日　第 091821 号

贴现汇票	种类	商业承兑汇票	号码 0896	申请人	名称	北京致海机电厂
	出票日	2019 年03 月01 日			账号	1000200000100220000152
	到期日	2019 年09 月20 日			开户银行	工行海淀分行
汇票承兑人（或银行）	名称	光明公司	账号	330100	开户银行	工行海淀分行
汇票金额（即贴现金额）	人民币（大写）	伍拾万元整				¥50000000
贴现率每月	0.1904	贴现利息	¥95200	实付贴现金额		¥49904800

上述款项已入你单位账号。此致 贴现申请人　银行盖章　备注：

会计学堂教学专用　不得用作其他商业用途

此联银行给申请人的收款通知

图3-7　商业汇票的贴现凭证

商业汇票贴现的基本规定如下。

- **贴现条件：**可以办理贴现的商业汇票应符合以下条件：票据未到期；票据未记载“不得转让事项”；是在银行开立存款账户的企业法人以及其他组织；与出票人或者直接前手之间具有真实的商品交易关系。
- **贴现利息的计算：**贴现的期限应从贴现之日起至汇票到期日止。实付贴现金额按票面金额扣除贴现日至汇票到期前一日的利息计算。
- **贴现的收款：**贴现到期，贴现银行应向付款人收取票款。未获付款的，贴现银行应向其前手追索票款。贴现银行追索票款时可从申请人的存款账户直接收取票款。

3.2.2　银行本票

银行本票可用于转账，注明“现金”字样的银行本票可用于支取现金，单位和个人在同一票据交换区域内支付的各种款项，都可以使用银行本票。

1. 银行本票的出票

银行本票的出票流程同银行汇票相似，也包括银行本票的申请、签发和交付等。

- **银行本票的申请：**申请人申请使用银行本票，应向出票银行填写“银行本票申请书”，填明收款人名称、支付金额、申请人名称、申请日期等事项并签章（签章为其预留银行的签章）。
- **银行本票的签发：**出票银行受理银行本票申请书，收妥款项后便可签发银行本票，在签发银行本票时必须记载：表明“银行本票”的字样；无条件支付的承诺；确定的金额；收款人名称；出票日期；出票人签章。欠缺任意一项的，银行本票无效。

- **银行本票的交付**：出票银行签发银行本票后，申请人应将银行本票交付给本票上记明的收款人。

知识补充

银行本票的申请人和收款人均为个人需要支取现金的，应在“金额”栏先填写“现金”字样，然后填写支付金额；申请人或者收款人为单位的，银行不得为其签发现金银行本票。出票银行须具有支付本票金额的可靠资金来源，并保证支付。

2. 银行本票的付款

银行本票应见票即付，其提示付款期限自出票日起最长不得超过2个月。跨系统银行本票的兑付，持票人开户银行可根据规定利率向出票银行收取利息。关于银行本票的付款，应遵循以下规定。

- 本票的出票人在持票人提示见票时，必须承担付款责任。
- 持票人超过提示付款期限提示付款的，应在票据权利时效内向出票银行作出说明，并提供单位证明或本人身份证件，持银行本票向出票银行请求付款。
- 持票人若在银行开立了存款账户，在向开户银行提示付款时，应在银行本票背面“持票人向银行提示付款签章”处签章，签章必须与银行预留签章相同，并将银行本票、进账单送交开户银行。
- 未在银行开立存款账户的个人持票人，凭注明“现金”字样的银行本票向出票银行支取现金的，应在银行本票背面“持票人向银行提示付款签章”处签章，并填明本人身份证件名称、号码和发证机关，由其本人向银行提交身份证原件及其复印件。

3. 银行本票的退款和丧失

申请人因银行本票超过提示付款期限或其他原因要求退款时，应将银行本票提交到出票银行。申请人为单位的，应出具该单位的证明；申请人为个人的，应出具该本人的身份证件。

若银行本票丧失，失票人可凭人民法院出具的其享有票据权利的证明，向出票银行请求付款或退款。

3.2.3 支票

支票是单位和个人签发的，委托银行见票后无条件支付确定的金额给收款人的票据。由于是单位或个人自己签发的，也就是出票人是企业或者个人，付款人是银行，因此，支票使用起来比较方便，企业间绝大多数情况都会使用支票进行结算。图3-8所示为工商银行支票。

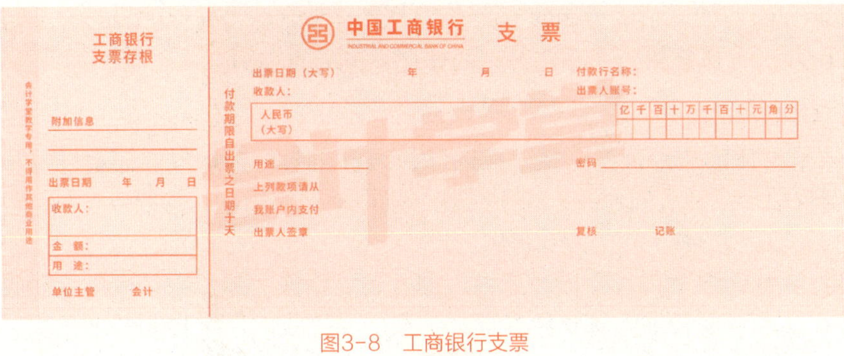

图3-8 工商银行支票

支票是见票即付的，因此有效期较短，只有10日时间。支票通常可分为现金支票、转账支票和普通支票。

- **现金支票：**支票上印有“现金”字样的为现金支票，现金支票只能用于支取现金。
- **转账支票：**支票上印有“转账”字样的为转账支票，转账支票只能用于转账。
- **普通支票：**支票上未印有“现金”或“转账”字样的为普通支票，普通支票可用于支取现金，也可用于转账。在普通支票左上角划两条平行线的称为划线支票，划线支票只能用于转账，不得支取现金。

1. 支票的出票

在支票出票前，申请人必须开立支票存款账户。支票出票时应记载：表明“支票”的字样；无条件支付的委托；确定的金额；付款人名称（支票上记载的出票人开户银行）；出票日期；出票人签章。欠缺记载任何一项的，支票无效。

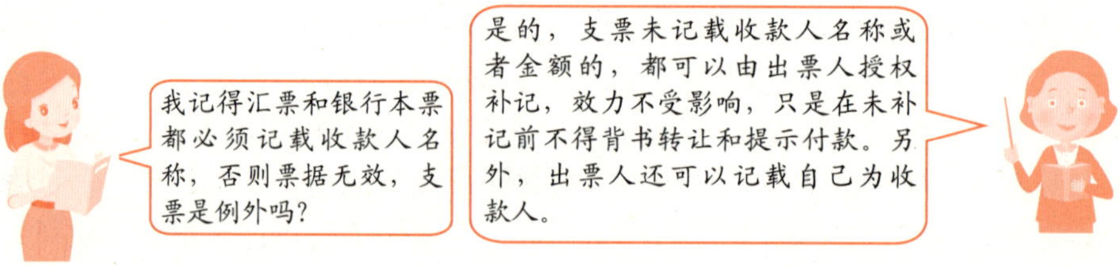

出票人签发支票时，并不能“随心所欲”地进行签发，而必须遵照一定的规定。

- 支票的出票人所签发的支票金额不得超过其付款时在付款人处实有的存款金额。例如，出票人要签一张1 000 000元的转账支票，那么存款账户中必须有1 000 000元以上的存款，如实际只有900 000元，则在付款时提示金额不足，待出票人补齐后才能付款。
- 不能签发空头支票。出票人签发空头支票的，可以由银行处以票面金额的5%但不低于1 000元的罚款，持票人也有权要求出票人赔偿支票金额 2%的赔偿金。

案例3-6 2018年9月13日，东华公司签发了一张面额为150 000元的支票，用于向百盛公司支付材料费用。9月18日，百盛公司向银行提示付款，银行发现该支票为空头支票，遂予以退票并向东华公司处以7 500元的罚款。银行对东华公司的处理正确吗？

分析：银行的做法正确。出票人签发空头支票的，可以由银行处以票面金额的5%但不低于1 000元的罚款，东华公司签发的空头支票的票面金额为150 000元，其5%为7 500元，超过 1 000元。因此银行对东华公司的处理是正确的。

2. 支票的付款

持票人可委托开户银行收款或直接向付款人自出票日起10日内提示付款。用于支付现金的支票仅限于收款人向付款人提示付款。根据不同的用途，持票人在收款时有委托收款、转账和支取现金3种不同的方式可供选择。

- **委托收款：**即持票人委托开户银行收取支票款项，开户银行应作委托收款背书，并在支票背面背书人签章栏签章，记载“委托收款”字样和背书日期，在被背书人栏记载开户银行名称，并将支票和填制的进账单送交开户银行。

- **转账**：即通过银行转账收取支票款项，持票人提示付款时，应在支票背面“背书人签章”栏签章，并将支票和填制的进账单送交出票人开户银行。
- **支取现金**：即通过用于支取现金的支票收取款项，持票人向付款人提示付款时，应在支票背面“收款人签章”处签章。

出票人在付款人处的存款要足以支付支票金额，持票人向付款人提示付款后，付款人则应当在见票当日足额付款；付款人依法支付支票金额的，对出票人不再承担受委托付款的责任，对持票人不再承担付款的责任。

3.3　四类常见的银行结算方式

银行结算是通过银行账户中资金的转移来实现款项的收付。银行结算是商品交换的媒介，是社会经济活动中清算资金的中介。

国内银行结算方式除了票据（银行汇票、商业汇票、银行本票和支票）结算方式外，还包括汇兑、委托收款、托收承付和国内信用证等。

四类常见的银行结算方式

3.3.1　汇兑

汇兑是汇款人委托银行将其款项支付给收款人的结算方式。单位和个人的各种款项的结算，都可使用汇兑结算方式。汇兑有信汇和电汇两种方式供汇款人选择使用。随着网络化进程的推进，目前主要的汇兑方式是电汇。

- **信汇**：以邮寄方式将汇款凭证转给外地收款人指定的汇入行的汇兑形式。图3-9所示为信汇凭证。
- **电汇**：以电报方式将汇款凭证转发给收款人指定的汇入行的汇兑形式。

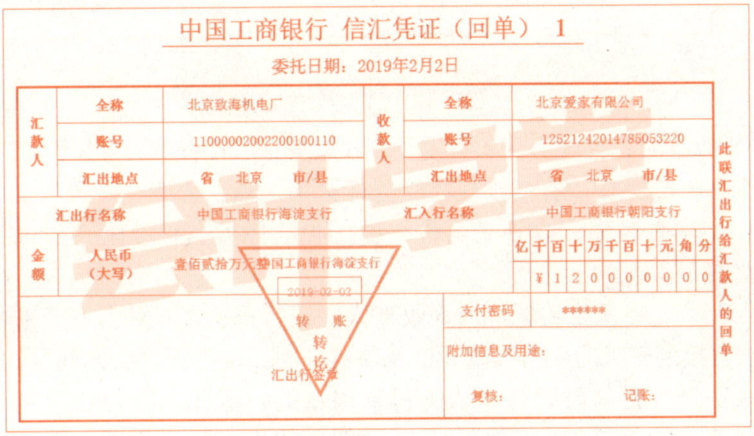

中国工商银行　信汇凭证（回单）　1

委托日期：2019年2月2日

汇款人	全称	北京致海机电厂	收款人	全称	北京爱家有限公司
	账号	11000002002200100110		账号	12521242014785053220
	汇出地点	省　北京　市/县		汇出地点	省　北京　市/县
汇出行名称		中国工商银行海淀支行	汇入行名称		中国工商银行朝阳支行
金额	人民币（大写）	壹佰贰拾万元整		亿千百十万千百十元角分	¥120000000
				支付密码	******
				附加信息及用途：	
				复核：	记账：

中国工商银行海淀支行　2019-02-02　转账　转讫　汇出行签章

此联汇出行给汇款人的回单

图3-9　信汇凭证

1. 办理汇兑

汇款人办理汇兑时，首先要签发汇兑凭证。签发的汇兑凭证必须记载：表明“信汇”或“电汇”的字样；无条件支付的委托；确定的金额；收款人名称；汇款人名称；汇入地点、汇入行名称；汇出地点、汇出行名称；委托日期；汇款人签章。

签发汇兑签证后，汇出银行受理汇款人签发的汇兑凭证，经审查无误后，应及时向汇入银行办理汇款，并向汇款人签发汇款回单。汇入银行对开立存款账户的收款人，将汇入的款项直接转入收款人账户，并向其发出收账通知。

2. 汇兑的撤销

根据支付结算法律制度的规定，汇款人对汇出银行尚未汇出的款项可以申请撤销。申请撤销时，应出具正式函件或本人身份证件及原信汇、电汇回单。

知识补充

汇款回单是作为汇出银行受理汇款的依据，不能作为该笔汇款已转入收款人账户的证明；收账通知是银行将款项确已转入收款人账户的凭据。

3.3.2 委托收款

委托收款就是收款人委托银行向付款人收取款项的方式。单位和个人凭已承兑商业汇票、债券、存单等付款人债务证明办理款项的结算，均可以使用委托收款结算方式。委托收款在同城、异地均可以使用，如水电公司委托银行收取水电费。图3-10所示为委托收款凭证。

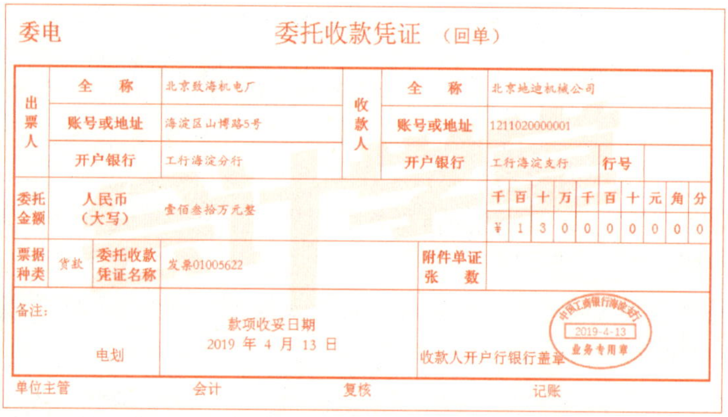

委电　　委托收款凭证（回单）

出票人	全称	北京致海机电厂	收款人	全称	北京地迪机械公司
	账号或地址	海淀区山博路5号		账号或地址	1211020000001
	开户银行	工行海淀分行		开户银行	工行海淀支行　行号
委托金额	人民币（大写）	壹佰叁拾万元整		千百十万千百十元角分	¥ 1 3 0 0 0 0 0 0 0
票据种类	货款	委托收款凭证名称	发票01005622	附件单证张数	
备注：电划		款项收妥日期 2019年4月13日		收款人开户行银行盖章	中国工商银行海淀支行 2019-4-13 业务专用章

单位主管　　会计　　复核　　记账

图3-10　委托收款凭证

在办理委托收款时，主要会经历签发委托收款凭证、委托和付款3个环节。

- **签发委托收款凭证：** 签发委托收款凭证必须记载：表明“托收”的字样；确定的金额；付款人名称；收款人名称；委托收款凭据名称及附寄单证张数；委托日期；收款人签章。
- **委托：** 在签发委托收款凭证后，收款人向银行提交委托收款凭证和有关的债务证明。银行接到寄来的委托收款凭证及债务证明，审查无误后办理付款。
- **付款：** 在办理付款时，付款人为付款银行的，应在当日将款项主动支付给收款人；付款人为单位的，银行应及时通知付款人，需要将有关债务证明交给付款人。付款人应于接到通知的当日书面通知银行付款。

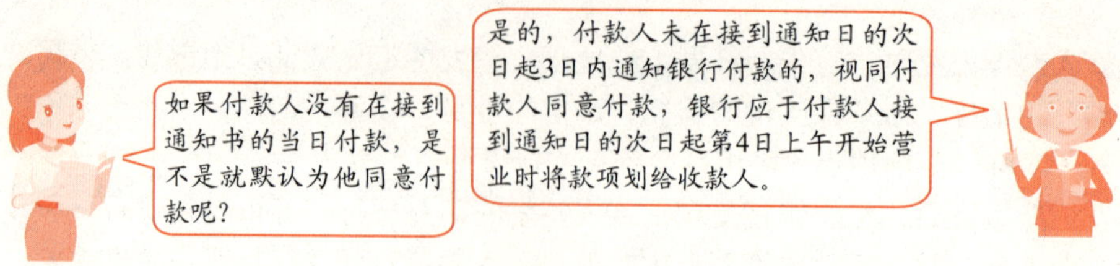

3.3.3　托收承付

托收承付是根据购销合同由收款人发货后委托银行向异地付款人收取款项，由付款人向银行承认付款的结算方式。图3-11所示为托收凭证。

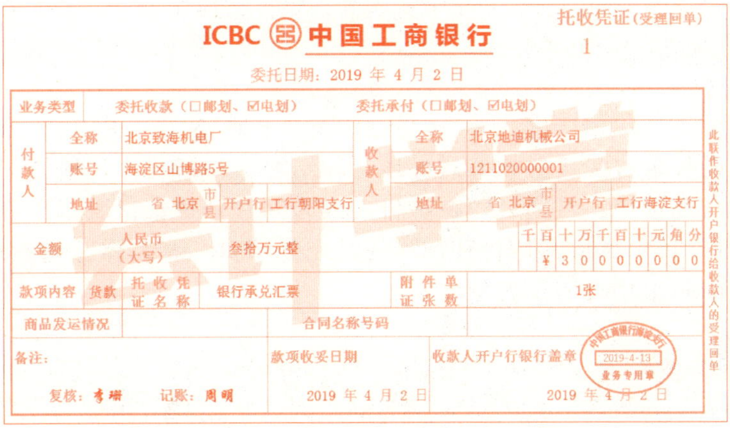
ICBC 中国工商银行　托收凭证（受理回单）　1

委托日期：2019 年 4 月 2 日

业务类型	委托收款（□邮划、☑电划）			委托承付（□邮划、☑电划）		
付款人	全称	北京致海机电厂	收款人	全称	北京地迪机械公司	
	账号	海淀区山博路5号		账号	1211020000001	
	地址	北京 省 市/县　开户行 工行朝阳支行		地址	北京 省 市/县　开户行 工行海淀支行	
金额	人民币（大写） 叁拾万元整				千百十万千百十元角分：¥ 3 0 0 0 0 0 0 0	
款项内容	货款	托收凭证名称：银行承兑汇票		附件单证张数	1张	
商品发运情况		合同名称号码				
备注： 复核：李珊　记账：周明		款项收妥日期 2019 年 4 月 2 日		收款人开户行银行盖章 2019 年 4 月 2 日		

中国工商银行海淀支行　2019-4-13　业务专用章

此联作收款人开户银行给收款人的受理回单

图3-11　托收凭证

1. 使用托收承付的规定

采取托收承付的结算方式时必须符合以下条件。

- 使用托收承付结算方式的收款单位和付款单位，必须是国有企业、供销合作社以及经营管理较好，并经开户银行审查同意的城乡集体所有制工业企业。
- 办理托收承付结算的款项，必须是商品交易以及因商品交易而产生的劳务供应的款项。代销、寄销、赊销商品的款项不得办理托收承付结算。
- 托收承付结算每笔的金额起点为10 000元，新华书店系统每笔的金额起点为1 000元。
- 必须签有符合《合同法》的购销合同，并订明使用异地托收承付结算方式。
- 收款人办理托收，必须具有商品确已发运的证件。
- 收付双方必须尊重合同和讲信用。如果收款人对同一付款人发货托收累计3次收不回货款的，收款人开户银行应暂停收款人向付款人办理托收；付款人累计3次提出无理拒付的，付款人开户银行应暂停其向外办理托收。

2. 办理托收承付

办理托收承付首先需要签发托收凭证，然后根据购销合同，收款人委托银行办理托收，最后银行通知付款单位在规定期限内付款，即经历签发托收凭证、托收和承付3个环节。

（1）签发托收凭证

签发托收凭证必须记载：表明“托收”的字样；确定的金额；付款人名称及账号；收款人名称及账号；付款人开户银行名称；收款人开户银行名称；托收附寄单证张数或册数；合同名称、号码；委托日期；收款人签章。

（2）托收

收款人按照签订的购销合同发货后，应将托收凭证并附发运凭证或其他符合托收承付结算的有关证明和交易单证送交银行。

（3）承付

购货单位承付货款有验单付款和验货付款两种方式。

- 验单付款的承付期为3天，从购货单位开户银行发出通知的次日算起（承付期内遇法定节假日顺延）。
- 验货付款的承付期为10日，从运输部门向付款人发出提货通知的次日算起，付款人在承付期内未向银行表示拒绝付款的，银行即视作承付，并在承付期满的次日上午将款项划给收款人。

案例3-7 2018年3月1日，东华公司销售给百盛公司一批商品，双方协商采取托收承付验货付款方式办理货款结算。3月7日，运输公司向百盛公司发出提货单。百盛公司在承付期内未向其开户银行表示拒绝付款。已知3月11日、10日、17日和18日为法定休假日，则百盛公司开户银行什么时间向东华公司划拨货款?

分析：在托收承付结算方式中，验货付款的承付期为10日，从运输部门向付款人发出提货通知的次日算起。付款人在承付期内，未向银行表示拒绝付款，银行可视作承付，并在承付期满的次日（遇法定休假日顺延）上午银行开始营业时，将款项划给收款人。案例中，3月7日运输公司发出提货通知，则应从3月8日开始计算承付期，10日后是3月17日，因为3月17日和18日为法定休假日，所以百盛公司开户银行向东华公司划拨货款的日期为3月19日。

3.3.4 国内信用证

国内信用证（以下简称信用证）是开证银行依照申请人的申请开立的，对相符交单予以付款的承诺。我国信用证为以人民币计价、不可撤销的跟单信用证，其付款期限最长不超过1年。信用证结算适用于银行为国内企事业单位之间货物和服务贸易提供的结算服务。信用证按付款期限分为即期信用证和远期信用证。

- 即期信用证：开证行应在收到相符单据次日起5个营业日内付款。
- 远期信用证：开证行应在收到相符单据次日起5个营业日内确认到期付款，并在到期日付款。远期信用证的表示方式包括单据日后定期付款、见单后定期付款、固定日付款等可确定到期日的方式。

1. 信用证业务当事人

信用证业务涉及的当事人包括申请人、受益人、开证行、通知行、交单行、转让行、保兑行和议付行。

- 申请人：申请开立信用证的当事人，一般为货物购买方或服务接受方。
- 受益人：接受信用证并享有信用证权益的当事人，一般为货物销售方或服务提供方。
- 开证行：应申请人申请开立信用证的银行。
- 通知行：应开证行的要求向受益人通知信用证的银行。
- 交单行：向信用证有效地点提交信用证项下单据的银行。
- 转让行：开证行指定的办理信用证转让的银行。
- 保兑行：根据开证行的授权或要求对信用证加具保兑的银行。
- 议付行：开证行指定的为受益人办理议付的银行，开证行应指定一家或任意银行作为议付信用证的议付行。

2. 办理信用证

办理国内信用证一般会经历开证、保兑、修改、通知、转让、议付、索偿、寄单索款、付款、注销等环节。

- **开证：** 开证申请人首先申请办理开证业务，填写开证申请书，并提交其与受益人签订的贸易合同；另外，在开证前，银行与申请人应签订明确双方权利义务的协议。开立信用证有信开信用证和电开信用证两种方式。

信开信用证，即由开证行加盖业务用章寄送通知行，同时应视情况需要以双方认可的方式证实信用证的真实有效性；电开信用证，即由开证行以数据电文发送通知行。

知识补充

> 信用证应使用中文开立，并且信用证上应记载：表明“国内信用证”的字样；开证行名称及地址；开证日期；信用证编号；不可撤销、不可转让信用证；开证申请人名称及地址；受益人名称及地址；通知行名称；信用证有效期及有效地点；是否可转让、保兑、议付；信用证金额；付款期限货物或服务描述；单据条款；交单期货物贸易项下的运输交货或服务贸易项下的服务提供条款；信用证项下相关费用承担方；溢短装条款（如有）；开证行保证文句；其他条款。

- **保兑：** 保兑行根据开证行的授权或要求，在开证行承诺之外作出的对相符交单付款、确认到期付款或议付的确定承诺。
- **修改：** 开证申请人需对已开立的信用证内容修改的，应向开证行提出修改申请，明确修改的内容；信用证受益人同意或拒绝接受修改的，应提供接受或拒绝修改的通知。
- **通知：** 由开证申请人指定通知行，没有指定的，开证行有权指定通知行。通知行可自行决定是否通知，通知行同意通知的，应于收到信用证次日起3个营业日内通知受益人。
- **转让：** 由转让行将可转让信用证的部分或者全部转为可由第一受益人兑用。
- **议付：** 议付行在收到开证行或保兑行付款前购买单据、取得信用证项下索款权利，向受益人预付或同意预付资金。
- **索偿：** 议付行将注明付款提示的交单面函以及单据寄开证行或保兑行索偿资金。
- **寄单索款：** 受益人委托交单行交单时，在信用证交单期和有效期内填制信用证交单委托书，并提交单据和信用证正本以及信用证通知书、信用证修改书正本和信用证修改通知书（如果有）。交单行应在收单次日起5个营业日内对其审核相符的单据寄单，并附寄一份交单面函，即寄单通知书。
- **付款：** 开证行或保兑行在收到交单行寄交的单据以及交单面函或受益人直接递交的单据后，从递交的次日起5个营业日内，及时核对是否为相符交单。
- **注销：** 开证行对信用证未支用的金额解除付款。信用证在注销时，开证行、保兑行、议付行未在信用证有效期内收到单据的，开证行可在信用证逾有效期1个月后予以注销。

3.4 新手加油站

1. 票据的记载事项

不同的票据的记载事项稍有不同，但票据的名称、出票日期、收款人、金额、出票人签章等属于任何票据均应包括的内容。具体来说，票据的记载事项可以分为5类，即绝对记载事项、相对记载事项、任意记载事项、无效记载事项和不得记载事项。

- **绝对记载事项：**是指如不记载则导致票据行为无效的事项。例如，票据的名称、出票日期、收款人、金额等事项。
- **相对记载事项：**是指根据规定应该在票据上记载而没有记载的事项，如付款日期、付款地等事项。
- **任意记载事项：**即票据上不强制当事人必须写，但允许当事人自行选择记载的事项，如汇票上记载的“不得转让”。
- **无效记载事项：**即记载《票据法》规定以外的事项。这些事项记载了也不产生票据效力，如在汇票上记载违约金。
- **不得记载事项：**即这些事项一旦记载，票据就没有效力了，如附有条件的委托、承兑等。

2. 支票的填写

支票分为两部分，一部分叫做存根联，出纳填写完毕后，交给企业做账；另一部分叫做支票联，交给收款方。需要注意的是，支票的出票日期和金额都必须用大写的壹、贰、叁、肆、伍等汉字填写。

- 对于日期的填写，要注意年份应当按照公历习惯，以中文大写数字和“年”字完整书写，例如“2018年”应写为“贰零壹捌年”，月份为“1月、2月、10月”的，前面要加“零”，例如，“2月”应写为“零贰月”，日数为“1~10日以及20日和30日”的，前面也要加“零”，例如，“5日”应写为“零伍日”，“10日”应写为“零壹拾日”。其他的月份和日数按照按数字的中文发音规律书写，例如，“3月”应写为“叁月”，“25日”应写为“贰拾伍日”。
- 对于金额的填写，在金额元后面要加“整”字，角的后面可以加“整”字，也可以不加，在分的后面不加“整”字。在用数字填写的金额前面要加“¥”符号。例如，“7万元”，人民币大写金额填写为“柒万元整”，数字金额填写为“¥70 000.00”。
- 支票的收款人和金额可以授权补记。图3-12所示为填写完成的现金支票。

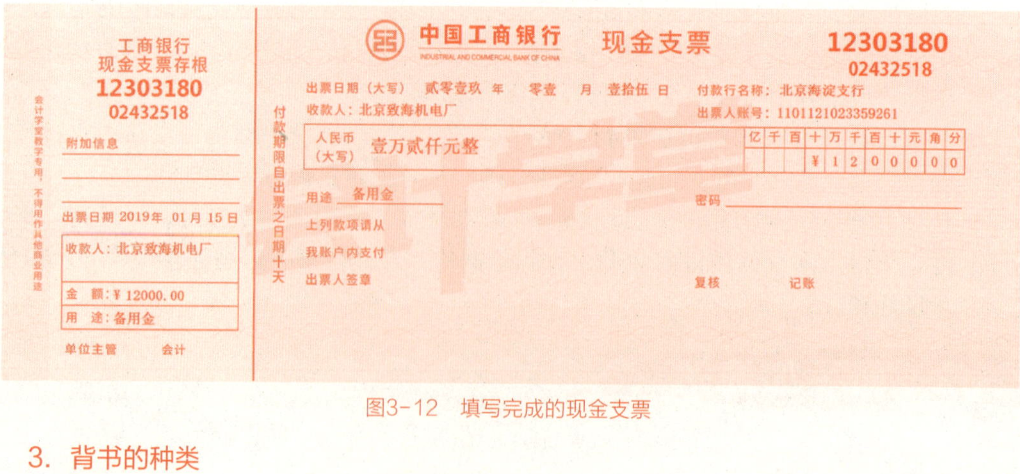

图3-12 填写完成的现金支票

3. 背书的种类

背书是一种票据行为，是票据权利转移的一种重要方式。根据相关法律规定，不得进行条件背书、部分背书、限制背书和期后背书。下面分别对其进行解释。

- **条件背书：** 即背书不得附有条件，附有条件的，所附条件不具有票据上的效力。
- **部分背书：** 部分背书是指将票据金额的一部分转让的背书或将票据金额分别转让给2人以上的背书。部分背书属于无效背书。
- **限制背书：** 限制背书是指记载了“不得转让”字样的背书，此时票据不得转让。背书人在票据上记载“不得转让”字样，其后手再背书转让的，原背书人对后手的被背书人不承担保证责任。
- **期后背书：** 期后背书是指票据被拒绝承兑、被拒绝付款或超过付款提示期限的，不得背书转让。背书转让的，背书人应当承担票据责任。

3.5 动动手

1. 银行承兑汇票的处理

2018年11月6日，新丰公司与泰昌公司签订了一份买卖合同。合同约定：泰昌公司应于2018年12月20日前向新丰公司交付货物，合同货款总值为28万元。为支付货款，新丰公司于11月8日向泰昌公司签发一张金额为28万元的见票后定期付款的银行承兑汇票。泰昌公司收到该汇票后于11月12日向工商银行提示承兑，工商银行对该汇票审查后，于当日在汇票正面记载“承兑”字样，签署了承兑日期并签章，并同时记载付款日期为同年12月15日。泰昌公司为支付其基建工程所欠万明公司的工程价款，于11月15日将该汇票背书给了万明公司。2018年12月18日，泰昌公司按照合同约定将货物交付给了新丰公司，并验收入库。但由于新丰公司货物严重滞销，产品积压过多，销售发生困难，决定停止生产经营，以便择机转产。

12月20日，新丰公司借口泰昌公司交付的货物质量不符合合同约定的要求，提出退货，泰昌公司则认为所交货物的质量完全符合合同约定的质量标准，不同意退货。于是，新丰公司于12月23日通知工商银行停止向泰昌公司支付其已开出的金额为28万元银行承兑汇票的票款。2018年12月25日，万明公司向工商银行提示付款时，遭到工商银行的拒绝。

（1）新丰公司签发的汇票提示付款的最后期限是什么时候？

（2）工商银行拒绝向万明公司付款的做法正确吗？

（3）如果工商银行拒绝付款了，万明公司可以向谁行使追索权？

参考答案

配套\第3章\参考答案\银行承兑汇票的处理.docx

2. 公示催告期间银行承兑汇票能否付款的处理

成都市人民法院在《人民法院报》上刊登一则公示催告，公告高新区商业银行网点承兑的一张1 000 000元的银行承兑汇票丢失，公告期间为2018年5月1日~7月1日。6月28日，高新区商业银行网点收到重庆工商银行网点发来的银行承兑汇票的委托收款，高新区商业银行网点应怎么处理？

参考答案

配套\第3章\参考答案\公示催告期间银行承兑汇票能否付款的处理.docx

04 Chapter

第4章　循序渐进——税收那些事

情景导读

小叶：张姐，在前面的学习过程中经常会提到增值税，这也是会计人员需要掌握的知识，对吗？

张姐：是的，我国的税种有很多，除了增值税外，还包括消费税、企业所得税、个人所得税、车船税、印花税等。

小叶：原来有那么多的税种，那每种税的征收范围都不同吗？

张姐：是的，税收是国家最主要的收入来源，税种很多，但每个税种都有自己对应的征收范围，例如，增值税就是以商品（包括货物、劳务）在流转过程中产生的增值额为依据计征的一种流转税。

小叶：原来是这样，那我接下来可要好好学习了。

4.1 税收三要素

税收三要素

税收是以国家为主体，为实现国家职能，凭借政治的权力，按照国家法律规定，无偿地取得财政收入的一种特定的分配形式。税收体现的是作为主体的国家与社会集团、社会成员之间的一种特定的收入分配关系，它是国家财政收入的重要来源和调节经济的重要杠杆，是人类社会发展到一定历史阶段的产物。社会剩余产品和国家的存在是税收产生的基本前提。

我国的税收主要由货物和劳务税类以及所得税类构成。其中，货物和劳务税类包括增值税、消费税、关税等多个税种。各个税种之间密切联系，覆盖商品的生产、分配、交换、消费以及提供劳务的各个环节，是国家财政收入的重要来源。

税收的构成要素一般包括纳税人、课税对象、税目、税率、计税依据、纳税环节、纳税期限、纳税地点、税收优惠和法律责任等项目。其中，纳税人、课税对象和税率是构成税收的3个最基本的要素。

4.1.1 税收的主体——纳税人

纳税人也称纳税义务人，它是纳税的主体，是依法直接负有纳税义务的自然人（包括个体经营者）、法人和其他组织。

- 自然人：能够以自己的名义独立享有财产权利，独立承担义务并能够在法院和仲裁机关起诉、应诉的个人。不论成年人或未成年人，本国人或外国人，均属自然人。
- 法人：有独立的组织机构和独立支配的财产，能以自己的名义参加民事活动，并享受权利和承担义务，依法成立的社会组织。在我国，一切享有独立预算的国家机关和事业单位，各种享有独立经费的社会团体，以及各种实行独立核算的企业等都可以是法人。
- 其他组织：除自然人和法人以外的其他组织或机构，如个体工商户。

与纳税人相联系的是扣缴义务人。扣缴义务人也称为代扣代缴义务人，是指在其经营活动中负有代扣税款并向国库缴纳义务的单位和个人。扣缴义务人须按照税法规定代扣税款，并在规定期限内缴入国库。需要注意的是，扣缴义务人是从持有的纳税人收入中扣除应纳税款并代为缴纳的企业或单位，它不承担纳税人的义务，属于缴纳行为义务而非金钱给付义务。

4.1.2 税收的客体——课税对象

课税对象也称为征税对象，是税收法律关系中权利所指的对象，即对什么征税。课税对象是税收最基本的要素，是区别不同税种的重要标志。

课税对象体现着征税的最基本界限，决定着某一种税的基本征税范围，这也体现了税收范围的广度。同时，课税对象也决定了各个不同税种的名称，如消费税、土地增值税、个人所得税等，这些税种因课税对象、性质不同，因而税名不同。

4.1.3 计税的尺度——税率

税率是税收的核心要素，是应征税额与计税金额（或数量单位）之间的比例，它是计算税额的尺度，反映了征税的深度。税率的高低，直接关系到国家财政收入的多少和纳税义务人的负担程度。我国现行的税率主要有比例税率、累进税率和定额税率3种类型。

1. 比例税率

比例税率是对同一课税对象，不论数额大小均按同一比例征税的税率。可以根据不同的情况划分不同的征税比例，在具体运用上可分为以下几种。

- **行业比例税率**：对不同行业实行不同税率。
- **产品比例税率**：对不同产品规定不同税率，同一产品采用同一税率。
- **地区差别比例税率**：对不同地区实行不同税率。
- **有免征额的比例税率**：征税时应先从纳税人的全部课税对象数额中扣除免征额，然后就其超过免征额的部分实行比例税率。
- **分档比例税率**：是产品比例税率的特殊形式，是指按课税对象的性质、用途、质量、设备、生产能力等规定不同的税率。
- **幅度比例税率**：中央只规定一个幅度税率，各地可在此幅度内，根据本地区实际情况，选择、确定一个比例作为本地适用税率。

2. 累进税率

累进税率是按课税对象数额的大小，划分为几个等级，不同等级的课税数额分别适用于不同税率，数额越大税率越高，一般适用于对所得额的征税。累进税率又可分为全额累进税率、超额累进税率和超率累进税率。

- **全额累进税率**：把课税对象的数额逐步递增划分为若干级，确定不同等级的税率，课税对象的全部数额达到哪一级，就按哪一级的税率征税。我国税收法律制度中现已不采用这种税率。
- **超额累进税率**：将应税所得额按照税法规定分解为若干段，每一段按其对应的税率计算出该段应缴的税额，然后将计算出来的各段税额相加，即为应税所得额应缴纳的税款。
- **超率累进税率**：以课税对象数额的相对率划分若干级距，分别规定相应的差别税率，相对率每超过一个级距的，对超过的部分就按高一级的税率计算征税。我国的土地增值税就是采用超率累进税率。

3. 定额税率

定额税率是对单位课税对象规定固定的税额，而不采用百分比的形式。定额税率适用于从量计征的税种，目前采用定额税率的有城镇土地使用税和车船税等。

4.2 对增值额征税——增值税

增值税是以商品在流转过程中产生的增值额为计税依据而征收的一种货物和劳务税，属于流转税。增值税主要的征税对象就是货物或者应税劳务。增值税是我国现阶段税收收入规模最大的税种，其之所以受到青睐，是因为增值税具有以下优点。

- 增值税以商品流转的增值额为计税依据，逐环节征税，逐环节扣税，可以避免重复征税。
- 增值税实行“道道课征，税不重征”，具有征收的普遍性、连续性和合理性，保证税收稳定增长。
- 增值税的税收负担体现在商品流转的各个环节，有利于产业化大生产，合理配置有限资源，从而提高劳动生产率。

知识补充

流转税是以货物或劳务的流转额为征税对象的一类税收，增值税就属于流转税。此外根据征税对象的不同，我国的税收还有所得税类、财产税类、资源税类和行为税类。

①所得税类是以纳税人的各种所得额为征税对象的一类税收。现阶段，我国所得税类主要包括企业所得税、个人所得税等。

②财产税类是以纳税人所拥有或支配的特定财产为征税对象的一类税收。我国现行的房产税、车船使用税等属于财产税类。

③资源税类是以自然资源和某些社会资源作为征税对象的一类税收。我国现行的资源税、土地增值税和城镇土地使用税等属于此类税收。

④行为税类是国家为了实现特定目的，以纳税人的某些特定行为为征税对象的一类税收。车辆购置税、城市维护建设税等属于此类税收。

4.2.1　增值税的纳税人

增值税的纳税人是在中华人民共和国境内销售货物或者加工、修理修配劳务（以下简称为劳务），销售服务、无形资产、不动产以及进口货物的单位和个人，包括企业、行政单位、事业单位、军事单位、社会团体、其他单位以及个体工商户和其他个人。

根据纳税人的经营规模和会计核算健全程度的不同，增值税的纳税人可以分为小规模纳税人和一般纳税人。

1. 小规模纳税人

小规模纳税人的认定标准由国务院财政、税务主管部门规定。目前，小规模纳税人的认定标准有以下两个方面。

- 增值税小规模纳税人标准为年应征增值税销售额500万元及以下。
- 已经登记为增值税一般纳税人的单位和个人，在2018年12月31日前，可以转登记为小规模纳税人，其未抵扣的进项税额作转出处理。

知识补充

年应征增值税销售额是指纳税人在连续不超过12个月或4个季度的经营期内累计应征增值税销售额，包括纳税申报销售额、稽查查补销售额、纳税评估调整销售额。

小规模纳税人实行简易征税办法，并且一般不使用增值税专用发票，但基于实际业务中一般纳税人与小规模纳税人之间存在经济往来的实情，按规定，小规模纳税人可以到税务机关代开增值税专用发票。

2. 一般纳税人

一般纳税人是指年应税销售额超过财政部、国家税务总局所规定的小规模纳税人标准的企业和企业性单位（以下简称企业）。除国家税务总局另有规定外，纳税人一经登记为一般纳税人后，是不得转为小规模纳税人的。

增值税一般纳税人资格实行登记制，登记事项由增值税纳税人向其税务机关办理。按照一般纳税人的认定标准，年应税销售额超过规定标准的其他个人以及按照政策规定选择按照小规模纳税人纳税的纳税人不办理一般纳税人资格登记。

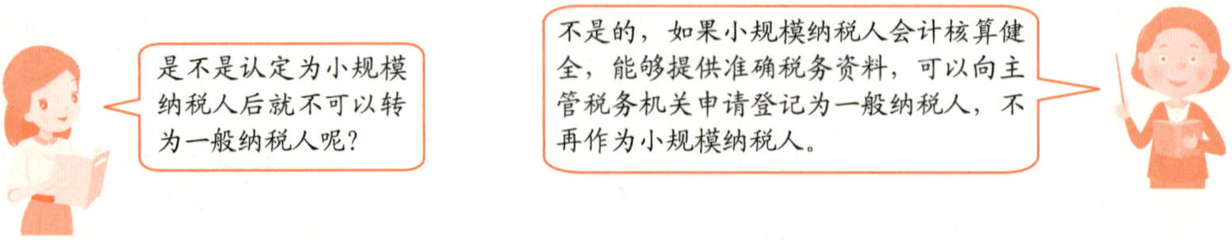

4.2.2 增值税的征税范围

增值税的征税范围可以分为一般征税项目，视同销售货物、服务、无形资产和不动产的项目以及不征税项目。

1. 一般征税项目

增值税的一般征税项目包括在中国境内销售货物或者劳务，销售服务、无形资产、不动产以及进口货物。

- **销售货物：**是指有偿转让货物的所有权。货物即有形资产，包括电力、热力、气体等对象；有偿是指从购买方取得货币、货物或其他经济利益。
- **销售劳务：**包括有偿提供加工、修理修配劳务。但单位或个体工商户聘用的员工为本单位或雇主提供的加工、修理修配劳务不包括在内。
- **销售服务：**包括提供的交通运输服务、邮政服务、电信服务、建筑服务、金融服务、现代服务、生活服务。图4-1所示为增值税征税范围中各“服务”的具体内容。

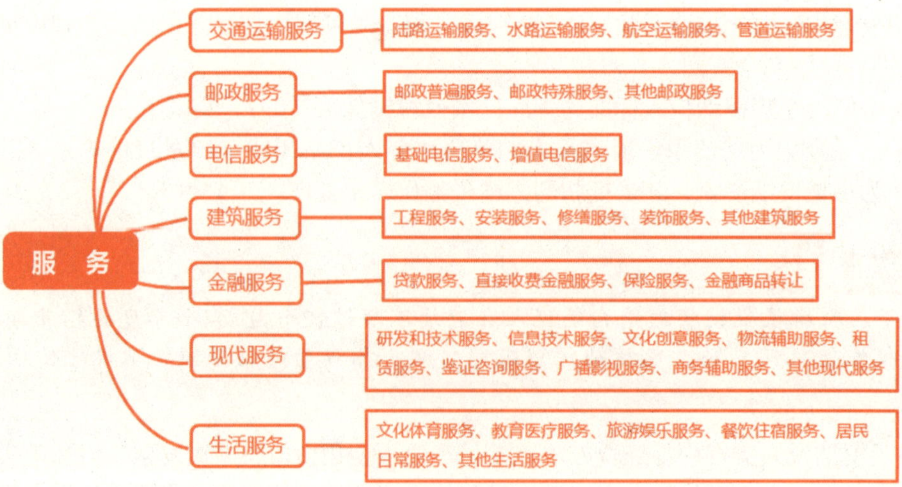

图4-1 增值税征税范围中各“服务”的具体内容

- **销售无形资产：**包括转让无形资产所有权或者使用权的业务活动，无形资产包括技术、商标、著作权、商誉、自然资源使用权和其他权益性无形资产。
- **销售不动产：**是指转让不动产所有权的业务活动，包括建筑物、构筑物等。
- **进口货物：**具体是指申报进入中国海关境内的货物。需要注意的是，我国增值税法规定，只要是报关进口的应税货物，均属于增值税的征税范围，除享受免税政策外，在进口环节都要缴纳增值税。

知识补充

销售不动产中所指的建筑物和构筑物是不同的，建筑物包括住宅、商业营业用房、办公楼等可供居住、工作或者进行其他活动的建造物；构筑物包括道路、桥梁、隧道、水坝等建造物。

2. 视同销售货物、服务、无形资产以及不动产的项目

企业在实际的经营中出现以下视同销售行为的，也属于增值税的征税范围。

- 将货物交付其他单位或个人代销。
- 销售代销货物。
- 设有两个以上机构并实行统一核算的纳税人，将货物从一个机构移送至其他机构用于销售，但相关机构设在同一县（市）的除外。
- 将自产、委托加工或者购进的货物作为投资，提供给其他单位或者个体工商户。
- 将自产、委托加工的货物用于集体福利或者个人消费。
- 将自产、委托加工或者购进的货物分配给股东或者投资者。
- 将自产、委托加工或者购进的货物无偿赠送其他单位或者个人。
- 单位或者个体工商户向其他单位或者个人无偿提供服务，但用于公益事业或者以社会公众为对象的除外。
- 单位或者个人向其他单位或者个人无偿转让无形资产或者不动产，但用于公益事业或者以社会公众为对象的除外。

3. 不征税项目

对于一些特殊的货物、业务，根据规定，不对其征收增值税。

- 根据国家指令无偿提供的铁路运输服务、航空运输服务，属于《营业税改征增值税试点实施办法》规定的用于公益事业的服务。
- 存款利息。
- 被保险人获得的保险赔付。
- 房地产主管部门或者其指定机构、公积金管理中心、开发企业以及物业管理单位代收的住宅专项维修资金。
- 在资产重组过程中，通过合并、分立、出售、置换等方式，将全部或者部分实物资产以及与其相关联的债权、负债和劳动力一并转让给其他单位和个人，其中涉及的不动产、土地使用权转让行为。
- 纳税人在资产重组过程中，通过合并、分立、出售、置换等方式，将全部或者部分实物资产以及与其相关联的债权、负债和劳动力一并转让给其他单位和个人，不属于增值税的征税范围，其中涉及的货物转让，不征收增值税。

案例4-1 2018年8月22日，东华公司与其经销商百盛公司签订了一份商品代销合同，合同约定东华公司先将生产的产品委托百盛公司代为销售，百盛公司将产品卖出并受到货款后，再将货款按照销售收入的95%返还给东华公司，剩余的5%作为手续费。对于上述业务，东华公司和百盛公司是否均应确认增值税税额?

分析： 东华公司将自产产品交与百盛公司代为销售，属于“将货物交付其他单位代销”，属于视同销售行为，因此，东华公司负有增值税的纳税义务，应确认增值税税额；百盛公司代东华公司销售其产品，属于“销售代销货物”，也属于视同销售行为，百盛公司同样负有增值税纳税义务，同样应确认增值税税额。另外，在确认增值税时，东华公司应该按照代销协议中约定的价格作为计税依据，而百盛公司应该按照实际销售产品时开出的发票账单上标明的价款作为计税依据。

4.2.3 增值税应纳税额的计算

在计算增值税应纳税额之前，应先知晓增值税的税率与征收率。我国增值税的征收采用的是比例税率。根据不同的应税项目，一般纳税人适用不同的税率，小规模纳税人采用征收率征收增值税。表4-1所示为增值税的税率与征收率。

表4-1 增值税的税率与征收率

税率		具体范围
基本税率13%		①销售或者进口货物 ②加工、修理修配劳务 ③有形动产租赁服务
低税率	9%	①不动产租赁服务 ②销售不动产 ③建筑服务 ④运输服务 ⑤转让土地使用权 ⑥饲料、化肥、农药、农机、农膜 ⑦粮食等农产品、食用植物油、食用盐 ⑧自来水、暖气、冷气、热水、煤气、石油液化气、天然气、二甲醚、沼气、居民用煤炭制品 ⑨图书、报纸、杂志、音像制品、电子出版物 ⑩邮政服务、基础电信服务
	6%	增值电信服务、金融服务、现代服务、生活服务、销售无形资产（除土地使用权外）
零税率		出口货物、跨境销售国务院规定范围内的服务、无形资产
征收率	5%	①小规模纳税人转让其取得的不动产 ②一般纳税人转让在2016年4月30日前取得的不动产，选择简易计税方法计税的 ③小规模纳税人出租所取得的不动产（个人出租住房除外） ④一般纳税人出租在2016年4月30日前取得的不动产，选择简易计税方法计税的 ⑤纳税人提供劳务派遣服务、安全保护服务，选择差额纳税的
	3%	增值税小规模纳税人适用的征收率一般为3%

根据纳税人的不同，增值税应纳税额的计算可以分为一般纳税人应纳税额的计算和小规模纳税人应纳税额的计算。

1. 一般纳税人应纳税额的计算

一般纳税人计算增值税采用的是“购进抵扣法”，即首先应根据当期销售额和适用的税率计算销项税额，然后对当期采购中已经支付的进项税额进行抵扣，销项税额与进项税额的差额就是当期应缴纳的增值税税额。当期增值税应纳税额的计算公式如下。

应纳税额=当期销项税额-当期进项税额

当期销项税额=不含税增值税销售额×适用税率=含增值税销售额÷（1+适用税率）×适用税率

按照上述计算公式，要计算增值税税额，首先要确定销项税额和进项税额。

（1）销项税额的计算

为了计算销项税额，确认销售额是很关键的。在计算销售额时，税法对纳税人赋予了足够的自主权，由纳税人按照规定自行计算。不同的销售方式，其销售额的确定有所不同，具体如表4-2所示。

表4-2　不同销售方式下销售额的确定

销售方式		销售额的确定
一般销售方式		向购买方收取的全部价款和价外费用作为销售额，价外费用包括手续费、补贴、基金、包装费等
特殊销售方式	折扣方式销售	以扣除折扣后的金额作为销售额
	以旧换新销售	以新货物的同期销售价格作为销售额，不得扣除旧货物的收回价格
	以物易物销售	以发出货物的价格作为销售额
	还本销售方式	货物的销售价格即为销售额，不得扣除还本支出
	直销方式销售	以直销员收取的全部价款和价外费用作为销售额
视同销售方式销售		按照以下顺序确定销售额： ①按纳税人最近时期同类货物的平均销售价格确定 ②按其他纳税人最近时期同类货物的平均销售价格确定 ③按组成计税价格确定，其公式为：组成计税价格=成本×（1+成本利润率）

（2）进项税额的计算

纳税人购进货物或取得劳务，如果取得的增值税发票和完税凭证不符合法律的规定，该进项税额不得从销项税额中抵扣。对于可以从销项税额中抵扣的进项税额，仅限于下列增值税扣税凭证上注明的增值税税额和按规定的扣除率计算的进项税额。

- 凭票直接抵扣：根据增值税专用发票、海关进口增值税专用缴款书以及税收缴款凭证上注明的增值税税额进行抵扣。可抵扣项目包括购买货物，进口货物，从境外单位或个人购进服务、无形资产或不动产等。
- 凭票计算抵扣：对于购进农产品，除取得增值税专用发票或者海关进口增值税专用缴款书外，按照农产品收购发票或者销售发票上注明的农产品买价和9%的扣除率计算抵扣进项税额。
- 分期计算抵扣：适用一般计税方法的试点纳税人，2016年5月1日后取得并在会计制度上按固定资产核算的不动产或者2016年5月1日后取得的不动产在建工程，其进项税额应自取得之日起分2年从销项税额中抵扣，第1年抵扣比例为60%，第2年抵扣比例为40%。

确定可以抵扣的进项税额时，需要注意，并不是取得增值税专用发票和完税凭证就可以抵扣进项税额，有些进项税额是不得从销项税额中抵扣的，图4-2所示为不得抵扣进项税额的情形。

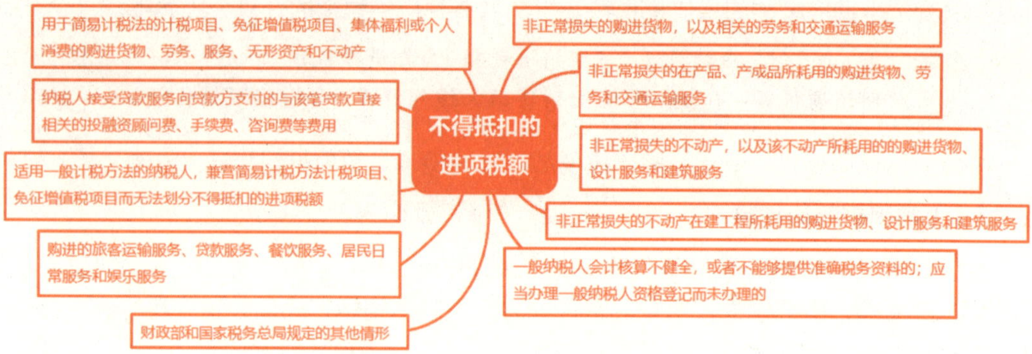

图4-2　不得抵扣进项税额的情形

案例4-2　天天食品厂为增值税一般纳税人，其主营业务为生产面包并销售。2019年5月，该食品厂向农民收购玉米一批，开具的农产品收购发票上注明的买价为60 000元，该批玉米已验收入库。则食品厂购进该批玉米可计算抵扣的进项税额为多少？

分析：案例中，天天食品厂为增值税一般纳税人，如取得增值税专用发票等其进项税额可进行抵扣。由于农产品收购发票不属于增值税专用发票，因此无法按照收购发票上的税额进行抵扣。另外，根据规定，企业收购农产品，可以按照农产品的买价和9%的扣除率计算抵扣进项税额。因此，食品厂购进该批玉米时可以计算抵扣的进项税额=60 000×9%=5 400（元）。

2. 小规模纳税人应纳税额的计算

小规模纳税人销售货物或者提供应税劳务（或应税服务），实行按照销售额和征收率计算应纳税额的简易办法，并不得抵扣进项税额。其应纳税额的计算公式如下。

应纳税额=销售额×征收率=含税销售额÷（1+征收率）×征收率

案例4-3　假设东华公司为增值税小规模纳税人，7月购入商品一批，购进价格为100 000元，进项税额为3 000元。当月将该批货物销售出去，取得含税销售额123 600元。若当月没有其他业务，则东华公司上述业务涉及的增值税应如何计算？

分析：由于东华公司为小规模纳税人，因此其进项税额不得抵扣，应作为购进货物的成本。东华公司销售该批货物，计算增值税时应将含税价格换算为不含税价格，因此，当月东华公司应交增值税税额=123 600÷（1+3%）×3%=3 600（元）。

4.2.4　增值税专用发票的使用

增值税专用发票是增值税一般纳税人销售货物、劳务、服务、无形资产和不动产开具的发票，是购买方支付增值税额并可按照增值税有关规定据以抵扣增值税进项税额的凭证。增值税专用发票由国家税务总局监制设计印制，只限于增值税一般纳税人领购使用。

1. 增值税专用发票的联次和用途

增值税专用发票主要由基本联次或者基本联次附加其他联次构成，其中基本联次为三联，三联次增值税专用发票的用途如图4-3所示。其他联次用途由一般纳税人自行决定。

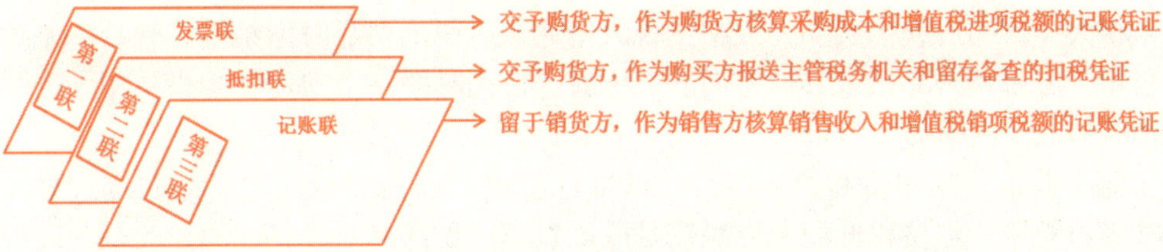

图4-3 三联次增值税专用发票的用途

2. 增值税专用发票的开票限额与要求

增值税专用发票实行最高开票限额管理，即单份增值税专用发票开具的销售额的合计数额不得达到指定的上限额度。

最高开票限额由一般纳税人申请，税务机关依法审批。不同最高开票限额其审批机构不同。最高开票限额为10万元及以下的，由区（县）级税务机关审批；最高开票限额为100万元的，由地市级税务机关审批；最高开票限额为1 000万元及以上的，由省级税务机关审批。

对于增值税专用发票的开具，应遵循图4-4所示的4点要求。

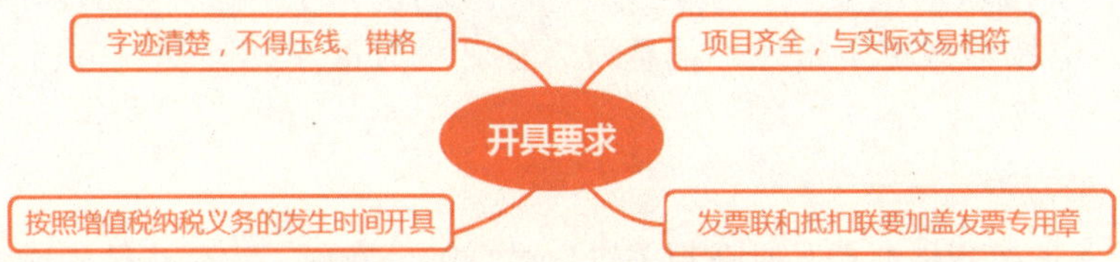

图4-4 增值税专用发票的开具要求

4.3 对应税消费品征税——消费税

消费税是以消费品（消费行为）的流转额作为课税对象的各种税收的统称。它是在对货物普遍征收增值税的基础上，选择少数消费品再征收的一个税种，主要是为了调节产品结构，引导消费方向，保证国家财政收入。

4.3.1 消费税的纳税人

消费税的纳税人主要分为以下两种。

- 在中华人民共和国境内生产、委托加工和进口《中华人民共和国消费税暂行条例》规定的消费品的单位和个人。
- 国务院确定的销售《中华人民共和国消费税暂行条例》规定的消费品的其他单位和个人。

上述中华人民共和国境内是指生产、委托加工和进口属于应当缴纳消费税的消费品的起运地或所在地在境内；单位是指企业、行政单位、事业单位、军事单位、社会团体以及其他单位；个人是指个体工商户和其他个人。

4.3.2 消费税的征税范围

目前，消费税的征税范围主要分布于以下5个环节。

1. 生产环节应税消费品

纳税人生产的应税消费品，应在纳税人销售该应税消费品时缴纳消费税；如果纳税人自产自用的应税消费品用于其他方面的，于移送使用时缴纳消费税；如果是用于连续生产应税消费品的，则不缴纳消费税。

工业企业以外的单位和个人将外购的非应税产品以消费税应税产品的方式对外销售的，或者将外购的消费税低税率应税产品以高税率应税产品对外销售的，应视为应税消费品的生产行为，并按照规定缴纳消费税。

2. 委托加工环节应税消费品

委托加工应税消费品是指由委托方提供原料和主要材料，受托方只需要收取加工费和代垫部分辅助材料加工的应税消费品。委托加工环节的征税可以分为以下几种情况。

- 委托个人加工的应税消费品，如果受托方为个人的，由委托方收回后缴纳消费税；除此之外都由受托方在向委托方交货时代收代缴消费税。
- 委托方将委托加工的应税消费品用于连续生产应税消费品的，所缴纳的消费税准予按照规定抵扣。
- 委托方将收回的应税消费品，以不高于受托方的计税价格出售的（即直接出售），不再缴纳消费税；委托方以高于受托方的计税价格出售的（即间接出售），需按照规定申报缴纳消费税，在计税时准予扣除受托方已代收代缴的消费税。

3. 进口环节应税消费品

单位和个人进口应税消费品时在报关进口时缴纳消费税。为减少征税成本，进口环节缴纳的消费税由海关代征。

4. 零售环节应税消费品

商业零售金银首饰视同零售业，在零售环节缴纳消费税，包括为经营单位以外的单位和个人加工金银首饰，经营单位用于馈赠、赞助、集资、广告样品、职工福利、奖励等方面的金银首饰，以及未经中国人民银行总行批准，经营金银首饰批发业务的单位将金银首饰销售给经营单位，都属于在零售环节的征税范围。

除了商业零售金银首饰在零售环节缴纳消费税以外，对于超豪华小汽车，在生产（进口）环节按照现行税率征收消费税的基础上，在零售环节还会加征一道消费税。

5. 批发环节应税消费品

批发环节的征税范围主要是针对批发销售卷烟的，其在批发环节会加征一道消费税。批发销售卷烟的纳税规定，主要有以下4点。

- 卷烟批发环节从价税税率为11%，同时，并按0.005元/支加征从量税。
- 烟草批发企业将卷烟销售给其他烟草批发企业的，不缴纳消费税。
- 卷烟消费税改为在生产和批发两个环节征收后，批发企业在计算应纳税额时不得扣除已含的生产环节的消费税税款。
- 纳税人兼营卷烟批发和零售业务的，应当分别核算批发和零售环节的销售额、销售数量；未分别核算批发和零售环节销售额、销售数量的，按照全部销售额、销售数量计征批发环节消费税。

4.3.3 消费税应纳税额的计算

在计算消费税应纳税额之前，还应当熟悉消费税的税目及税率。

1. 消费税的税目和税率

我国的消费税税目共有15个，消费税税率采用比率税率和定额税率两种形式。一般情况下，对一种消费品只选择一种税率形式，但为了更有效地保全消费税税基，对卷烟和白酒则采取了比例税率和定额税率双重征收的形式。表4-3所示为消费税税目及子目所对应的税率。

表4-3 消费税税目及子目所对应的税率

税目及子目	税率
（一）烟	
1. 卷烟	
（1）甲类卷烟	56%加0.003元/支
（2）乙类卷烟	36%加0.003元/支
（3）批发环节	11%加0.005元/支
2. 雪茄烟	36%
3. 烟丝	30%
（二）酒	
1. 白酒	20%加0.5元/500克
2. 黄酒	240元/吨
3. 啤酒	
（1）甲类啤酒	250元/吨
（2）乙类啤酒	220元/吨
4. 其他酒	10%
（三）高档化妆品	15%
（四）贵重首饰及珠宝玉石	
1. 金银首饰、铂金首饰和钻石及钻石饰品	5%
2. 其他贵重首饰和珠宝玉石	10%
（五）鞭炮、焰火	15%
（六）成品油	
1. 汽油	1.52元/升
2. 柴油	1.20元/升
3. 航空煤油	1.20元/升
4. 石脑油	1.52元/升
5. 溶剂油	1.52元/升
6. 润滑油	1.52元/升
7. 燃料油	1.20元/升

税目及子目	税率
（七）摩托车	
1. 气缸容量（排气量，下同）在250毫升（含250毫升）以下的	3%
2. 气缸容量在250毫升以上的	10%
（八）小汽车	
1. 乘用车	
（1）气缸容量（排气量，下同）在1.0升（含1.0升）以下的	1%
（2）气缸容量在1.0升以上至1.5升（含1.5升）的	3%
（3）气缸容量在1.5升以上至2.0升（含2.0升）的	5%
（4）气缸容量在2.0升以上至2.5升（含2.5升）的	9%
（5）气缸容量在2.5升以上至3.0升（含3.0升）的	12%
（6）气缸容量在3.0升以上至4.0升（含4.0升）的	25%
（7）气缸容量在4.0升以上的	40%
2. 中轻型商用客车	5%
3. 超豪华小汽车（零售环节）	10%
（九）高尔夫球及球具	10%
（十）高档手表	20%
（十一）游艇	10%
（十二）木制一次性筷子	5%
（十三）实木地板	5%
（十四）电池	4%
（十五）涂料	4%

2. 消费税应纳税额的计税方法

根据征收依据的不同，消费税可分为从价定率、从量定额、复合计税3种计税方法。

（1）从价定率

从价定率是指纳税人进口的货物，应按照组成计税价格和规定的税率计算应纳税额，如计算鞭炮、焰火、实木地板应缴纳的消费税就适用从价定率的方法。在从价定率的计征方式下，应纳税额等于应税消费的销售额乘以适用税率，所以应税消费品的销售额为其计税依据。其计税公式为：

应纳税额=销售额或组成计税价格×比例税率

（2）从量定额

从量定额是以征税对象的重量、件数、容量、面积等为计税依据，按照固定税额标准计征的税收，如计算啤酒、黄酒、成品油应缴纳的消费税。在实行从量定额的计征方式下，应纳税额等于应税消费品的数量乘以定额税率。其计税公式为：

应纳税额=销售数量×定额税率

在实行从量定额的计征方式下，对不同的应税消费品，其确定应税消费品的数额是不同的。销售应税消费品的，以应税消费品的数量为计税数额；自产自用应税消费品的，以移送数量为计税数额；委托加工应税消费品的，以纳税人收回的数量为计税数额；进口应税消费品的，以海关核定的数量为计税数额。

（3）复合计税

复合计税法是结合从量定额和从价定率两种方法，即以两种方法计算的应纳税额之和为该应税消费品的应纳税额，如计算卷烟、白酒应缴纳的消费税。其计税公式为：

应纳税额=销售数量×定额税率+销售额或组成计税价格×比例税率

3. 不同环节消费税应纳税额的计算

消费税应纳税额应当按生产销售、自产自用、委托加工和进口等环节分别计算。

（1）生产销售环节消费税应纳税额的计算

企业将生产的应税消费品直接用于对外销售的，其消费税应纳税额直接按照销售额或销售数量乘以适用的比例税率或定额税率计算即可。其计算公式如下。

应纳税额=销售额×比例税率

应纳税额=销售数量×定额税率

（2）自产自用环节消费税应纳税额的计算

企业自产自用应税消费品，应按照组成计税价格计算消费税的应纳税额。

①实行从价定率办法计征消费税的，计算公式如下。

组成计税价格=成本×（1+成本利润率）÷（1−消费税税率）

应纳消费税=组成计税价格×消费税比例税率

②实行复合计税办法计征消费税的，计算公式如下。

组成计税价格=［成本×（1+成本利润率）+自产自用数量×消费税定额税率］÷（1−消费税税率）

应纳消费税=组成计税价格×消费税比例税率+自产自用数量×消费税定额税率

（3）委托加工环节消费税应纳税额的计算

根据税法规定，委托加工的应税消费品，在委托加工环节缴纳的消费税是由委托方负担的，受托方只是代扣消费税。委托加工环节的消费税，应该按照受托方同类消费品的销售价格为依据计算缴纳。若受托方不存在同类商品销售价格，则应按照组成计税价格计算缴纳消费税。

①实行从价定率办法计征消费税的，相关计算公式如下。

组成计税价格=（材料成本+加工费）÷（1−消费税比例税率）

应纳消费税=组成计税价格×消费税比例税率

②实行复合计税办法计征消费税的，相关计算公式如下。

组成计税价格=（材料成本+加工费+委托加工数量×消费税定额税率）÷（1−消费税比例税率）

应纳消费税=组成计税价格×消费税比例税率+委托加工数量×消费税定额税率

案例4-4 东华公司接受委托为长舟公司生产一批高尔夫球具，长舟公司提供的原材料成本为60 000元，东华公司收取加工费用为4 800元。已知东华公司没有销售该类球具的同类价格，高尔夫球具适用的消费税税率为10%。问：该批球具应缴纳的消费税税额为多少？

分析：案例中，东华公司接受委托为长舟公司生产一批高尔夫球具，即是在委托加工环节计算消费税的应纳税额，并且应由东华公司代扣消费税。由于东华公司没有销售该类球具的同类价格，因此按照组成计税价格计算缴纳消费税。其组成计税价格=（材料成本+加工费）÷（1−消费税比例税率）=（60 000+4 800）÷（1−10%）=72 000（元）；应纳消费税税额=组成计税价格×消费税比例税率=72 000×10%=7 200（元）。因此东华公司代收代缴的消费税为7 200元。

4. 进口环节消费税应纳税额的计算

企业进口消费税应税商品，应向进口报关地海关申报缴纳消费税，按照组成计税价格与适用税率计算应缴纳的消费税税额。

①实行从价定率办法计征消费税的，相关计算公式如下。

组成计税价格=（关税完税价格+关税）÷（1−消费税比例税率）

应纳消费税=组成计税价格×消费税比例税率

②实行复合计税办法计征消费税的，相关计算公式如下。

组成计税价格=（关税完税价格+关税+进口数量×消费税定额税率）÷（1−消费税比例税率）

应纳消费税=组成计税价格×消费税比例税率+进口数量×消费税定额税率

案例4-5 东华公司为增值税一般纳税人，2018年9月从韩国进口一辆小汽车。该汽车由海关核定的价格为400 000元。已知进口关税的税率为20%，消费税税率为25%，则东华公司应缴纳的消费税是多少？

分析：案例中，东华公司从韩国进口一辆小汽车，根据规定，进口货物的应纳增值税税额应该在进口环节缴纳，且该小汽车已经由海关核定了价格，则适用于从价定率的办法计征消费税。东华公司应缴纳的关税=400 000×20%=80 000（元），其组成计税价格=（400 000+80 000）÷（1−25%）=640 000（元）。因此东华公司应该缴纳的消费税=640 000×25%=160 000（元）。

4.4 对企业经营成果征税——企业所得税

企业所得税主要针对具有法人性质的企业，是就其所得征收的一种税。企业所得税是国家财政收入的重要来源，除另有规定外，所有正常经营的企业均应缴纳企业所得税。

4.4.1 企业所得税的纳税人

在中华人民共和国境内，企业和其他取得收入的组织（以下统称企业）为企业所得税的纳税人，主要包括各类企业、事业单位、社会团体、民办非企业单位和从事经营活动的其他组织。

企业所得税

行家点拨

依照中国法律、行政法规成立的个人独资企业、合伙企业，不属于企业所得税的纳税义务人，不缴纳企业所得税。

我国企业所得税采取收入来源地管辖权和居民管辖权相结合的双重管辖权标准，将企业分为居民企业和非居民企业，并分别确定不同的纳税义务。

- 居民企业：是指依法在中国境内成立，或者依照外国（地区）法律成立但实际管理机构在中国境内的企业。居民企业应当就其来源于中国境内、境外的全部所得在我国缴纳企业所得税。
- 非居民企业：是指依照外国（地区）法律成立且实际管理机构不在中国境内，但在中国境内设立机构、场所的，或者在中国境内未设立机构、场所，但有来源于中国境内所得的企业。

如果非居民企业委托营业代理人在中国境内从事生产经营活动的，则将该营业代理人视为非居民企业在中国境内设立的机构、场所。

4.4.2 企业所得税的征税范围

企业所得税的征税范围是指纳税人取得的各项所得，主要包括销售货物所得，提供劳务所得，转让财产所得，股息、红利等权益性投资所得，利息所得，租金所得，特许权使用费所得和其他所得。

- 销售货物所得：是指按照交易活动发生地确定的，主要包括销售商品、产品、原材料、包装物、低值易耗品以及其他存货的所得。
- 提供劳务所得：是指从事建筑安装、修理修配、交通运输、仓储租赁、金融保险、邮电通信、咨询经纪、文化体育、科学研究、技术服务、教育培训、餐饮住宿、中介代理、卫生保健、社区服务、旅游、娱乐、加工以及其他劳务服务活动取得的所得，其所得是按照劳务发生地确定。
- 转让财产所得：是指企业转让固定资产、无形资产以及权益性投资（股权、债权）取得的所得。其中，固定资产转让所得按固定资产所在地确定；无形资产转让所得按转让无形资产的企业或机构、场所所在地确定；权益性投资资产转让所得按被投资企业所在地确定。
- 股息、红利等权益性投资所得：是指因企业从被投资方取得的所得，其所得是按照分配所得的企业所在地确定的。

- **利息所得、租金所得、特许权使用费所得**：利息所得、租金所得、特许权使用费所得按负担、支付所得的企业或机构、场所所在地确定，或按负担、支付所得的个人的住所地确定。
- **其他所得**：主要包括企业资产溢余所得、债务重组所得、补贴所得、违约金所得、汇兑收益等，是由国务院财政、税务主管部门确定的。

4.4.3 企业所得税应纳税额的计算

企业要缴纳多少企业所得税，主要取决于企业的应纳税所得额和税率。因此在计算企业所得税应纳税额之前，要知晓企业所得税税率。

1. 企业所得税税率

我国的企业所得税实行比例税率，有25%和20%两档税率。

- **25%**：25%的税率适用于居民企业，和在中国境内设立机构、场所且取得的所得与其所设机构、场所有实际联系的非居民企业，其来源于中国境内、境外的所得按该税率计税。
- **20%**：20%的税率适用于在中国境内未设立机构、场所的，或在中国境内设立机构、场所，但取得的所得与其所设机构、场所没有实际联系的非居民企业，以及符合条件的小微型企业，其来源于中国境内的所得按该税率计税。

2. 企业所得税应纳税额的计算公式

企业所得税的计税依据是应纳税所得额。应纳税所得额是指企业每一纳税年度的收入总额，减除不征税收入、免税收入、各项扣除以及允许弥补的以前年度亏损后的余额，具体计算公式如下。

应纳税额=应纳税所得额×适用税率−减免税额−抵免税额

应纳税所得额=收入总额−不征税收入−免税收入−各项扣除−允许弥补的以前年度亏损

（1）收入总额

收入总额是企业通过各种渠道获得的货币形式和非货币形式的收入，包括销售货物收入，提供劳务收入，转让财产收入，股息、红利等权益性投资收益，利息收入，租金收入，特许权使用费收入，接受捐赠收入以及其他收入等。

（2）不征税收入

不征税收入是指不属于企业营利性活动带来的经济利益，也不负有纳税义务并不作为应纳税所得额组成部分的收入。以下两类都属于不征税收入。

- 依法收取并纳入财政管理的行政事业性收费、政府性基金。
- 企业取得的由国务院财政、税务主管部门规定专项用途并经国务院批准的财政性资金。

（3）免税收入

免税收入是属于企业的应税所得但按照税法规定免予征收企业所得税的收入。免税收入具体包括以下两类。

- 国债利息收入，居民企业之间的股息、红利等权益性投资收入。
- 符合条件的非营利组织取得的特定收入及接受捐赠取得的收入。

（4）各项扣除

各项扣除是指企业实际发生的与取得收入有关的、合理的支出，包括成本、费用、税金、损失和其他支出，其准予在计算应纳税所得额时扣除。

- 成本：即可扣除销售商品，提供劳务，转让固定资产、无形资产的成本。
- 费用：是指企业生产经营活动中发生的可以扣除的销售费用、管理费用和财务费用。
- 税金：即企业按规定缴纳的税收，包括消费税、城市维护建设税、教育费附加、关税、资源税、土地增值税、房产税、车船税、城镇土地使用税、印花税等。
- 损失：企业在生产经营活动中发生的固定资产和存货的盘亏、毁损、报废损失，转让财产损失，呆账损失，坏账损失，自然灾害等不可抗力因素造成的损失以及其他损失。

（5）允许弥补的以前年度亏损

允许弥补的以前年度亏损是指企业某一纳税年度发生的亏损可以用下一年度的所得弥补，下一年度的所得不足以弥补的，可以逐年延续弥补，但最长不超过5年。税法对有些项目的扣除限额或标准做了规定，具体如图4-5所示。

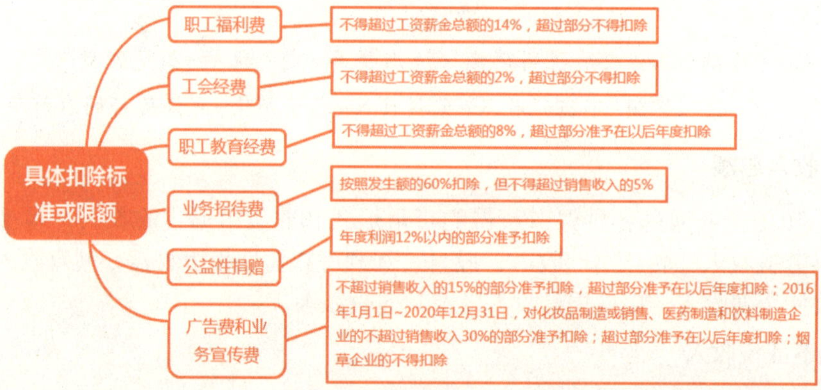

图4-5　税法中规定扣除标准或限额的项目

案例4-6 东华公司2018年实现自产货物销售收入500万元，当年发生计入销售费用中的广告费为60万元，公司上年还有35万元的广告费没有在税前扣除。东华公司2018年度可以税前扣除的广告费为多少？

分析：根据规定，企业当年的广告费扣除标准为不超过当年销售收入的15%，超过部分可以结转以后年度扣除。东华公司当年准予扣除的广告费= 500×15%=75（万元），因此当年发生的60万元可以全部扣除。另外，还可以扣除上年结转的35万元中的15万元（75−60），即东华公司2018年可以税前扣除的广告费=60+15=75（万元）。

4.5 对个人所得征税——个人所得税

个人所得税是以个人（即自然人）取得的各项应税所得为征税对象所征收的一种税，其计算较为简便。最常见是企业中所涉及的职工个人的工资和劳务费，是需要缴纳个人所得税的。

个人所得税

4.5.1 个人所得税的纳税人

个人所得税的纳税人十分广泛，通常划分为居民纳税人和非居民纳税人两类。居民纳税人承担无限纳税义务，非居民纳税人承担有限纳税义务。

1. 居民纳税人

居民纳税人是指在中国境内有住所，或者无住所而一个纳税年度（公历1月1日至12月31日）内在中国境内居住累计满183天的个人，即居民个人。居民个人应就其来源于中国境内和境外的所得，缴纳个人所得税。居民纳税人缴纳个人所得税的情况有以下两种。

- 在中国境内无住所，在境内居住累计满183天的年度连续不满5年情形的，以及在中国境内无住所，在境内居住满5年但其间有单次离境超过30天情形的居民个人，对于其来源于中国境外的各种所得，经向主管税务机关备案，可以只就由中国境内企事业单位和其他经济组织或居民个人支付的部分缴纳个人所得税。
- 在中国境内无住所，在境内居住累计满183天的年度连续满5年的，且在5年内未发生单次离境超过30天情形的，从第6年起，中国境内居住累计满183天的居民个人，应当就其来源于中国境外的全部所得缴纳个人所得税。

2. 非居民纳税人

非居民纳税人是指在中国境内无住所又不居住，或者无住所而一个纳税年度内在中国境内居住累计不满183天的个人，即非居民个人。非居民个人应就其来源于中国境内取得的所得，缴纳个人所得税。

非居民纳税人缴纳个人所得税的情况比较简单，即在中国境内无住所，且在一个纳税年度中在中国境内连续或者累计居住不超过90天的个人，对于其来源于中国境内的所得，由境外雇主支付并且不由该雇主在中国境内的机构、场所负担的部分，免予缴纳个人所得税。

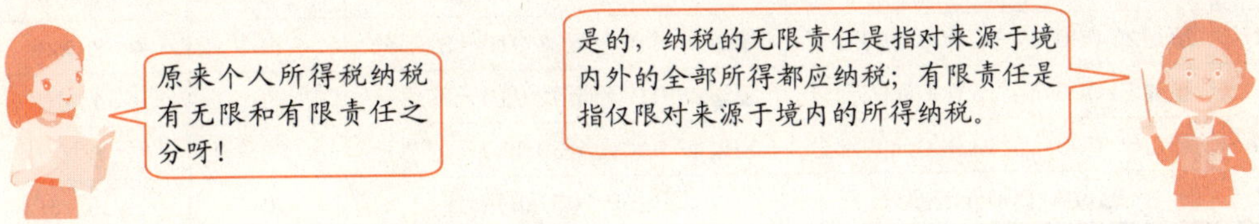

4.5.2 个人所得税的税目及税率

个人所得税的税目主要包括以下几类。

1. 综合所得

综合所得，包括工资、薪金所得，稿酬所得，劳务报酬所得，特许权使用费所得这4类所得项目。

- 工资、薪金所得：是指个人因任职或受雇而取得的薪酬收入，主要包括工资、薪金、奖金、年终加薪、劳动分红、津贴、补贴以及与任职或受雇有关的其他所得。

- 稿酬所得：包括个人因其作品以图书、报刊形式“出版、发表”而取得的所得。作品包括文学作品、书画作品、摄影作品，以及其他作品。作者去世后，财产继承人取得的遗作稿酬，也应征收个人所得税。
- 劳务报酬所得：是指个人从非雇佣关系的单位取得的报酬，主要包括设计、装潢、安装、制图、化验、测试、医疗、法律、会计、咨询、讲学、新闻、广播、翻译、审稿、书画、雕刻、影视、录音、录像、演出、表演、广告、展览、技术服务、介绍服务、经济服务、代办服务、其他劳务取得的所得。
- 特许权使用费所得：主要包括个人提供专利权、商标权、著作权（不包括稿酬所得）、非专有技术（非专利技术）以及其他特许权的使用权取得的所得。

综合所得适用3%~45%的超额累进税率，具体如表4-4所示。对于单独计算工资、薪金所得缴纳的个人所得税，同样适用3%~45%的超额累进税率，具体如表4-5所示。

表4-4 综合所得适用的个人所得税税率表

级数	全年应纳税所得额	税率（%）	速算扣除数
1	不超过36 000元的	3	0
2	超过36 000元至144 000元的部分	10	2 520
3	超过144 000元至300 000元的部分	20	16 920
4	超过300 000元至420 000元的部分	25	31 920
5	超过420 000元至660 000元的部分	30	52 920
6	超过660 000元至960 000元的部分	35	85 920
7	超过960 000元的部分	45	181 920

表4-5 工资、薪金所得适用的个人所得税税率

级数	全月应纳税所得额		税率（%）	速算扣除数
	含税级距	不含税级距		
1	不超过3 000元的	不超过2 910元的	3	0
2	超过3 000元至12 000元的部分	超过2 910元至11 010元的部分	10	210
3	超过12 000元至25 000元的部分	超过11 010元至21 410元的部分	20	1 410
4	超过25 000元至35 000元的部分	超过21 410元至28 910元的部分	25	2 660
5	超过35 000元至55 000元的部分	超过28 910元至42 910元的部分	30	4 410
6	超过55 000元至80 000元的部分	超过42 910元至59 160元的部分	35	7 160
7	超过80 000元的部分	超过59 160元的部分	45	15 160

2. 经营所得

经营所得主要包括以下4个方面。

- 个人通过在中国境内注册登记的个体工商户、个人独资企业、合伙企业从事生产、经营活动取得的所得。
- 个人依法取得执照，从事办学、医疗、咨询以及其他有偿服务活动取得的所得。
- 个人承包、承租、转包、转租取得的所得。

● 个人从事其他生产、经营活动取得的所得。

个体工商户、个人独资企业和合伙企业的投资者（合伙人）的生产经营所得，适用5%~35%的超额累进税率来计算缴纳个人所得税。具体如表4-6所示。

表4-6　经营所得适用的个人所得税税率

级数	全月应纳税所得额	税率（%）	速算扣除数
1	不超过30 000元的	5	0
2	超过30 000元至90 000元的部分	10	1 500
3	超过90 000元至300 000元的部分	20	10 500
4	超过300 000元至500 000元的部分	30	40 500
5	超过500 000元的部分	35	65 500

3. 利息、股息、红利所得，财产租赁所得，财产转让所得和偶然所得

● 利息、股息、红利所得：主要包括个人拥有债权、股权而取得的利息、股息、红利所得。

● 财产租赁所得：主要包括个人出租建筑物、土地使用权、机器设备、车船以及其他财产取得的所得。

● 财产转让所得：主要包括个人转让有价证券、股权、建筑物、土地使用权、机器设备、车船以及其他财产取得的收入。

● 偶然所得：主要包括个人得奖、中奖、中彩以及其他偶然性质的所得。

利息、股息、红利所得，财产租赁所得，财产转让所得和偶然所得，适用比例税率，税率为20%。但个人出租住房取得的所得暂减按10%的税率征收个人所得税。

4.5.3　个人所得税应纳税额的计算

1. 居民个人的综合所得

居民个人的综合所得，以每一纳税年度的收入额减除费用6万元以及专项扣除、专项附加扣除和依法确定的其他扣除后的余额，为应纳税所得额。其应纳税额的计算公式如下。

应纳税额=应纳税所得额×适用税率-速算扣除数

应纳税额=（每一纳税年度的收入额-费用60 000元-专项扣除-专项附加扣除-依法确定的其他扣除）×适用税率-速算扣除数

而劳务报酬所得、特许权使用费所得，是以收入减除20%的费用后的余额为收入额的；稿酬所得是以收入减除20%的费用再按70%计算的。即收入额的计算公式如下。

劳务报酬所得、特许权使用费所得的收入额=收入×（1-20%）

稿酬所得的收入额=收入×（1-20%）×70%

此外，综合所得中专项附加扣除包括子女教育专项附加扣除、继续教育专项附加扣除、大病医疗专项附加扣除、住房贷款利息专项附加扣除和住房租金专项附加扣除等。而不同的扣除项目，其扣除标准不同，具体如表4-7所示。

表4-7　居民个人综合所得的扣除标准

类目	具体内容及扣除标准
减除费用	60 000元/年（5 000元/月）

续表

<table>
<tr><th colspan="2">类目</th><th>具体内容及扣除标准</th></tr>
<tr><td colspan="2">专项扣除</td><td>包括居民个人按照国家规定的范围和标准缴纳的基本养老保险、基本医疗保险、失业保险等社会保险费以及住房公积金等</td></tr>
<tr><td rowspan="6">专项附加扣除</td><td>子女教育专项附加扣除</td><td>纳税人的子女接受学前教育和学历教育的相关支出，按每个子女每年12 000元（每月1 000元）的标准定额扣除</td></tr>
<tr><td>继续教育专项附加扣除</td><td>①纳税人接受学历继续教育的支出，在学历教育期间按每年4 800元（每月400元）定额扣除
②纳税人接受技能人员职业资格继续教育、专业技术人员职业资格继续教育支出，在取得相关证书的年度，按每年3 600元定额扣除</td></tr>
<tr><td>大病医疗专项附加扣除</td><td>一个纳税年度内，在社会医疗保险管理信息系统记录的由个人负担超过15 000元的医药费用支出部分，按每年60 000元标准限额据实扣除</td></tr>
<tr><td>住房贷款利息专项附加扣除</td><td>纳税人本人或配偶使用商业银行或住房公积金个人住房贷款为本人或其配偶购买住房：
①发生的首套住房贷款利息支出，在偿还贷款期间，按每年12 000元（每月1 000元）标准定额扣除
②非首套住房贷款利息支出，纳税人不得扣除</td></tr>
<tr><td>住房租金专项附加扣除</td><td>纳税人本人及配偶在纳税人的主要工作城市没有住房，而在主要工作城市租赁住房发生的租金支出：
①承租的房屋位于直辖市、省会城市、计划单列市以及国务院确定的其他城市，按每年14 400元（每月1 200元）标准扣除
②承租的房屋位于其他城市的，市辖区户籍人口超过100万的，按每年12 000（每月1 000元）标准扣除；市辖区户籍人口不超过100万（含100万）的，按每年9 600元（每月800元）标准扣除</td></tr>
<tr><td>赡养老人专项附加扣除</td><td>纳税人赡养60岁（含60岁）以上父母以及其他法定赡养人的赡养支出：
①纳税人为独生子女的，按照每年24 000元（每月2 000元）的标准定额扣除
②纳税人为非独生子女的，应当与其兄弟姐妹分摊每年24 000元（每月2 000元）的扣除额度
③纳税人赡养两个及两个以上老人的，不按老人人数加倍扣除</td></tr>
<tr><td colspan="2">其他扣除</td><td>其他扣除包括个人缴付符合国家规定的企业年金、职业年金，个人购买符合国家规定商业健康保险、税收递延型商业养老保险的支出，以及国务院规定的可以扣除的其他项目</td></tr>
</table>

张姐，这里特指居民个人，那如果是非居民个人，又应该怎样计算个人所得税呢？

对于非居民个人，其取得的工资、薪金所得以每月收入减除费用5 000元为应纳税所得额缴纳个人所得税；对于取得的劳务报酬所得、稿酬所得、特许权使用费所得则以每月收入额为应纳税所得额缴纳个人所得税。

2. 经营所得

个体工商户的生产、经营所得应纳税额的计算公式如下。

应纳税额=应纳税所得额×适用税率−速算扣除数

=（全年收入总额−成本、费用、税金、损失、其他支出及以前年度亏损）×适用税率−速算扣除数

企事业单位的承包经营、承租经营所得应纳税额的计算公式如下。

应纳税额=应纳税所得额×适用税率−速算扣除数

=（纳税年度收入总额−必要费用）×适用税率−速算扣除数

3. 利息、股息、红利所得及偶然所得

利息、股息、红利所得与偶然所得的计税方法一致，其应纳税额的计算公式如下。

应纳税额=应纳税所得额×适用税率

=每次收入额×20%

4. 财产租赁所得

财产租赁所得应纳税额的计算，根据财产租赁所得金额的不同，计算方法也不同。

每次收入不足4 000元，其应纳税额的计算公式如下。

应纳税额=［每次（月）收入额−财产租赁过程中缴纳的税费−由纳税人负担的租赁财产实际开支的修缮费用（800元为限）−800元］×20%

每次收入在4 000元以上，其应纳税额的计算公式如下。

应纳税额=［每次（月）收入额−财产租赁过程中缴纳的税费−由纳税人负担的租赁财产实际开支的修缮费用（800元为限）］×（1−20%）×20%

5. 财产转让所得

财产转让所得应纳税额的计算分为一般情况下的财产转让所得和个人销售无偿受赠不动产所得，其具体计算方法如下。

一般情况下财产转让所得，其应纳税额的计算公式如下。

应纳税额=应纳税所得额×适用税率

应纳税额=（收入总额−财产原值−合理费用）×20%

个人销售无偿受赠不动产所得，其应纳税额的计算公式如下。

应纳税额=（财产转让收入−原捐赠人取得该房屋的实际购置成本−转让过程中受赠人支付的相关税费）×20%

案例4-7 2019年居民个人钱小全年取得工资、薪金收入180 000元。钱小缴纳社会保险费核定的月缴费工资基数为10 000元。钱小正在偿还首套住房贷款及利息，且钱小为独生子，其父母均已年过60岁，其女儿正在读大学。钱小夫妻决定由钱小扣除住房贷款利息和子女教育非。钱小应缴纳多少个人所得税？（当地规定的社会保险和住房公积金个人缴存比例为基本养老保险8%、基本医疗保险2%、失业保险0.5%、住房公积金12%。）

分析：钱小取得的收入，按照规定应减除费用60 000元，扣除专项费用和专项附加费用，专项费用扣除金额=10 000×（8%+2%+0.5%+12%）×12=27 000（元）；专项附加费用中应扣除子女教育专项附加费用12 000元，住房贷款利息专项附加费用12 000元，赡养老人专项附加费用24 000元，合计扣除费用=60 000+27 000+12 000+12 000+24 000=135 000（元），则钱小应纳税所得额=180 000−135 000=45 000（元），查找税率表确定适用10%的税率，速算扣除数为2 520，因此钱小应缴纳的个人所得税=45 000×10%−2 520=1 980（元）。

4.6 还需了解的其他税种

除增值税、消费税、所得税外，在学习会计知识时还要对土地增值税、印花税以及房产税等税种有所了解。

4.6.1 印花税

印花税是对从事商事活动、产权转移等行为所书立和领受的凭证征收的一种税种，由于它是在凭证上粘贴印花税票作为税的标志，故称为印花税。举个简单的例子，购买房子会拿到房产证，针对房产证就需要交房产税，证明房子属于自身所有，而针对房产证上盖的公章就需要交印花税，证明此证合法有效，因此才会受到相应的法律保护。

1. 印花税纳税人

印花税的纳税人是指在中国境内书立、领受、使用税法所列举凭证的单位和个人。根据书立、领受和使用应税凭证的不同，印花税纳税人可分为立合同人、立账簿人、立据人、领受人和使用人。

还需了解的其他税种

2. 印花税征税范围及税率

我国只对《中华人民共和国印花税暂行条例》列举的凭证征收印花税，这些凭证可分为合同类，产权转移书据类，营业账簿类，权利、许可证照类和证券交易类。

印花税的税率采用比例税率和定额税率两种方式。各类合同以及具有合同性质的凭证、产权转移书据、营业账簿中记载资金的账簿以及证券交易，适用比例税率；无法计算金额的凭证，或虽载有金额，但作为计税依据不合理的凭证，采用定额税率。印花税税目及适用税率如表4-8所示。

表4-8　印花税税目及税率

税目			税率
合同	买卖合同	包括供应、预购、采购、购销结合及协作、调剂、补偿、易货等合同以及各出版单位与发行单位（不包括订阅单位和个人）之间订立的图书、报刊、音像征订凭证	按支付价款的0.3‰贴花
	承揽合同	包括加工、定做、修缮、修理、印刷、广告、测绘、测试等合同	按支付报酬的0.3‰贴花
	建设工程合同	包括勘察、设计、建筑、安装工程合同的总包合同、分包合同和转包合同	按支付价款的的0.3‰贴花
	融资租赁合同	出租人根据承租人对出卖人、租赁物的选择，向出卖人购买租赁物，提供给承租人使用，承租人支付租金的合同	按租金的0.05‰贴花
	租赁合同	包括租赁房屋、船舶、飞机、机动车辆、机械、器具、设备等合同以及企业、个人出租门店、柜台等所签订的合同（不包括企业与主管部门签订的租赁承包合同）	按租赁金额的1‰贴花
	运输合同	包括民用航空、铁路运输、海上运输、内河运输、公路运输和联运合同	按运输费用的0.3‰贴花
	仓储合同	保管人储存存货人交付的仓储物，存货人支付仓储费的合同	按仓储费的1‰贴花
	保管合同	包括保管合同或作为合同使用的仓单、栈单（也称入库单）	按保管费的1‰贴花
	借款合同	银行及其他金融组织和借款人（不包括银行同业拆借）所签订的借款合同	按借款金额0.05‰贴花
	财产保险合同	包括财产、责任、保证、信用等保险合同	按保险费用的1‰贴花
	技术合同	包括技术开发、转让、咨询、服务等合同	按支付价款、报酬或者使用费的0.3‰贴花
产权转移书据		包括土地使用权出让和转让书据；房屋等建筑物、构筑物所有权、股权（不包括上市和挂牌公司股票）、商标专用权、著作权、专利权、专有技术使用权转让书据	按支付价款的0.5‰贴花
营业账簿		包括资金账簿和其他营业账簿	按实收资本（股本）、资本公积合计金额的0.25‰贴花

续表

税目		税率
权利、许可证照	包括政府部门发给的不动产权证书、营业执照、商标注册证、专利证书等	按每件5元贴花
证券交易	在依法设立的证券交易所上市交易或者在国务院批准的其他证券交易场所转让公司股票和以股票为基础发行的存托凭证	按成交金额的1‰贴花

3. 印花税应纳税额的计算

印花税应纳税额的计算方法，按凭证适用的不同税率采取不同的计算公式。

应税合同的应纳税额=价款或者报酬×适用税率

应税产权转移书据的应纳税额=价款×适用税率

应税营业账簿的应纳税额=实收资本（股本）、资本公积合计金额×适用税率

应税权利、许可证照的应纳税额=应税凭证件数×定额税率

证券交易的应纳税额=成交金额或者依法确定的计税依据×适用税率

行家点拨

根据相关规定，载有两个或两个以上应适用不同税目税率经济事项的同一凭证，分别记载金额的，应分别计算应纳税额；未分别记载金额的，按税率高的计算贴花。

案例4-8 东华公司与安泰运输公司签订了两份运输保管合同，第一份合同上载明的金额合计为500 000元（运费和保管费并没有分别记载），第二份合同中注明运费为300 000元、保管费为100 000元。则东华公司对这两份合同应分别缴纳多少印花税?

分析：上述案例涉及两份合同，第一份合同中所记载的金额并没有分别记载，则应该按照规定，按税率高的税目来计算印花税应纳税额，合同中的运费和保险费分别适用于0.3‰和1‰的税率，则应选择1‰的税率来计算第一份合同的印花税税额，即印花税税额=500 000×1‰=500（元）。对于第二份合同，其金额是分别记载的，则分别计算其印花税应纳税额，其应纳税额=300 000×0.3‰+100 000×1‰=190（元）。

4.6.2 土地增值税

土地增值税是指转让国有土地使用权、地上的建筑物及其附着物并取得收入的单位和个人，以转让所取得的收入为计税依据向国家缴纳的一种财产税。

其中，国有土地使用权是指对国家的土地享有的使用权利；地上建筑物是指建于土地上的一切建筑物，包括地上、地下的各种附属设施，如厂房、商店、医院、住宅、地下室、管道等；附着物是指附着于土地上、不能移动，一经移动即遭损坏的种植物、养殖物及其他物品。

1. 土地增值税的纳税人和税率

土地增值税的纳税人为转让国有土地使用权、地上建筑物及其附着物并取得收入的单位和个人。我国土地增值税实行4级超率累进税率，具体税率和速算扣除系数如表4-9所示。

表4-9 土地增值税税率表

级数	增值额与扣除项目金额的比率	税率（%）	速算扣除系数
1	不超过扣除项目金额的50%	30	0
2	超过扣除项目金额的50%，未超过扣除项目金额的100%	40	5%
3	超过扣除项目金额的100%，未超过扣除项目金额的200%	50	15%
4	超过扣除项目金额的200%	60	35%

2. 土地增值税应纳税额的计算

土地增值税按纳税人转让房地产所取得的增值额和规定的税率计算征收。其计算公式如下。

应纳税额=∑（每级距的增值额×适用税率）

土地增值税税额=增值额×适用的税率−扣除项目金额×速算扣除系数

根据扣除项目金额的大小，土地增值税应纳税额的计算公式如表4-10所示。

表4-10 土地增值税应纳税额的计算公式

增值税与扣除项目金额的关系	计算公式
增值额未超过扣除项目金额的50%	土地增值税应纳税额=增值额×30%
增值额超过扣除项目金额的50%，但未超过100%	土地增值税应纳税额=增值额×40%−扣除项目金额×5%
增值额超过扣除项目金额的100%，但未超过200%	土地增值税应纳税额=增值额×50%−扣除项目金额×15%
增值额超过扣除项目金额的200%	土地增值税应纳税额=增值额×60%−扣除项目金额×35%

案例4-9 假设东华公司从事房地产开发，并销售了一房地产项目，该项目的增值额为9 000万元，扣除项目金额合计为7 500万元。则东华公司需要缴纳的土地增值税为多少?

分析：东华公司的增值额占扣除项目金额合计的比值=9 000÷7 500×100%=120%，根据表4-10可知，土地增值税应纳税额=增值额×50%−扣除项目金额×15%=9 000×50%−7 500×15%=3 375（万元）。因此，东华公司应缴纳的土地增值税为3 375万元。

4.6.3 房产税

房产税是以房屋为征税对象，按房屋的计税余值或租金收入为计税依据，向产权所有人征收的一种财产税。产权属于全民所有的，则由经营管理的单位负责缴纳房产税。居民的自用居住房屋不用缴纳房产税。

1. 房产税的纳税人

房产税的纳税人是指在我国城市、县城、建制镇和工矿区内拥有房屋产权的单位和个人，具体包括产权所有人、承典人、房产代管人或者使用人。根据产权的不同情况，房产税的纳税人也有所区别。

- 产权属于国家所有的，其经营管理的单位为纳税人；产权属于集体和个人的，集体单位和个人为纳税人。
- 产权出典的，承典人为纳税人。

- 产权所有人、承典人均不在房产所在地的，房产代管人或者使用人为纳税人。
- 产权未确定以及租典纠纷未解决的，房产代管人或者使用人为纳税人。
- 纳税单位和个人无租使用房产管理部门、免税单位及纳税单位的房产，由使用人代为缴纳房产税。

知识补充

产权出典是指产权所有人为了某种需要，将自己房屋的产权在一定期限内转让给他人使用而取得出典价款的一种融资行为；租典纠纷是指产权所有人在房产出典和租赁关系上，与承典人、租赁人发生的有关权利和义务的各种争议。

2. 房产税应纳税额的计算

房产税税额的缴纳可以分为从价计征的房产税、从租计征的房产税。

采用从价计征方式的房产税应纳税额=应税房产原值×（1-扣除比例）×1.2%

采用从租计征方式的房产税应纳税额=不含增值税的租金收入×12%（或个人出租住房为4%）

4.7 新手加油站

1. 增值税专用发票的领用流程

一般纳税人凭《发票领购簿》、金税盘（或IC卡）和经办人身份证明领购专用发票。通常情况下，增值税专用发票的领购流程如图4-6所示。

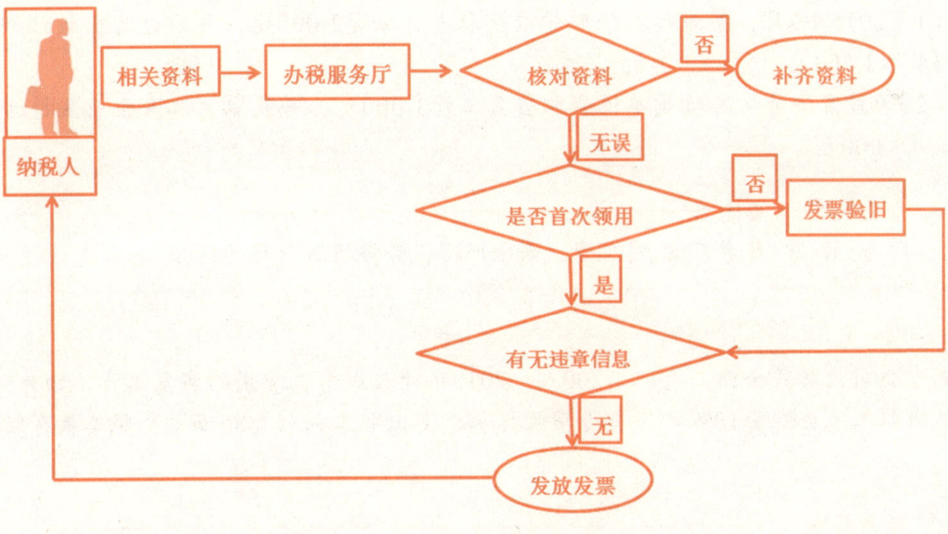

图4-6　增值税专用发票的领购流程

2. 不得开具增值税专用发票的情形

一般纳税人销售货物、劳务、服务、无形资产和不动产，应向购买方开具专用发票，但属于下列情形之一的，不得开具增值税专用发票。

- 商业企业一般纳税人零售烟、酒、食品、服装、鞋帽（不包括劳保专用部分）、化妆品等消费品的。

- 销售货物、劳务、服务、无形资产和不动产适用免税规定的（法律、法规及国家税务总局另有规定的除外）。
- 向消费者个人销售货物、劳务、服务、无形资产和不动产的。
- 小规模纳税人销售货物、劳务、服务、无形资产和不动产的（需要开具专用发票的，可向主管税务机关申请代开）。

4.8 动动手

1. 计算消费税

新丰公司2018年7月发生如下事项，请计算新丰公司应缴纳的消费税。

（1）2日，新丰公司将自产的乘用车（气缸容量为2.0升）一辆，转作自用的固定资产，该乘用车的生产成本为150 000元。（假设成本利润率为8%）

（2）8日，新丰公司受泰昌公司委托加工一批应税消费品，委托方泰昌公司提供的材料成本为80 000元，加工费为1 000元，消费税税率为9%，已知新丰公司没有销售该批应税消费品的同类价格。

参考答案

配套\第4章\参考答案\计算新丰公司应缴纳的消费税.docx

2. 对工资、薪金所得，劳务报酬所得的区分

下列收入中，分析哪些是工资、薪金所得，哪些是劳务报酬所得。

（1）2018年9月，某教师在任职学校获取当月工资2 000元，并通过为出版社翻译作品获得收入1 500元。

（2）9月某演员从其所属单位领取当月工资3 000元，并获取为私人企业主持活动得到的收入1 000元。

参考答案

配套\第4章\参考答案\对工资、薪金所得，劳务报酬所得的区分.docx

3. 计算准予扣除的所得

新丰公司为居民企业，有职工200人，2018年计入成本、费用的实发工资总额为500万元，拨缴职工工会经费10万元（有专用收据），支出职工福利费85万元、职工教育经费15万元。

参考答案

配套\第4章\参考答案\计算新丰公司准予扣除的费用项目.docx

05 Chapter

第5章　应对自如——企业常见业务的会计处理

情景导读

张姐：小叶，你知道企业常见的经济业务有哪些吗?

小叶：哈哈，这个我知道，如向银行借款，购入机器设备、材料，给员工发放工资等，这些都属于企业常见的经济业务吧?

张姐：是的，企业常见的经济业务大致可以按照不同的阶段进行划分，例如筹资阶段、生产运营阶段、商品销售阶段以及利润核算与分配阶段，如你刚刚所说的向银行借款一般就属于筹资阶段的经济业务，购入机器设备、材料一般就属于生产运营阶段的经济业务。

小叶：原来如此。会计对企业经济业务的处理还有这么多门道!

张姐：那我们接下来就根据企业所处的不同阶段来看看涉及的经济业务应该怎么处理吧!

5.1 筹资阶段业务的会计处理

企业在筹资阶段的主要任务是筹集资金，按照筹集资金的方式不同，筹资业务可以分为股权筹资和债务筹资。股权筹资通过吸收直接投资、公开发行股票等方式形成企业的股权资金，也就是投资人通过现金、实物资产、无形资产等对企业进行投资；债务筹资是通过向银行借款、发行公司债券、利用商业信用等方式形成企业的债务资金，其中借款一般分为长期借款和短期借款两种。

筹资阶段业务的会计处理

股权筹资和债务筹资这两种方式各有优势，选择合理的筹资方式，使各种资金来源和资本配比保持合理的比例，既是提升企业的核心竞争力、提高经营绩效的必要条件，也是企业财务战略管理的核心。

5.1.1 投资人投入现金资产

企业收到投资者投入的现金资产时，应借记“银行存款”科目，贷记“实收资本”科目。如果有差额，还应贷记“资本公积”科目。 相关会计处理如下。

借：银行存款

　　贷：实收资本

　　　　资本公积（差额）

案例5-1 东华公司在2018年1月20日成立，其注册资本为1 000万元。该公司由两名投资者投资设立，其中张明投入银行存款600万元，占注册资本的60%，杨慧投入银行存款400万元，占注册资本的40%，款项已收到并存入银行。这笔业务应如何编制会计分录？

分析：此笔经济业务的重点在于多人投资，则实收资本应该要有明细科目。另外，还应判断是否有“资本公积”科目。案例中，注册资本为1 000万元，实收资本为1 000万元，不存在差额，因此，编制的会计分录如下。

借：银行存款	10 000 000	
贷：实收资本——张明		6 000 000
——杨慧		4 000 000

5.1.2 投资人投入非现金资产

投资人向企业投资，除了直接使用现金资产外，还可能使用其他非现金资产形式，如固定资产、无形资产、存货等。投资人向企业投入不同的非现金资产，其会计处理也有所区别。

1. 投资人投入固定资产

企业接受投入的固定资产时，固定资产应按照双方约定的价值入账。如果固定资产的约定价值与投资者所占注册资本金额不一致，还可能形成资本公积，即出现资本溢价。相关处理如下。

借：固定资产

　　贷：实收资本

　　　　资本公积（差额）

2. 投资人投入无形资产

企业接受投入的无形资产时，应按照无形资产的约定价值入账。同样地，如果无形资产的约定价值与投资者所占注册资本金额不一致，也可能形成资本公积。相关会计处理如下。

借：无形资产

　　贷：实收资本

　　　　资本公积（差额）

3. 投资人投入存货

企业接受投资人投入的存货，主要有原材料、库存商品、周转材料等，收到存货投资时，应当按照其约定价值入账。同样地，如果材料约定价值与投资者所占注册资本金额不一致，也可能形成资本公积。相关会计处理如下。

借：原材料、库存商品、周转材料等

　　贷：实收资本

　　　　资本公积（差额）

案例5-2 东华公司于2018年7月20日收到百盛公司投入的一项专利技术投资，经评估后确认其价值为10万元，并按照该价值享有东华公司注册资本份额。假设不考虑相关税费，东华公司收到该投资时应如何编制会计分录？

分析：由于投资者按照投入资产的约定价值享有企业的注册资本的份额，所以该项投资不形成资本溢价，即不确认资本公积。需要注意的是，本案例特别提到了投入的资产为专利技术，因此“无形资产”科目应标明“专利权”明细科目。相关会计分录如下。

借：无形资产——专利权	100 000	
贷：实收资本——百盛公司		100 000

5.1.3 借入短期借款

企业借入短期借款，通常会涉及取得借款、支付利息、偿还本金等环节，因此其会计处理也应按这些环节来进行。

1. 取得短期借款

企业取得短期借款时，应借记“银行存款”科目，贷记“短期借款”科目，相关会计处理如下。

借：银行存款

　　贷：短期借款

2. 核算短期借款利息

企业短期借款利息的核算按是否进行预提进行会计处理。如果企业短期借款利息是按期支付的，如按季支付，那么在每月月末时就应该预提短期借款利息；如果企业短期借款利息是按月支付的，则可以不采取预提的方式，而在每月月末直接将确认的短期借款利息计入财务费用。

（1）预提方式支付利息

①按照计算确定的短期借款利息费用，计提短期借款利息时，应编制如下会计分录。

借：财务费用（当期应负担的短期借款利息）

　　贷：应付利息（当期计提的短期借款利息）

②支付短期借款利息时，应编制如下会计分录。

借：应付利息（冲减已计提的短期借款利息）

　　贷：银行存款（实际支付已计提的短期借款利息）

（2）非预提方式支付利息

采用非预提方式支付短期借款利息的，在发生短期借款利息时，直接将其计入当期损益，编制如下会计分录。

借：财务费用（当期应负担的短期借款利息）

　　贷：银行存款

3. 偿还短期借款

企业偿还到期的短期借款本金时，应借记“短期借款”科目，贷记“银行存款”科目，相关会计处理如下。

借：短期借款

　　贷：银行存款

如果企业短期借款采用的是按月计提、按季支付的方式，则其偿还短期借款时的会计处理如下。

借：短期借款

　　应付利息（最后一期利息）

　　贷：银行存款

案例5-3 东华公司于2018年6月1日从中国工商银行取得一笔为期两个月的生产周转借款100 000元，年利率为6.6%。根据与银行签署的借款协议，该借款的本金到期后一次归还，利息按月支付。应如何编制这笔经济业务的会计分录？若该借款的偿还方式为一次性还本付息，又应该怎样编制会计分录？

分析：此笔借款期限为两个月，则表示为短期借款。由于是按月支付，则在每月月末直接将确认的短期借款利息计入财务费用，而不需要进行预提。该借款的月利率＝年利率÷12＝6.6%÷12=0.55%，则每月月末应支付的短期借款利息金额=100 000×0.55%=550（元）。因此应编制的会计分录如下。

①2018年6月1日，借入短期借款时。

借：银行存款 100 000

　　贷：短期借款 100 000

②2018年6月30日，实际支付本月短期借款利息时。

借：财务费用 550

　　贷：银行存款 550

③2018年7月31日，实际支付本月短期借款利息时。

借：财务费用 550

　　贷：银行存款 550

④2018年8月1日，企业偿还到期的短期借款本金时。

借：短期借款 100 000

　　贷：银行存款 100 000

如果该借款为到期一次性还本付息，即利息不必每月支付，由于借款期限为两个月，则应在第一个月月末时计提当月短期借款利息，然后在归还短期借款时将两个月应负担的短期借款利息一并归还。这种方式下，涉及的会计处理如下。

①2018年6月1日，借入短期借款时。

借：银行存款 100 000

　　贷：短期借款 100 000

②2018年6月30日，第一月月末计提短期借款利息时。

借：财务费用 550

　　贷：应付利息 550

③2018年8月1日，到期还本付息时。

借：短期借款 100 000

　　财务费用 550

　　应付利息 550

　　贷：银行存款 101 100

5.1.4 借入长期借款

长期借款的核算与短期借款类似，同样应该从长期借款的取得、长期借款利息的计提与支付、长期借款的归还3个方面着手。企业在不同时间点应按照各环节的特点对长期借款进行处理。

1. 取得长期借款

企业取得长期借款时，合同中约定的金额（本金）应记入“长期借款——本金”科目，如果合同中约定的金额与实际借款金额不一致时，产生的差额应通过“长期借款——利息调整”科目进行核算。相关会计分录如下。

借：银行存款

　　贷：长期借款——本金

　　　　　　　　——利息调整（差额）

2. 核算长期借款利息

长期借款利息的核算与短期借款利息的核算大体一致，但要注意，在计提长期借款的利息时，企业的长期借款如果用于购建固定资产，则在固定资产尚未达到预定可使用状态前，其利息支出都应记入“在建工程”科目。如果是分期付息的，则应将利息记入“应付利息”科目；若是到期一次还本付息的，其利息应记入“长期借款——应计利息”科目，应付利息和实际支付的利息出现差额，则可以通过“长期借款——利息调整”科目进行调整。相关会计分录如下。

借：财务费用、制造费用、在建工程等

贷：应付利息

长期借款——应计利息

——利息调整（差额）

3. 偿还长期借款

偿还长期借款本金时，应编制如下会计分录。

借：长期借款——本金

贷：银行存款

偿还长期借款时，也要考虑是否涉及未支付的利息。例如，到期一次还本付息的，则偿还长期借款时应一并偿还利息，即还应借记“长期借款——应计利息”科目；分期付息的，也涉及最后一期利息的偿还，即借记“应付利息”科目。

案例5-4 东华公司于2018年12月31日从中国工商银行银行借入资金5 000 000元，借款期限为2年，年利率为8%（年末计提利息，第2年年初支付利息，到期一次还本）。所借款项已存入银行，公司决定将该笔借款用于企业厂房建设，该厂房于2019年12月31日达到预定可使用状态。东华公司借入的这笔借款应如何编制会计分录？

分析：此笔借款期限为两年，表示为长期借款。东华公司所借款项是用于厂房建设，那么在厂房正式投入使用之前所计提的借款利息应记入“在建工程”科目，待厂房达到预定可使用状态后所计提的利息则应记入“财务费用”科目。因此，应编制的会计分录如下。

①2018年12月31日，取得银行借款时。

借：银行存款　　5 000 000

贷：长期借款　　5 000 000

②2019年12月31日，计提年利息时。

应计提的长期借款的年利息=5 000 000×8%=400 000（元）

借：在建工程　　400 000

贷：应付利息　　400 000

③2020年1月1日，实际支付借款利息时。

借：应付利息　　400 000

贷：银行存款　　400 000

④2020年12月31日，计提年利息时。

借：财务费用　　400 000

贷：应付利息　　400 000

⑤2021年1月1日，支付利息并归还本金时。

借：长期借款　　5 000 000

　　应付利息　　400 000

　　贷：银行存款　　5 400 000

5.2 生产运营阶段的会计处理

企业为赚取利润，会将筹集到的资金投入生产运营当中，同时会计人员要记录企业在这个阶段发生的每一笔经济业务，这就是企业生产运营阶段的会计处理。

生产运营阶段的会计处理

5.2.1 固定资产的核算

对于大多数企业而言，其固定资产一般是通过购买方式取得的。但是，固定资产的价值往往都较高，如果将其一次性计入当月的支出费用，不符合配比原则。所以在将固定资产入账后，应在其受益期内平均其支出，按月列支，这就是固定资产折旧。当企业不再使用固定资产时，则可能会出售、转让甚至对该项固定资产进行报废处理，这就是所谓的固定资产清理。

1. 采购固定资产

企业采购的固定资产，根据是否需要安装可以分为不需要安装的固定资产和需要安装的固定资产。

（1）购入不需要安装的固定资产

若企业购入的是不需要安装的固定资产，应将实际支付的购买价款、相关税费、运输费、装卸费以及保险费等，计入固定资产成本。同时，应借记“固定资产”“应交税费”科目，贷记“银行存款”“应付账款”等科目。相关会计处理如下。

借：固定资产

　　应交税费——应交增值税（进项税额）

　　贷：银行存款、应付账款等

（2）购入需要安装的固定资产

若企业购入的是需要安装的固定资产，应先将固定资产的采购成本以及相关费用在“在建工程”科目中归集，待固定资产达到预定可使用状态时，再将其从“在建工程”科目转入“固定资产”科目。相关的会计处理如下。

①取得需要安装的固定资产时。

借：在建工程

　　应交税费——应交增值税（进项税额）

　　贷：银行存款等

②支付安装费用时。

借：在建工程

　　贷：银行存款

　　　　应付职工薪酬等

③固定资产安装完毕后。

借：固定资产

　　贷：在建工程

案例5-5 东华公司为增值税一般纳税人，于2019年5月14日购入一台不需要安装的生产设备，收到的增值税专用发票上注明的设备价款为500 000元，增值税为65 000元，款项已支付；另外支付装卸费30 000元，当日该设备投入使用。应如何编制这笔经济业务的会计分录?

分析：购入的生产设备应确认为固定资产，支付的装卸费应计入固定资产的成本，因为东华公司为增值税一般纳税人，因此缴纳的增值税不计入固定资产成本中（若是为小规模纳税人，则应计入成本中）。应编制的会计分录如下。

借：固定资产　　530 000

　　应交税费——应交增值税（进项税额）　　65 000

　贷：银行存款　　595 000

2. 固定资产的折旧

固定资产折旧是指固定资产由于损耗而减少的价值。固定资产的损耗分为有形损耗和无形损耗，其中，有形损耗是指固定资产在使用的过程中由于使用和自然力的影响在使用价值和价值上的损耗；无形损耗是指由于技术进步引起的固定资产的损耗。

固定资产计提折旧通过“累计折旧”科目进行核算，该科目属于资产类科目。企业计提固定资产折旧时，应按照固定资产的受益对象记入相关资产成本或当期损益，其会计处理具体如下。

借：在建工程（因自行建造固定资产而消耗其他固定资产计提的折旧）

　　制造费用（生产车间使用的固定资产计提的折旧）

　　管理费用（管理部门使用的固定资产计提的折旧）

　　销售费用（销售部门使用的固定资产计提的折旧）

　　其他业务成本（经营租出的固定资产计提的折旧）等

　　贷：累计折旧

对于企业当月购入的固定资产，一般在下一个月开始计提折旧。其计提折旧的方法有以下4种，企业应根据与固定资产有关的经济利益的预期消耗方式，选择最合适的折旧方法。

（1）年限平均法

年限平均法又称为直线法，是将固定资产应计提的折旧额平均地分摊到固定资产预计使用寿命内的一种方法。年限平均法非常简单，其折旧费用以固定资产的原价减去预计净残值，然后除以预计使用年限来求得，其相关计算公式如下。

年折旧额＝（固定资产原值−预计净残值）÷预计使用寿命（年）

月折旧额＝年折旧额÷12

年折旧率＝年折旧额÷固定资产原始价值×100%

＝（1−预计净残值率）÷折旧年限×100%

（2）工作量法

工作量法是根据固定资产实际的工作量计算每期应计提的折旧额的一种方法，其计算公式如下。

单位工作量折旧额=固定资产原值×（1−预计净残值率）÷预计总工作量

固定资产每期折旧额=单位工作量折旧额×该项固定资产当期工作量

（3）双倍余额递减法

双倍余额递减法是在不考虑固定资产净残值的情况下，根据每期期初固定资产账面净值和双倍的直线法折旧率计算固定资产折旧的一种方法，其相关的计算公式如下。

年折旧率=2÷预计使用年限×100%

月折旧率=年折旧率÷12

月折旧额=固定资产期初账面净值×月折旧率

固定资产期初账面净值=固定资产原值−累计折旧

最后两年，每年折旧额=（固定资产原值−累计折旧−净残值）÷2

（4）年数总和法

年数总和法是指将固定资产的原值减去预计净残值后的净额，乘以逐年递减的折旧率计算折旧额的方法。

年折旧率=尚可使用年限÷预计使用年限的年数总和×100%

=（预计使用年限−已使用年限）÷［预计使用年限×（预计使用年限+1）÷2］×100%

年折旧额=（固定资产原值−预计净残值）×年折旧率

月折旧率=年折旧率÷12

月折旧额=（固定资产原价−预计净残值）×月折旧率

案例5-6 东华公司为增值税一般纳税人，2019年5月4日购入一辆汽车，取得的增值税专用发票上注明的价款为120 000元，增值税税额为15 600元。已知该汽车的预计使用年限为12年，预计净残值率为6%。预计该汽车总行驶里程为100万千米，若9月该汽车行驶的里程数为7 000千米，计算在工作量法下该汽车当月折旧额为多少？如果采用双倍余额递减法计算月折旧额，则9月的折旧额又为多少？

分析：购入的汽车应确认为固定资产，其入账价值为120 000元。采用工作量法计算9月的折旧额时，其单位工作量折旧额=固定资产原值×（1−预计净残值率）÷预计总工作量=120 000×（1−6%）÷1 000 000=0.11（元）；该汽车每月折旧额=单位工作量折旧额×该项汽车当月工作量=0.11×7 000=770（元）。

如果采用双倍余额递减法计算该汽车的折旧额，先要明确双倍余额递减法的计算公式，然后再根据确定的公式计算当月的折旧额。具体计算如下。

年折旧率=2÷预计使用年限×100%=2÷12×100%=16.67%

年折旧额=该汽车账面净值×年折旧率=120 000×16.67%=20 004（元）

因此，9月该汽车应计提的折旧额=年折旧额÷12=20 004÷12=1 667（元）。

3. 固定资产的清理

当企业由于出售、报废、毁损、对外投资等原因需要终止确认固定资产时，就需要对固定资产进行清理。企业清理固定资产，应当按照一定的流程来进行，通常情况下，对所清理的固定资产进行会计处理，一般会涉及5个环节，各环节的会计处理分别如下。

（1）固定资产转入清理

固定资产转入清理时，应当按照该项固定资产的账面价值，借记“固定资产清理”科目，按照其已计提的累计折旧，借记“累计折旧”科目，按照其原价，贷记“固定资产”科目。相关会计分录如下。

借：固定资产清理
　　累计折旧等
　　贷：固定资产

（2）发生清理费用

固定资产清理过程中支付发生的清理费及相关税费时，应编制如下会计分录。

借：固定资产清理
　　贷：银行存款等
　　　　应交税费——应交增值税（销项税额）

（3）处理出售收入、残料等

取得出售固定资产的价款、残料价值和变价收入等处置收入时，应冲减清理支出。相关会计分录如下。

借：银行存款、原材料等
　　贷：固定资产清理
　　　　应交税费——应交增值税（销项税额）

（4）取得保险赔偿或责任人赔款

所处置的固定资产存在保险公司或过失人赔款的，相应赔款应冲减清理支出。应收取的保险公司相关责任人赔款计入其他应收款，已通过银行存款收到的相关赔款计入银行存款，相关会计分录如下。

借：其他应收款、银行存款等
　　贷：固定资产清理

（5）处理清理净损益

企业处置固定资产，根据处置方式的不同，清理完成后产生的清理净损益分别适用不同的处理方法，主要可分为以下两种。

①因自然灾害等非正常原因产生的利得或损失

企业固定资产因自然灾害发生损毁等原因而报废，则清理产生的利得或损失应当计入营业外收支，且因不同原因造成的净收益或净损失，其明细科目也不一样，相关会计分录如下。

a. 如果产生清理净损失时。

借：营业外支出——非常损失（生产期间由于自然灾害等非正常原因造成的净损失）

　　贷：固定资产清理

b. 如果产生清理净收益时。

借：固定资产清理

　　贷：营业外收入——非流动资产处置利得（固定资产清理产生的净收益）

②因出售、转让原因等产生的利得或损失

企业固定资产因出售、转让等原因产生的固定资产处置利得或损失，应当计入资产处置收益。相关会计分录如下。

a. 如果产生处置净损失（即余额在借方）时。

借：资产处置损益

　　贷：固定资产清理

b. 如果产生处置净收益（即余额在贷方）时。

借：固定资产清理

　　贷：资产处置损益

案例5-7 东华公司为增值税一般纳税人，2019年5月1日将2018年5月1日购入的不需要安装的生产设备进行出售，该设备原价为1 000 000元，已提折旧60 000元，售价为678 000元（含增值税78 000元），该款项存入银行。假定不考虑其他因素，应如何编制这笔经济业务的会计分录？

分析：首先应计算固定资产的账面价值（固定资产的成本减去累计折旧后的金额），然后再计算处置固定资产过程中发生的相关税费和收到的价款，最后结转处置固定资产的净损益。

①将固定资产转入清理。转入清理时，固定资产的账面价值=1 000 000－60 000=940 000（元）。编制的会计分录如下。

	借方	贷方
借：固定资产清理	940 000	
累计折旧	60 000	
贷：固定资产		1 000 000

②收到出售价款。一般纳税人出售固定资产应缴纳增值税，缴纳的增值税记入“应交税费——应交增值税（销项税额）”科目。因此，收到出售价款时应编制的会计分录如下。

	借方	贷方
借：银行存款	678 000	
贷：固定资产清理		600 000
应交税费——应交增值税（销项税额）		78 000

③结转清理净损益。由于“固定资产清理”科目的余额为借方340 000元（940 000-600 000），且该项生产设备是由于出售而发生的清理，因此产生的清理净损失应计入资产处置损益。相关会计分录如下。

借：资产处置损益　　340 000

　　贷：固定资产清理　　340 000

5.2.2　无形资产的核算

企业购入的无形资产主要包括专利权、非专利技术、商标权、著作权、土地使用权和特许权等。“无形资产”科目应按照无形资产的项目来设置明细科目进行核算，如“无形资产——非专利技术”“无形资产——专利权”“无形资产——土地使用权”等。

1. 购入无形资产

企业持有的无形资产，应通过“无形资产”科目核算，购入无形资产时，应编制的会计分录如下。

借：无形资产

　　应交税费——应交增值税（进项税额）

　　贷：银行存款等

2. 无形资产摊销

企业对使用寿命有限的无形资产，应在预计使用寿命内采用系统合理的方法对应摊销金额进行摊销。但是，使用寿命无限或者无法确定其使用寿命的无形资产则不能进行摊销。在每个会计期间对无形资产计提摊销时，应编制如下会计分录。

借：管理费用（企业一般耗用的无形资产计提的摊销）

　　制造费用（生产产品所使用的无形资产计提的摊销）

　　在建工程（在建工程所使用的无形资产计提的摊销）

　　其他业务成本（经营出租的无形资产计提的摊销）

　　贷：累计摊销

行家点拨

企业经营出租的无形资产，其计提的摊销记入“其他业务成本”科目；相应地，出租无形资产取得的收入，应记入“其他业务收入”科目。取得无形资产租金收入时应编制如下会计分录。

借：银行存款

　　贷：其他业务收入

　　　　应交税费——应交增值税（销项税额）

3. 无形资产处置

无形资产的处置主要涉及两种情况，一种是出售无形资产，即买家愿意支付款项购买无形资产；另一种是报废无形资产，即无形资产逾期不能为企业带来未来经济利益，不再符合无形资产的定义，而将其予以转销。

（1）出售无形资产

企业出售无形资产，表明企业放弃该无形资产的所有权，应将所取得的价款与该无形资产账面价值的差额作为资产处置利得或损失，计入当期损益。出售无形资产时，具体的会计处理如下。

借：银行存款

　　累计摊销等

　　贷：无形资产

　　　　应交税费——应交增值税（销项税额）

　　　　资产处置损益（差额）

（2）报废无形资产

如果无形资产预期不能为企业带来未来经济利益（如某无形资产已被其他新技术替代或超过法律保护期），则不再符合无形资产的定义，应将其报废并予以转销，其账面价值转作当期损益。报废无形资产时，应当编制如下会计分录。

借：累计摊销等

　　资产处置损益（差额）

　　贷：无形资产

案例5-8 东华公司于2018年9月14日购入一项非专利技术，支付的买价和有关费用合计120 000元，并以银行存款支付了相关价款。如果该项技术的受益年限为10年，每月计提摊销额。则东华公司对于该无形资产应怎样编制会计分录?

分析：公司购入的非专利技术属于无形资产，入账时，应通过“无形资产——非专利技术”科目来核算。该项无形资产的每月摊销额=120 000÷10÷12=1 000（元），计提的摊销额应通过“累计摊销”科目来核算。相关会计分录如下。

①购入无形资产时。

借：无形资产——非专利技术　　120 000

　　贷：银行存款　　120 000

②对该项无形资产计提摊销时。

借：管理费用　　1 000

　　贷：累计摊销　　1 000

5.2.3　原材料的核算

企业采购原材料一般通过“原材料”和“在途物资”等科目进行核算，它的核算比较简单。原材料的日常收发及结存可以采用实际成本核算，也可以采用计划成本核算。两种方法下涉及的处理方法有所不同。

1. 实际成本法下的会计处理

原材料采用实际成本法核算时，材料的收发和结存，无论是进行总分类核算还是明细分类核算，均按照实际成本计价。该方法一般适用于材料收发业务比较少的中小型企业。原材料按照实际成本核算时，相关的会计处理如下。

（1）购入原材料

由于支付方式不同，原材料的入库时间与付款时间可能一致，也可能不一致。不同情况下，购入原材料的会计处理也会不同。

①发票账单与材料同时到达，即货款已经支付或开出、承兑商业汇票，同时材料已验收入库时，应编制如下会计分录。

借：原材料

　　应交税费——应交增值税（进项税额）

　　贷：银行存款、应付票据等

②发票账单已到、材料未到，即货款已经支付或已开出、承兑商业汇票，材料尚未到达或尚未验收入库时，应编制如下会计分录。

a. 购入材料时。

借：在途物资

　　应交税费——应交增值税（进项税额）

　　贷：银行存款、应付票据等

b. 材料到达验收入库后。

借：原材料

　　贷：在途物资

③材料已到、发票账单未到，即货款尚未支付，材料已经验收入库时，应编制如下会计分录。

借：原材料

　　贷：应付账款——暂估应付账款

下月初做相反的会计分录予以冲回。

借：应付账款——暂估应付账款

　　贷：原材料

（2）发出原材料

企业由于不同原因发出原材料，其计入的会计科目是不同的。例如，生产产品耗用的直接材料计入生产成本；生产车间耗用的无法直接归属于某产品生产的原材料应计入制造费用；行政管理部门耗用的原材料应计入管理费用。相关会计分录如下。

借：生产成本、制造费用、管理费用等

　　贷：原材料

2. 计划成本法下的会计处理

原材料采用计划成本法核算时，材料的收发及结存，无论是进行总分类核算还是明细分类核算，均按计划成本计价。原材料按计划成本核算时，企业采购原材料一般通过“材料采购”“原材料”“材料成本差异”等科目进行核算，相关会计处理如下。

（1）购入原材料

采用计划成本法核算原材料时，同样应根据原材料的入库时间与付款时间是否一致分别进行处理。

①如果货款已经支付，无论材料是否验收入库，都应做如下会计处理。

借：材料采购

　　应交税费——应交增值税（进项税额）

　　贷：银行存款等

②货款尚未支付，材料已经验收入库，应做如下会计处理。

借：材料采购

　　应交税费——应交增值税（进项税额）

　　贷：应付账款等

③材料验收入库时，应按计划成本与实际成本之间的差额，结转验收入库材料形成的材料成本差异，如果所采购材料形成的是节约差（即计划成本大于实际成本），则贷记"材料成本差异"科目。相反，如果所采购材料形成的是超支差（即实际成本大于计划成本），则借记"材料成本差异"科目。相关会计分录如下。

借：原材料（计划成本）

　　材料成本差异（差额，或在贷方）

　　贷：材料采购（实际成本）

（2）发出原材料

计划成本法下，企业由于不同原因发出原材料，其计入的会计科目也是不同的。另外，涉及材料成本差异的，应同时转出材料成本差异。相关会计分录如下。

借：生产成本、制造费用、管理费用

　　贷：原材料

　　　　材料成本差异（或借方）

案例5-9 东华公司为增值税一般纳税人，2019年5月22日向百盛公司购入A材料一批，增值税专用发票上记载货款为60 000元，增值税为7 800元，计划成本为50 000元，材料已验收入库，全部款项以银行存款支付。若东华公司原材料采用计划成本法核算，应如何编制这笔经济业务的会计分录?

分析：采用计划成本法核算材料采购成本，首先应按照实际成本确认应记入"材料采购"科目的金额；实际验收入库材料时，再按照计划成本确认应记入"原材料"科目的金额；"材料采购"与"原材料"科目中所记录金额的差额应确认为材料成本差异，记入"材料成本差异"科目。本例中，A材料的实际成本大于计划成本，形成超支差异，材料成本差异=实际成本-计划成本=60 000-50 000=10 000（元），应借记"材料成本差异"科目。会计分录如下。

①购入材料时。

	借方	贷方
借：材料采购——A材料	60 000	
应交税费——应交增值税（进项税额）	7 800	
贷：银行存款		67 800

②材料验收入库，并确认材料成本差异时。

	借方	贷方
借：原材料——A材料	50 000	
材料成本差异——A材料	10 000	

贷：材料采购——A材料　　60 000

案例5-10 东华公司于2018年7月8日从仓库领用甲、乙、丙材料各一批，用以生产A、B两种产品和其他一般耗用。会计部门根据转来的领料凭证汇总后，编制了“材料耗用汇总表”，如表5-1所示。若东华公司采用实际成本法核算原材料，会计人员应如何编制这笔经济业务的会计分录？

表5-1　材料耗用汇总表

项目	甲材料		乙材料		丙材料		金额合计（元）
	数量（千克）	金额（元）	数量（千克）	金额（元）	数量（千克）	金额（元）	
A产品耗用	1 000	5 000	800	1 600	1 500	6 000	12 600
B产品耗用	2 500	12 500	1 200	2 400	800	3 200	18 100
小计	3 500	17 500	2 000	4 000	2 300	9 200	30 700
车间一般耗用	500	2 500			200	800	3 300
行政管理部门耗用			300	600			600
合计	4 000	20 000	2 300	4 600	2 500	10 000	34 600

分析：案例中，直接为生产产品领用的原材料，应计入生产成本，有明细科目的应填写明细科目；生产车间一般耗用的原材料，应计入制造费用；行政管理部门耗用的原材料，应计入管理费用。应编制的会计分录如下。

借：生产成本——A产品　　12 600
　　　　　　——B产品　　18 100
　　制造费用　　3 300
　　管理费用　　600
　　贷：原材料——甲材料　　20 000
　　　　　　　——乙材料　　4 600
　　　　　　　——丙材料　　10 000

5.2.4　生产耗用人工

企业产品的生产过程主要包括对材料的消耗以及人工的耗用，其中，耗用的人工即企业由于生产产品而负担的应支付的职工薪酬。在大多数企业中，通常会于每月月末确认当月的应付职工薪酬，然后在下月月初发放上月工资。因此，核算企业生产耗用的人工，就涉及计提职工薪酬和支付职工薪酬两个环节的处理。

1. 计提职工薪酬

月末计提本月应负担的工资费用（即支付给劳动者的劳动报酬，包括工资、奖金、各种津贴福利）时，应根据不同的受益对象，将其计入不同的成本费用科目。对于生产产品负担的职工薪酬计入生产成本；生产车间管理人员的薪酬计入制造费用；行政管理部门人员的薪酬计入管理费用；专设销售机构销售人员的薪酬计入销售费用。相关会计分录如下。

借：生产成本、制造费用、管理费用、销售费用

　　贷：应付职工薪酬

2. 支付职工薪酬

在计提了职工薪酬后，次月月初，企业发放职工薪酬时，应编制如下会计分录。

借：应付职工薪酬

　　贷：银行存款

案例5-11 东华公司于2018年7月末根据考勤记录和有关资料计算职工工资和职工福利，并编制了“职工薪酬费用分配汇总表”，如表5-2所示。根据该表，东华公司应如何编制会计分录？

表5-2　职工薪酬费用分配汇总表

项目	工资	职工福利	合计
生产A产品工人	18 000	2 520	20 520
生产B产品工人	22 000	3 080	25 080
小计	40 000	5 600	45 600
车间管理人员	6 000	840	6 840
行政管理人员	6 500	910	7 410
合计	52 500	7 350	59 850

分析：案例中，企业支付的职工薪酬，应根据职工的具体工作岗位计入不同的科目。生产工人的薪酬应记入“生产成本”科目，车间管理人员的薪酬应记入“制造费用”科目，行政管理人员的薪酬应记入“管理费用”科目。因此，应编制的会计分录如下。

借：生产成本——A产品　　20 520

　　　　　　——B产品　　25 080

　　制造费用　　6 840

　　管理费用　　7 410

　　贷：应付职工薪酬　　59 850

5.2.5 生产发生的制造费用

在生产过程中，车间的物料消耗和生产车间管理人员的职工薪酬，都计入了制造费用。在生产过程中还会有其他的制造费用，如车间用的房屋和设备的折旧费、租赁费和保险费，车间管理用具的摊销，车间用的照明费、水费、取暖费以及劳动保护费等费用，这些在生产环节发生的其他费用，都应按照相关规定计入制造费用。

制造费用在发生时由于无法直接判定其所归属的成本计算对象，因此不能直接计入相关成本，而需要先在“制造费用”科目中进行归集，然后在月末时，再按照一定的方法在各成本计算对象中进行分配，分别计入相关成本。

1. 制造费用的归集

企业为生产产品或提供劳务发生的相关费用，若无法直接计入某具体产品的成本，则应在发生时将其计入制造费用。企业由于生产产品而发生的间接费用，车间管理耗用的原

材料、车间固定资产的折旧等，一方面应减少原材料或确认累计折旧等，另一方面应确认制造费用。因此，企业在归集制造费用时，应编制的会计分录如下。

借：制造费用

　　贷：原材料、累计折旧、银行存款、库存现金等

2. 制造费用的分配方法

如果企业的生产车间只生产一种产品，制造费用就可以直接计入该种产品的成本，但是，在生产多种产品的情况下，制造费用应采用适当的分配方法计入产品的成本。

企业制造费用的性质不同，其分配方法也存在着差异。总的来说，分配制造费用的方法主要有4种，具体如表5-3所示。

表5-3　4种制造费用分配方法

方法	分配标准及适用情况	计算公式
生产工人工时比例法	按生产工时对间接费用进行分配，适合各类企业	制造费用分配率=制造费用总额÷各产品分配标准之和（如产品生产工时总数、生产工人工资总和、机器工时数、产品计划产量的定额工时总数） 某种产品应分配的制造费用=该种产品的分配标准×制造费用分配率
生产工人工资比例法	按计入各种产品成本的生产工人工资比例进行分配，适合各种产品生产机械化程度相差不多的企业	
机器工时比例法	按照各产品生产所用机器设备运转时间的比例进行分配，适合各种产品生产机械化程度较高的企业	
按年度计划分配率分配法	按年度开始前确定的全年度适用的计划分配率进行分配，适合季节性生产企业	年度计划分配率=年度制造费用计划总额÷年度各种产品计划产量的定额工时总数 某种产品应分配的制造费用=该种产品实际产量的定额工时数×年度计划分配率

3. 制造费用的分配

企业将归集的制造费用采用一定的分配标准计算出各产品或相关部门应负担的费用时，应将其进行分配处理。例如，属于生产产品应负担的部分应计入生产成本；属于管理部门和销售部门应负担的部分计入管理费用或销售费用；属于构建在建工程应负担的部分计入在建工程。因此，企业在分配制造费用时，应编制的会计分录如下。

借：生产成本、管理费用、销售费用、在建工程等

　　贷：制造费用

案例5-12 东华公司生产车间为生产A产品和B产品共发生制造费用68 000元。其中，A产品生产工人工资为12 000元，B产品生产工人工资为9 250元。若东华公司采用生产工人工资比例法计算各产品应分配的费用，则应如何编制这笔经济业务的会计分录?

分析：首先应计算A产品和B产品分别负担的制造费用，然后根据各产品应分配的制造费用编制相关会计分录。本案例采用生产工人工资比例法计算各产品应分配的费用，制造费用分配率＝制造费用总额÷生产工人工资之和＝68 000÷（12 000+9 250）＝3.2，因此，A产品应负担的制造费用＝12 000×3.2＝38 400（元），B产品应负担的制造费用＝9 250×3.2＝29 600（元）。编制的会计分录如下。

借：生产成本——A产品　　38 400

　　　　　　——B产品　　29 600

　　贷：制造费用　　68 000

5.2.6 结转产品成本

计算产品成本，即将企业生产过程中为制造产品所发生的生产费用按照不同的产品类别计入其成本，从而确定各种产品的总成本和单位成本。企业应当设置生产成本明细账归集应记入各种产品的生产费用。产品成本信息是企业进行库存商品计价和确定销售成本的依据。月末，产品的完工程度不同，其产品成本的计算方法也会不同，具体内容如表5-4所示。

表5-4 不同产品完工程度下产品成本的计算方法

完工程度	产品成本的计算方法
产品全部完工	产品生产成本明细账所归集的生产费用总额，为该种完工产品的总成本；该种产品的单位成本=完工产品总成本÷该种产品的完工总产量
产品全部未完工	产品生产成本明细账所归集的生产费用总额，为该种在产品的总成本
产品部分完工，部分未完工	归集在产品生产成本明细账中的生产费用总额应当采取适当的分配方法在完工产品和在产品之间进行分配，以计算出完工产品的总成本和单位成本； 完工的产品成本=期初在产品的成本+本期发生的生产费用-期末在产品的成本

月末，企业产品生产结束，需要将完工产品入库，将产品的成本从“生产成本”账户的贷方转出，转入“库存商品”账户的借方，编制如下会计分录。

借：库存商品

　　贷：生产成本

如果“生产成本”账户期末有余额，该余额就是在产品的成本，也是产品在生产过程中所占用的资金，该金额应该与所属各产品成本明细账中月末在产品成本之和相符。

5.2.7 发生的三大期间费用

期间费用是指不能直接或间接归属于某个特定的产品成本费用，是在本期发生的，不能计入成本，只能计入损益的各种费用，主要包括销售费用、管理费用和财务费用。

1. 销售费用的会计处理

销售费用主要是指为了将商品销售出去或提供相关劳务或服务而发生的耗费。销售费用属于企业的期间费用，其发生并不能直接归属于某个具体的商品或劳务对象。

在销售过程中发生包装费、保险费、展览费和广告费等费用，以及对专设销售机构计提固定资产折旧、职工薪酬时，应将相关费用确认为销售费用，编制如下会计分录。

借：销售费用

　　贷：库存现金、银行存款、应付职工薪酬、累计折旧等

2. 管理费用的会计处理

管理费用是指企业为组织和管理企业生产经营所发生的费用。管理费用属于期间费用，发生相关费用支出或抵减项时可直接对当期管理费用进行确认或冲减。

行政管理部门计提相关人员工资、计提固定资产折旧，企业筹建期间发生开办费，以及企业日常管理中发生办公费、水电费、业务招待费等费用时，应将其确认为管理费用，编制的会计分录如下。

借：管理费用

　　贷：库存现金、银行存款、应付职工薪酬、累计折旧等

3. 财务费用的会计处理

财务费用是指企业在生产经营过程中由于资金筹集需要而发生的各项费用，因此财务费用也可理解为筹资费用。

财务费用的核算内容较为简单，会计人员在对财务费用进行核算时，应注意判断不同情况下财务费用的计算方法，如因发行债券与因短期借款确认的财务费用的计算等。发生财务费用时，应编制如下会计分录。

借：财务费用

　　贷：银行存款、长期借款、应付利息等

案例5-13 东华公司销售部2018年10月发生如下费用：①计提销售人员职工薪酬50 000元；②计提销售部专用办公设备折旧费20 000元；③使用银行存款支付广告费10 000元。东华公司应怎样编制上述费用的会计分录？

分析：案例中，上述销售部发生的费用都能确认为销售费用，计提的员工薪酬应计入“应付职工薪酬”科目，销售部办公设备的折旧应计入累计折旧，因此，应编制如下会计分录。

借：销售费用——职工薪酬　　50 000

　　　　　　——折旧费　　20 000

　　　　　　——广告费　　10 000

　　贷：银行存款　　10 000

　　　　应付职工薪酬　　50 000

　　　　累计折旧　　20 000

5.3 商品销售阶段的会计处理

企业将筹集的资金投入生产经营后，会将生产出来的产品投入销售，这就是企业商品的销售阶段，在这个阶段就会涉及收入的确认和成本的结转。企业经营活动的最终目标是取得利润，而取得利润的根本途径就是创造收入。对于工业企业或者商业企业而言，主要就是将企业生产或购入的产品或商品销售出去，从而取得销售收入。

商品销售阶段的会计处理

5.3.1 确认销售收入与结转成本

在现代经济社会中，实现销售的形式五花八门，为实现销售所采取的方式也层出不穷。总的来说，销售主要有一般现销方式、赊销方式、委托代销方式以及预收款方式。下面介绍企业中最常用的两种销售方式，即一般现销方式和赊销方式。

1. 一般现销方式销售

现销是企业较为常见的一种销售方式，即“交货收款、钱物两清”。在现销方式下销售商品时，若销售商品符合收入确认条件，应当在将货物交付购货方或将提货单交付购货方的当天开具发票，按照实际收到或应收合同或协议价款的公允价值确定销售商品收入金额。同时，结转已售商品的实际成本。

因此，采用现销方式销售商品时，涉及的会计处理主要分为确认收入时的处理和结转已售商品成本时的处理。编制的会计分录如下。

（1）实现销售收入时。

借：银行存款等

　　贷：主营业务收入

　　　　应交税费——应交增值税（销项税额）

（2）结转销售成本时。

借：主营业务成本

　　贷：库存商品

2. 赊销方式销售

采用赊销方式销售商品时，卖方与买方签订购货协议后，买方需要按照协议在规定日期付款或以分期付款的形式付清货款。企业采用赊销的方式销售商品，应区分其是否满足收入确定条件来分别进行会计处理。

（1）赊销商品满足收入确认条件时

企业采用赊销方式销售商品的，只要满足销售收入的确认条件，就应确认销售收入并结转销售成本。应编制的会计分录如下。

①实现销售收入时。

借：应收账款等

　　贷：主营业务收入

　　　　应交税费——应交增值税（销项税额）

②结转销售成本时。

借：主营业务成本

　　贷：库存商品

（2）赊销商品不满足收入确认条件时

在赊销方式下，如果企业已经将商品发出，但该商品并不满足收入的确认条件，此时，就不能确认销售商品收入，而是应将发出的商品记入“发出商品”科目。

在销售商品时，若企业的纳税义务已经发生，如已经开出增值税专用发票，则还应确认应交的增值税销项税额。待到企业发出商品满足收入确认条件时，在确认收入的同时应该结转发出商品的成本。相关会计分录如下。

①发出商品，但不满足销售收入确认条件时。

借：发出商品

　　贷：库存商品

②增值税纳税义务已经发生，确认发生的纳税业务时。

借：应收账款等

　　贷：应交税费——应交增值税（销项税额）

③发出商品满足收入确认条件时。

a. 确认销售收入时。

借：应收账款

贷：主营业务收入

b. 结转销售成本时。

借：主营业务成本

贷：发出商品

案例5-14 东华公司为增值税一般纳税人，2019年5月10日以赊销的方式向百盛公司销售一批A产品，该批产品的成本为12 000元，开出的增值税专用发票上注明的销售价格为20 000元，增值税税额为2 600元。但百盛公司由于资金周转困难，无法支付该笔款项。东华公司考虑到百盛公司为长期合作伙伴，在这种情况下也同样将产品发出，同时，相关纳税义务已经发生。对于这笔经济业务，东华公司应该如何编制会计分录?

分析：案例中，由于百盛公司资金周转困难，销售款项收回的可能性很小，对于该笔销售业务，东华公司不能确认销售收入，应将商品作为发出商品处理。同时，由于开出了增值税专用发票，相关的纳税义务已经产生，因此应确认增值税纳税义务。对于该笔经济业务，东华公司应当编制的会计分录如下。

①发出商品时。

借：发出商品——A产品　　12 000

贷：库存商品——A产品　　12 000

②确认增值税纳税业务时。

借：应收账款　　2 600

贷：应交税费——应交增值税（销项税额）　　2 600

5.3.2 发生商业折扣、现金折扣、销售折让与销售退回

企业在销售商品时，为了扩大销售，占领市场，往往会采取多种促销方式，主要包括商业折扣、现金折扣等。另外，如果企业应售出商品的质量不符合对方要求等原因在售价上给予对方减让，则会产生销售折让；如果销售出的商品质量或到货时间、品种等不符合对方要求还可能发生退货，则会产生销售退回。

1. 商业折扣

商业折扣是现代企业最常用的促销方式之一。在市场竞争中，企业为了扩大销售、占领市场，通常会给予批发商商业折扣，即购买的量越大其购买价格越低，也即所谓的“薄利多销”。一般情况下，商业折扣在销售时即已发生，并不影响最终的成交价格，所以在确认商品销售收入时，应按照扣除商业折扣后的金额计算。涉及商业折扣情况下确认商品收入的会计分录如下。

借：应收账款、银行存款等

贷：主营业务收入（扣除商业折扣后的价款）

应交税费——应交增值税（销项税额）

2. 现金折扣

企业销售商品时都希望尽早收回款项，以便于企业资金的周转。因此为了鼓励客户尽早支付贷款，有的企业会在销售商品时提供现金折扣的优惠。

现金折扣一般用“折扣率/付款期限”表示，假设销货方提出“2/10，1/20，*n*/30”的现金折扣，则表示销货方允许客户最长的付款期限为30天，若客户在10天内付款，销货方可按商品售价给予客户2%的折扣；若客户在11~20天内付款，销货方可按商品售价给予客户1%的折扣；若客户在21～30天内付款，将不能享受现金折扣。

如果企业销售商品涉及现金折扣，其在确认商品销售收入时，应不考虑现金折扣金额，即按照扣除现金折扣前的金额确认收入。发生现金折扣的会计处理如下。

（1）确认销售收入时。

借：应收账款等

　　贷：主营业务收入（未扣除现金折扣的金额）

　　　　应交税费——应交增值税（销项税额）

（2）收到销售款时。

借：银行存款

　　财务费用（实际给予购货方的现金折扣）

　　贷：应收账款等

案例5-15 东华公司为增值税一般纳税人，2019年5月10日向百盛公司销售A产品一批，增值税专用发票上记载的货款为60 000元，增值税为7 800元，款项未收。为了让百盛公司尽快付款，东华公司提供了“2/10，1/20，*n*/30”的现金折扣，若百盛公司于5月25日以银行存款付款，假设计算现金折扣要考虑增值税，东华公司应怎样编制会计分录?

分析：案例中，东华公司向百盛公司销售商品时给予了现金折扣优惠，在确认销售收入时应不考虑现金折扣金额。由于计算现金折扣时要考虑增值税，所以确认百盛公司享有的现金折扣时应当将增值税税额包括在内。由于百盛公司在25日付款，即在11~20日这个期间内付款，所以享有1%的现金折扣，折扣金额=（60 000+7 800）×1%=678（元），东华公司实际收到的销售款=（60 000+7 800）−678=67 122（元）。综上，东华公司该笔销售业务涉及的会计分录如下。

（1）确认销售收入时。

	借	贷
借：应收账款	67 800	
贷：主营业务收入		60 000
应交税费——应交增值税（销项税额）		7 800

（2）收到销售款时。

	借	贷
借：银行存款	67 122	
财务费用	678	
贷：应收账款		67 800

3. 销售折让与销售退回

销售折让在确认收入时并不知道其是否产生，因此其并不影响收入的确认金额，只是在实际发生销售折让时，应冲减企业的销售收入。而销售退回同销售折让类似，其并不影响收入的确认金额，只是在实际发生销售退回时，应冲减企业的销售收入（如果已经确认了）和销售成本。

（1）销售折让

①销售折让如果发生在确认收入前，可直接按照折让后的金额确认收入并结转成本。

②若销售折让发生在确认收入后，则应在销售折让发生时冲减所确认的收入。若取得红字增值税专用发票，则允许扣减已确认的销项税额。相关会计分录如下。

借：主营业务收入（因销售折让而应冲减的金额）

　　应交税费——应交增值税（销项税额）（红字增值税专用发票上注明的销项税额）

　　贷：应收账款（应冲减的应收账款金额）

（2）销售退回

①若销售退回发生在确认收入前，即不需要冲减销售收入，只需将退回的商品转入“库存商品”科目即可。发生销售退回时，应编制的会计分录如下。

借：库存商品

　　贷：发出商品

②若销售退回发生在确认收入后，不属于资产负债表日后事项，则需要冲减销售收入与销售成本，同时，若取得红字增值税专用发票的，还应冲减相应的增值税销项税额。相关会计分录如下。

借：主营业务收入（退回商品应冲减的收入金额）

　　应交税费——应交增值税（销项税额）（红字增值税专用发票上注明的销项税额）

　　贷：银行存款等（使用银行存款等支付的退回商品的价款）

借：库存商品（收到退回的商品作为库存商品处理的金额）

　　贷：主营业务成本（冲销退回商品已结转的成本）

5.4 利润核算与分配阶段的会计处理

利润的核算与分配是会计循环的最后一个环节，也即是根据前期已经完成的会计处理进行损益的结转以及对所实现利润的分配。

利润核算中对损益的结转主要是将各损益类账户的余额结转记入“本年利润”账户；而利润分配就是按照一定的程序对当期实现的利润进行分配。

在前面的会计处理中，已经介绍了大部分损益类账户涉及的会计处理，下面将先介绍其他业务收支和营业外收支的核算，然后再具体介绍如何进行利润核算和利润分配的会计处理。

会计学堂
利润核算与分配阶段的会计处理

5.4.1 其他业务收支的核算

其他业务收支即指其他业务收入和其他业务成本。其他业务收入是指企业主营业务活动以外的其他经营活动实现的收入，此类收入具有不经常发生、每笔收入金额占总收入比例较小等特点。其他业务成本是指企业除主营业务活动以外的其他经营活动发生的支出。

1. 其他业务收入的核算

企业确认的除主营业务活动以外的其他经营活动实现的收入，应通过“其他业务收入”科目核算，该科目可按其他业务的种类设置明细科目进行明细核算。

因销售材料、出租固定资产等实现收入，满足收入确认条件实现收入时，应编制如下会计分录。

借：银行存款等

　　贷：其他业务收入

　　　　应交税费——应交增值税（销项税额）

2. 其他业务成本的核算

对于其他业务成本的确认，要注意并不是企业经营活动中所有非因主营业务发生的支出均属于其他业务成本，对于符合期间费用条件的非因主要业务发生的支出，应计入期间费用。

（1）销售材料、包装物等。企业销售材料以及单独计价的包装物等，取得的收入应确认为其他业务收入；相应地，这些收入对应的成本应确认为其他业务成本。确认其他业务成本时，应编制如下会计分录。

借：其他业务成本

　　贷：原材料、周转材料

（2）出租固定资产、无形资产。企业出租固定资产或无形资产收到的租金应确认为其他业务收入；相应地，出租固定资产或无形资产所计提的累计折旧或累计摊销也就应当确认为其他业务成本。企业计提出租固定资产折旧和无形资产摊销时，应编制如下会计分录。

借：其他业务成本

　　贷：累计折旧、累计摊销

案例5-16 **东华公司为增值税一般纳税人，2019年5月1日，公司销售了一批为生产商品而持有的原材料，其开出的增值税专用发票上注明的售价为50 000元，增值税税额为6 500元。由于该原材料材质比较特殊，需要专门的包装物包装，由此向购买方收取了300元包装费，该项费用开具的是增值税普通发票。已知所售原材料的成本为45 000元，包装物成本为200元，上述款项均通过银行存款收取。东华公司应如何编制销售原材料相关的会计分录？**

分析：案例中，由于东华公司销售的原材料是为生产产品而持有的，因此这不属于其主营业务，相关收入应作为其他业务收入处理。另外，收取的单独计价的包装物收入，也应作为其他业务收入处理。销售包装物虽然开具的是增值税普通发票，但同样应当确认增值税销项税额。由于收取的包装费是含税收入，所以在确认其他业务收入时还应当对其进行价税分离。包装物收入应确认的收入金额=300÷（1+13%）=265.49（元），应缴纳的增值税税额=300÷（1+13%）×13%=34.51（元）。因此，该笔销售业务应编制的会计分录如下。

（1）确认销售收入时。

借：银行存款	56 800	
贷：其他业务收入		50 265.49
应交税费——应交增值税（销项税额）		6 534.51

（2）结转销售成本时。

借：其他业务成本　　45 200

　　贷：原材料　　45 000

　　　　周转材料——包装物　　200

5.4.2　营业外收支核算

营业外收支包括营业外收入和营业外支出。营业外收入是指企业确认与企业生产经营活动没有直接关系的各种利得，由于营业外收入的取得不是因为企业耗用经营资金而获得的，故企业不需要为此付出代价。营业外支出是企业发生的与其日常活动没有直接关系的各项损失，其既不属于成本也不属于费用，而是影响当期损益的一种损失。

在实务中，企业主要通过“营业外收入”和“营业外支出”账户核算经营过程中发生的各项利得和损失。

1. 营业外收入的核算

营业外收入核算的主要内容包括非流动资产毁损报废收益、债务重组利得、盘盈利得、捐赠利得和非货币性资产交换利得等。下面主要介绍前4种利得的会计处理。

（1）非流动资产毁损报废收益

非流动资产毁损报废收益主要是指固定资产的处置利得。对固定资产的处置利得可以分为以下两种情况。

企业的固定资产因丧失使用功能或自然灾害发生损毁等原因而报废，则清理产生的利得应当计入营业外收入。企业在对固定资产处置利得进行处理时，应编制如下会计分录。

借：固定资产清理、银行存款、待处置资产损溢等

　　贷：营业外收入——非流动资产毁损报废收益

（2）债务重组利得

债务重组利得是指重组债务的账面价值超过清偿债务的现金、非现金资产的公允价值、所转股份的公允价值或者重组后债务账面价值之间的差额。对债务重组利得的确认，通常是对于债务人而言的。债务人确认债务重组利得时，应编制如下会计分录。

借：应付账款

　　贷：银行存款等

　　　　营业外收入——债务重组利得（差额）

（3）盘盈利得、捐赠利得

盘盈利得是指企业在对现金等资产进行盘点清查时，盘盈的资产报经批准后计入营业外收入的金额；捐赠利得是指企业接受捐赠产生的利得。企业形成盘盈利得、捐赠利得时，应编制如下会计分录。

借：待处理财产损溢、库存现金等

　　贷：营业外收入

2. 营业外支出的核算

企业发生营业外支出时，一方面应确认营业外支出，另一方面应减少相关资产的账面价值。营业外支出核算的内容主要包括非流动资产毁损报废损失、非常损失、盘亏损失、罚款支出、债务重组损失和捐赠损失等。

（1）非流动资产毁损报废损失

非流动资产毁损报废损失主要是指固定资产处置损失。企业固定资产因丧失使用功能或自然灾害发生损毁等原因而报废，则清理产生的损失应当计入营业外支出。编制的会计分录如下。

借：营业外支出——非流动资产毁损报废损失

　　贷：固定资产清理

（2）非常损失

非常损失主要是指企业生产期间由于自然灾害等（客观因素）造成的损失，扣除保险公司赔偿后应计入营业外支出的净损失。编制的会计分录如下。

借：营业外支出——非常损失

　　贷：固定资产清理

（3）盘亏损失、罚款支出

企业资产的盘亏损失主要是指财产清查盘点中资产的盘亏；罚款支出主要包括企业支付的行政罚款、税务罚款等支出，企业发生盘亏损失、罚款支出时，应编制如下会计分录。

借：营业外支出

　　贷：待处理财产损溢、库存现金等

（4）债务重组损失

债务重组损失是指债务人无力偿还债务，债权人给予债务人的优惠。债务重组损失的确定一般是针对债权人而言的。债权人确定债务重组损失时，应编制如下会计分录。

借：银行存款

　　营业外支出——债务重组损失

　　贷：应收账款

（5）捐赠损失

企业可作为营业外损失扣除的捐赠损失，主要是指对外进行公益性捐赠发生的支出。企业发生捐赠支出时，应编制如下会计分录。

借：营业外支出——捐赠支出

　　贷：银行存款

案例5-17 东华公司为增值税一般纳税人，2019年5月3日向百盛公司销售商品一批，增值税专用发票上注明的价款为80 000元，增值税税额为10 400元。2019年5月31日，由于百盛公司财务困难，该笔款项未能支付。经协商，东华公司决定减免百盛公司债务30 000元，余额用银行存款偿还。2019年6月12日，百盛公司以银行存款偿还了余款。对于该业务，东华公司会计人员应如何编制会计分录？

分析：案例中，东华公司对百盛公司的欠款给予让步，因此该事项属于债务重组。2019年5月31日，东华公司只是得知该笔款项未能收到，并未发生实质交易，因此不进行会计处理。2019年6月12日，百盛公司实际归还了剩余欠款，即双方发生了债务重组，会计人员应编制的会计分录如下。

借：银行存款　　600 400

　　营业外支出——债务重组损失　　30 000

　　贷：应收账款　　90 400

5.4.3　利润确认核算

企业确认当期的经营是盈利还是亏损，主要是通过结转当期损益来实现的，也就是将收入、收益、利得类账户的余额从其借方转出，转入“本年利润”账户的贷方；将成本、费用、损失类账户的余额从其贷方转出，记入“本年利润”账户的借方。结转完成后，若“本年利润”账户为借方余额，则表示企业当期经营结果为亏损。若“本年利润”账户为贷方余额，则表明企业当期实现了盈利。考虑到上述情况，结转企业当期损益可分为结转收入、收益、利得类账户和结转成本、费用、损失类账户两个方面进行核算。

1. 结转收入、收益、利得类账户

每期期末，企业应将“收入、收益、利得”类账户的贷方余额从借方转入“本年利润”账户的贷方。相关会计分录如下。

借：主营业务收入、其他业务收入、投资收益、营业外收入等

　　贷：本年利润

2. 结转成本、费用、损失类账户

每期期末，企业应将“成本、费用、损失”类账户的借方余额从贷方转入“本年利润”账户的借方。相关会计分录如下。

借：本年利润

　　贷：主营业务成本、其他业务成本、税金及附加、销售费用、管理费用、财务费用、营业外支出、所得税费用等

行家点拨

所得税费用是指企业应缴纳给税务部门的所得税金额。在结转所得税之前，应首先计提所得税费用，其计提所得税的会计分录如下。

借：所得税费用

　　贷：应交税费——应交所得税

3. 结转本年利润

当期损益的结转是企业每期期末必须进行的工作，但由于企业所采取的利润结转方法不同，其对本年利润的结转也有所不同。企业利润的结转方法主要有表结法和账结法两

种。表结法下，各损益类科目每月月末只需结计出本月发生额和月末累计余额，不结转到“本年利润”账户，只有在年末时才将全年累计余额结转入“本年利润”账户。账结法下，每月月末均需要编制记账凭证，将在账上结计出的各损益类账户的余额转入“本年利润”账户。

无论采取哪种方法，都涉及将“本年利润”账户余额结转记入“利润分配”账户的操作。若结转前“本年利润”账户为贷方余额，则结转本年利润时应编制如下会计分录；若为借方余额，则编制相反会计分录。

借：本年利润

　　贷：利润分配——未分配利润

案例5-18 东华公司为增值税一般纳税人，2018年8月30日结转本期损益，其中本月实现的主营业务收入为1 680 000元，主营业务成本为1 020 000元，税金及附加为20 000元，其他业务收入为6 000元，其他业务成本为4 000元，管理费用为80 000元，销售费用为120 000元，财务费用为2 000元，营业外收入为20 000元，营业外支出为4 000元。根据以上资料，东华公司在结转8月的损益时应该怎样编制会计分录?

分析：案例中，东华公司要结转8月的损益，应分别将收入、收益、利得类账户的贷方余额转入“本年利润”账户的贷方，将成本、费用、损失类账户的借方余额转入“本年利润”账户的借方。相关会计分录如下。

（1）结转收入、收益、利得类账户

科目	借方	贷方
借：主营业务收入	1 680 000	
其他业务收入	6 000	
营业外收入	20 000	
贷：本年利润		1 706 000

（2）结转成本、费用、损失类账户

科目	借方	贷方
借：本年利润	1 250 000	
贷：主营业务成本		1 020 000
其他业务成本		4 000
税金及附加		20 000
管理费用		80 000
销售费用		120 000
财务费用		2 000
营业外支出		4 000

5.4.4 利润分配核算

企业在会计年度终了时，应根据相关法规及本公司的章程规定，将企业实现的利润，经结转后转入“利润分配”科目后，按照图5-1所示的顺序进行分配。

弥补以前年度亏损 → 提取法定盈余公积 → 提取任意盈余公积 → 向投资者分配利润（或股利）

图5-1　企业利润分配的顺序

1. 提取盈余公积

按照相关法规及公司章程规定，企业提取法定盈余公积与任意盈余公积时，应编制如下会计分录。

借：利润分配——提取法定盈余公积

　　　　　——提取任意盈余公积

　贷：盈余公积——法定盈余公积

　　　　　　——任意盈余公积

2. 分配现金股利

提取盈余公积后，若未分配利润还有余额，应按照公司章程的股利或利润分配计划，向投资者分配股利。

（1）确认应分配的现金股利时，应编制如下会计分录。

借：利润分配——应付现金股利

　贷：应付股利

（2）实际分配现金股利时，应编制如下会计分录。

借：应付股利

　贷：银行存款

3. 结转未分配利润

年度终了，企业应将“利润分配”账户所属其他明细账户的余额转入该账户的“未分配利润”明细账户，做如下会计处理。

借：利润分配——未分配利润

　贷：利润分配——提取法定盈余公积

　　　　　　——提取任意盈余公积

　　　　　　——应付利润

案例5-19 东华公司2018年共实现净利润300万元，将各损益类账户进行结转后，“本年利润”科目的贷方余额为300万元。经股东大会批准，当年的利润分配方案为：提取法定盈余公积30万元，提取任意盈余公积20万元，向股东分配现金股利100万元。上述所有分配方案均已实施。则会计人员应如何编制会计分录?

分析：案例中，东华公司对2018年净利润进行结转与分配，会计人员进行会计处理时，首先应将“本年利润”科目的余额转入“利润分配——未分配利润”科目，然后按照公司制定的股利或利润分配计划，向投资者分配股利，最后还要将上述“利润分配”科目的其他明细科目，转入“未分配利润”明细科目中。相关会计分录如下。

（1）结转本年利润。

借：本年利润	3 000 000	
贷：利润分配——未分配利润		3 000 000

（2）提取盈余公积金，并分配现金股利。

借：利润分配——提取法定盈余公积	300 000	
——提取任意盈余公积	200 000	
——应付现金股利	1 000 000	
贷：盈余公积——法定盈余公积		300 000
——任意盈余公积		200 000
应付股利		1 000 000

（3）将“利润分配”科目的其他明细科目，转入“未分配利润”明细科目中。

借：利润分配——未分配利润	1 500 000	
贷：利润分配——提取法定盈余公积		300 000
——提取任意盈余公积		200 000
——应付现金股利		1 000 000

5.5 新手加油站

1. 固定资产最低折旧年限

在确定固定资产预计残值率时，内资企业一般为5%，外资企业一般为10%。企业可以根据固定资产的性质和使用情况，确定适用的预计净残值。关于固定资产折旧年限，税法中做了如下相关规定。

- 房屋、建筑物的最低折旧年限为20年。
- 飞机、火车、轮船、机器、机械和其他生产设备的最低折旧年限为10年。
- 大型设备、器械的最低折旧年限为10年。
- 与生产经营活动有关的器具、工具、家具等的最低折旧年限为5年。
- 电子设备的最低折旧年限为5年。
- 除飞机、火车、轮船以外的运输工具的最低折旧年限为4年。

2. 实物或者无形资产入账价值的确定

在对投资人投资的实物资产或者无形资产进行估值时，通常会涉及投资人账上的账面价值和公允价值或者按双方协议的价值两种价值。如果投资协议有约定，只要该约定不是非公允的，那么就直接按照约定价值入账。如果协议约定的价值是公允的，则可以通过以下4种方法确定入账价值。

- 市场上有同类或类似资产存在的，以同类或类似资产的市场价格加上应支付的相关税费作为入账价值。
- 市场上不存在同类或类似资产的，以接受该投资资产的预计未来现金流量现值作为入账价值。
- 接受投资人投资的旧资产，以按照上述方法计算的价值，减去该资产估计的价值损耗后的余额作为入账价值。
- 双方有约定价值的，以协议约定的价值作为入账价值。

3. 商业折扣与现金折扣对增值税缴纳的影响

对于购销业务中涉及的商业折扣，在实务中存在以下两种做法：一种是按照折扣后的金额开具发票，并确认收入，计算销项税额；另一种方法是将未扣除折扣前的销售额与折扣额开在同一份发票上，并确认收入，计算销项税额。

这两种做法均可按照扣除折扣后的金额缴纳增值税，因为确认的收入是按照扣除商业折扣后的金额计算的，因此涉及商业折扣销售的，应缴纳的增值税税额会减少。但需注意的是，若销售方将折扣前的销售额与折扣额分别列在不同发票上，或将折扣额列在同一张发票的备注栏，则应按照扣除折扣前的金额缴纳增值税。

对于购销业务中涉及的现金折扣，由于现金折扣是销售后的行为，因此该金额不会在发票中体现，因此其不影响销售的确认。所以涉及现金折扣的销售，应缴纳的增值税税额没有变化。

但由于销售方将现金折扣作为财务费用处理，财务费用作为计算本年利润的抵减项，因此财务费用增加会使得本年应缴纳的企业所得税减少。所以现金折扣虽然对增值税的缴纳没有影响，但其对企业所得税的缴纳是有影响的。

5.6 动动手

1. 发生销售折让的会计处理

新丰公司为增值税一般纳税人，2019年5月18日向泰昌公司销售商品一批，开具的增值税专用发票上注明的售价为40 000元，增值税税额为5 200元，该批产品的成本为35 000元。5月20日，泰昌公司收到商品后发现商品质量与合同要求不一致，要求新丰公司给予价款5%的折让，新丰公司同意了泰昌公司的要求。5月25日，新丰公司收到泰昌公司所欠货款，并同时收到了相关红字增值税专用发票。根据资料，编制新丰公司所述业务涉及的会计分录。

参考答案

配套\第5章\参考答案\发生销售折让的会计处理.docx

2. 固定资产折旧的会计处理

根据新丰公司2018年2月的固定资产折旧明细表（见表5-5），填写月折旧额，并编制会计分录。

表5-5 固定资产折旧明细表

单位：元

种类	部门	购入日期	原值	折旧方法	折旧年限	残值率	月折旧额
厂房	生产部	2018.1.1	800 000	年限平均法	20	5%	
生产流水线	生产部	2018.1.1	300 000	年限平均法	10	5%	
货车	生产部	2018.1.1	100 000	年限平均法	5	5%	
空调	管理部	2018.1.1	3 000	年限平均法	5	5%	
电脑	管理部	2017.1.1	5 000	年数总和法	5	5%	
办公桌	管理部	2017.1.1	500	年数总和法	4	4%	

参考答案

配套\第5章\参考答案\固定资产折旧的会计处理.docx

3. 结转并分配本年利润的会计处理

新丰公司2018年度损益类科目在期末结转前的余额如表5-6所示。

表5-6　新丰公司2018年损益类科目余额表　　单位：元

科目名称	余额方向	结转前账户余额	科目名称	余额方向	结转前账户余额
主营业务收入	贷方	800 000	税金及附加	借方	30 000
其他业务收入	贷方	300 000	销售费用	借方	80 000
投资收益	贷方	100 000	管理费用	借方	120 000
营业外收入	贷方	80 000	财务费用	借方	40 000
主营业务成本	借方	500 000	营业外支出	借方	65 000
其他业务成本	借方	200 000			

已知：新丰公司适用的所得税税率为25%，以前年度尚未弥补完的亏损为0。经过决定，新丰公司分别按照净利润的10%和6%提取法定盈余公积和任意盈余公积，按可供分配利润的30%向股东分配现金股利。

要求：

（1）计算新丰公司的净利润，并编制将本年利润转入利润分配的会计分录。

（2）计算新丰公司应提取的盈余公积，并编制相关会计分录。

（3）计算新丰公司应向股东分配的现金股利，并编制相关会计分录。

（4）编制新丰公司结转利润分配的会计分录。

参考答案

配套\第5章\参考答案\结转并分配本年利润的会计处理.docx

06 Chapter

第6章　跃跃欲试——菜鸟学建账

情景导读

张姐： 接下来就是会计工作的第一步——建账了，小叶，你所知道的建账是怎样的呢?

小叶： 张姐，我认为的建账应该就是设置好各种账簿，待公司发生业务时，将与之相关的业务按会计语言记录到账簿中。

张姐： 不错，建账就是代表记账工作正式开始了。

小叶： 那应该怎么建账呢?

张姐： 其实建账很简单，首先在建账之前，需要确定公司选用的会计制度，并购买相应的会计凭证和会计账簿。之后就可以开始建立账簿了，如总分类账、库存现金日记账等。接下来，我将详细地为你讲解怎么建账。

小叶： 哇！这可太好了，我会认真学习的。

6.1 建账的基本程序

建账的基本程序

任何企业在成立之初，都会面临着建账的问题。建账就是根据企业的具体行业要求以及将来可能发生的会计业务情况来购置凭证和账簿等，然后根据企业日常发生的经济业务和会计处理程序登记账簿。

企业建账的基本程序可以归纳为3个主要环节，即准备凭证和账簿、启用账簿、建立账户。企业在建账之前，要选择适合企业的会计制度，因为不同的会计制度所对应的会计科目是不同的。

6.1.1 准备凭证和账簿

由于做账必须有记账凭证和账簿，因此建账的首要环节就是要准备好相关的会计凭证和会计账簿。

一般来说，会计凭证可以准备多本，包括材料入库单和出库单、商品入库单和出库单、产品成本计算单以及收款凭证、付款凭证和转账凭证等。具体数量根据公司业务量来确定，一般每种会计凭证要准备两本左右，不够时可以添置。

对账簿而言，必备的就是库存现金日记账、银行存款日记账、总分类账和备查账簿。此外，还应准备明细分类账簿，一般应准备3本三栏式明细账、1本数量金额式明细账和1本多栏式明细账。

- 库存现金日记账：库存现金日记账用来登记“库存现金”账户的增减变动情况。
- 银行存款日记账：银行存款日记账是用来登记“银行存款”账户的增减变动情况的。
- 总分类账：总分类账用于登记企业所有会计科目的总分类账。总分类账账本的数量根据企业的业务量的多少进行购买，业务量大的企业可以多准备几本总分类账；如果是一般规模的企业，准备1本就够了。
- 三栏式明细账：1本用于登记固定资产明细账，该本账簿最好使用可以登记和计算折旧的账页；1本用于登记应交税费明细账；1本用于登记上述账户之外的其他账户。若企业的往来账户较多，则可以单独购买1本账本用于登记往来账户的明细账。
- 数量金额式明细账：数量金额式明细账用来登记与存货相关的账户的增减变动情况，较为常见的是进销存明细账，用于登记库存商品、原材料、低值易耗品等明细账。
- 多栏式明细账：多栏式明细账包括借方多栏式明细账、贷方多栏式明细账、借方贷方多栏式明细账等，分别登记费用明细账、收入明细账和应交税费（增值税）明细账。
- 备查账簿：备查账簿用来对账簿中记载不全的经济业务进行补充登记。

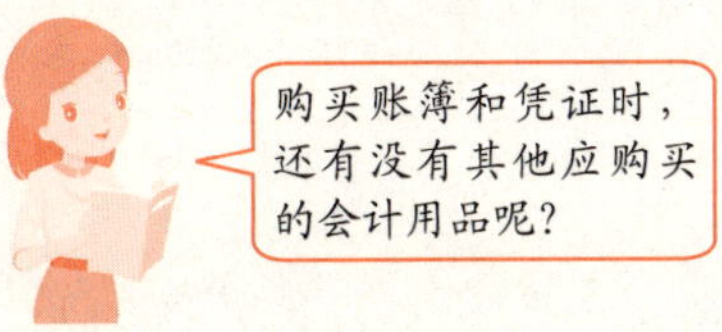

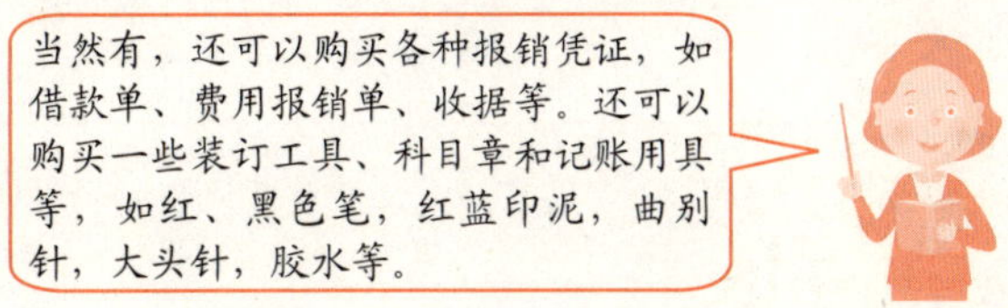

6.1.2 启用账簿

购买到需要的会计凭证和会计账簿后，就可以开始建账工作了。建账顺序是没有强制性规定的，但无论建立哪种账簿，都会涉及账簿的启用。因此，企业在使用账簿前，应先启用账簿。账簿的启用流程主要包括4步，具体内容如图6-1所示。

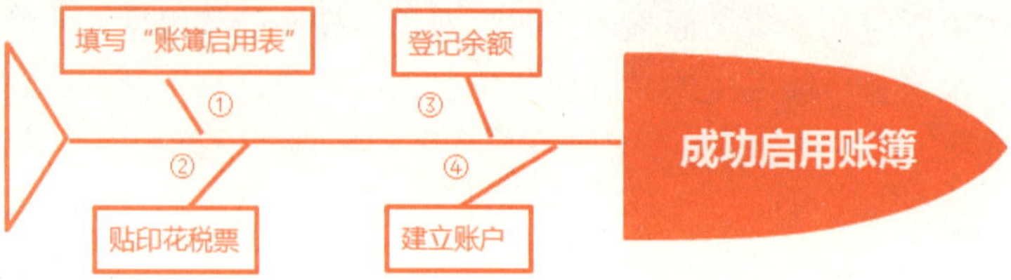

图6-1　账簿的启用流程

在会计实务中，不同会计账簿所记录的经济业务不同，账簿格式也多种多样，但各种账簿都应具有封面、扉页和账页3个基本要素。

- **封面**：主要用来标明账簿的名称，如总分类账、明细分类账、库存现金日记账和银行存款日记账等。
- **扉页**：主要起到目录的作用，扉页中通常会列明账簿的使用情况，因此扉页又称为使用登记表。
- **账页**：是账簿用来记录经济业务事项的载体，包括账户的名称、登记账户的日期栏、凭证种类和号数栏、摘要栏、金额栏、总页次和分页次等基本内容。

1. 填写“账簿启用表”

会计人员在启用账簿时，应在账簿封面上写明账簿名称和账簿所在会计年度，在账簿扉页上应附“账簿使用登记表”或“账簿启用表”，如图6-2所示。“账簿使用登记表”或“账簿启用表”的内容包括单位名称、账簿名称、启用日期、账簿页码、记账人员和会计主管人员姓名等，并应加盖人名章和单位公章。记账人员或会计人员调动工作时，应注明交接日期、接管和监交人员的姓名，由交接双方签名或盖章，以明确经济责任。

账簿启用表							贴印花处
单位名称	（加盖公章）			负责人	职务	姓名	
账簿名称	账簿第　册			单位负责人			
账簿号码	第　号	启用日期	年　月　日	单位主管财会工作负责人			
账簿页码	本账簿共计　页			会计机构负责人、会计主管人员			

经营本账簿人员一览表											
记账人员			接管			移交			监交人员		备注
职务	姓名	盖章	年	月	日	年	月	日	职务	姓名	

图6-2　账簿启用表

知识补充

建账启用日期以企业成立日（营业执照签发日或营业执照变更日）为准。实际工作中，一般以企业成立当月月末或下月月初为基准日。如果企业设立之日是在月度中的某一天，一般以下一个月份的月初作为建账基准日。

案例6-1 东华公司于2018年1月20日注册成立，注册资金为1 000万元，分别由张明出资600万元和杨慧出资400万元。张明为公司负责人，杨慧主管公司财会工作，杨兰担任公司会计主管一职。21日杨兰要求会计人员李芳建立一本库存现金日记账以便反映公司库存现金的收支情况，李芳在建立库存现金日记账时，应怎样填写“账簿启用表”？（已知该库存现金日记账共计100页）

分析：填写“账簿启用表”的内容包括单位名称、账簿名称、启用日期、账簿页码、记账人员和会计主管人员姓名等，并且要加盖人名章和单位公章。账簿的启用日期一般是以企业成立当月月末或下月月初为基准日，如果企业设立之日是在月度中的某一天，一般以下一个月份的月初作为建账基准日，即本账簿的启用日期可以是2月1日，图6-3所示为填写完毕的“账簿启用表”。

账簿启用表（贴印花处）

单位名称	东华公司（加盖公章）			负责人	职务	姓名
账簿名称	库存现金日记账		本账簿第 册	单位负责人	张明	张明
账簿号码	第 1 号	启用日期	2019 年 2 月 1 日	单位主管财会工作负责人	杨慧	杨慧
账簿页码	本账簿共计 100 页			会计机构负责人、会计主管人员	杨兰	杨兰

（印章：北京市东华工业有限公司）

经营本账簿人员一览表

记账人员			接管			移交			监交人员		备注
职务	姓名	盖章	年	月	日	年	月	日	职务	姓名	

图6-3 填写完毕的“账簿启用表”

2. 贴印花税票

由于会计账簿属于营业账簿，应缴纳印花税，因此企业需购买印花税票粘贴在会计账簿的右上方，并划线注销。

3. 登记余额

如果是新成立的企业，则不存在余额的登记。如果是企业在新的会计年度启用账簿，就需要按照上一年结转的数据做“上年结转”登记。具体方法为：第一页账页的最上面一行盖印“上年结转”章，然后在余额栏抄写上年的余额便可，如图6-4所示。

银行存款日记账

总 1 页 第 1 页

2019年		凭证编号	摘要	对方科目	票号	借方											核对	贷方											核对	借或贷	余额											核对
月	日					亿	千	百	十	万	千	百	十	元	角	分		亿	千	百	十	万	千	百	十	元	角	分			亿	千	百	十	万	千	百	十	元	角	分	
1	1		上年结转																																8	0	0	0	0	0	0	✓

图6-4 登记“上年结转”的余额

4. 建立账户

建立账户主要是按会计科目表的顺序、名称，在总账账页上建立总账账户，并根据总账账户明细核算的要求，在各个所属明细账户上建立二级、三级明细账户。

6.1.3 建账的相关注意事项

任何企业在成立初始都会面临建账问题，不论是哪一种企业，要想建立一套得心应手的账簿，在建账时都要首先考虑以下问题。

1. 与企业特点相适应

企业规模与业务量是成正比的，规模大的企业业务量大，分工也复杂，因此会计账簿需要的册数也多；相反，规模小的企业业务量也小，有时一个会计就可以处理所有经济业务，就没有必要设置许多账簿，部分的明细账也可以进行合并。

2. 以企业管理需要为准

建立账簿是为了满足企业管理的需要，为管理者提供有用的会计信息，看似简单，却要仔细并全盘考虑。所以建账应以满足管理需要为前提，坚决避免重复设账、记账。

3. 选对账务处理程序

企业业务量大小不同，所采用的账务处理程序也不同。企业一旦选择一种账务处理程序，也就选择了账簿的设置。例如企业采用的是记账凭证账务处理程序，则企业的总账就要根据记账凭证进行序时登记，即企业需要准备一本序时登记的总账；如果企业采用的是汇总记账凭证或者科目汇总表账务处理程序，则企业的总账就可以选择订本式普通总分类账簿。

6.2 建账的基本攻略

账目主要有库存现金日记账和银行存款日记账、总账以及明细分类账几种。其中，库存现金日记账账簿和银行存款日记账账簿是每个公司必备的账簿，例如，新建的企业第一笔资金的来源就应该登记银行存款日记账。因此，在建账之初，首先就应该先建立这两种账簿。

建账的基本攻略

6.2.1 建立库存现金日记账

库存现金日记账是专门用来记录现金收支业务的，出纳人员应根据审核后的现金收款凭证和现金付款凭证，逐日逐笔顺序登记。

库存现金日记账的格式有三栏式和多栏式两种，在实际的会计工作中，通常使用的是三栏式库存现金日记账。三栏式库存现金日记账设借方、贷方和余额3个基本的金额栏目，一般分别将其称为收入、支出和结余3个基本栏目。在月末结账时，可以结出各收入来源专栏和支出用途专栏的合计数，便于对现金收支的合理性、合法性进行审核分析。图6-5所示为三栏式库存现金日记账的格式。

库存现金日记账启用时首先应按规定内容逐项填写账簿启用表，表上应写明公司名称、账簿名称、账簿编号和启用日期，在经管人员一栏中写明经管人员姓名、职别、接管或移交日期，由会计主管人员签名盖章，并加盖单位公章。

库存现金日记账

总 页 第 页

年		凭证编号	摘要	对方科目	票号	借方											核对	贷方											核对	借或贷	余额											核对
月	日					亿	千	百	十	万	千	百	十	元	角	分		亿	千	百	十	万	千	百	十	元	角	分			亿	千	百	十	万	千	百	十	元	角	分	

图6-5 三栏式库存现金日记账

行家点拨

在金额栏和摘要栏中间有“对方科目”栏，这是为了便于记账时表明现金收入的来源科目和现金支出的用途科目。

6.2.2 建立银行存款日记账

银行存款日记账也是公司必备的重要经济档案之一，是用来核算和监督银行存款每日的收入、支出和结余情况的账簿。它应按企业在银行开立的账户和币种分别设置，每个银行账户设置一本日记账。

银行存款日记账的格式与库存现金日记账的格式类似，既可以采用三栏式，也可以采用多栏式。在实际工作中，小型企业大多采用三栏式银行存款日记账。三栏式银行存款日记账的一般格式如图6-6所示。在启用账簿时，应按有关规定和要求填写“账簿启用表”，具体内容和要求可参照库存现金日记账启用的有关内容。

银行存款日记账

总 页 第 页

年		凭证编号	摘要	对方科目	票号	借方											核对	贷方											核对	借或贷	余额											核对
月	日					亿	千	百	十	万	千	百	十	元	角	分		亿	千	百	十	万	千	百	十	元	角	分			亿	千	百	十	万	千	百	十	元	角	分	

图6-6 三栏式银行存款日记账

6.2.3 建立总分类账

总分类账是根据会计科目设置的，用来反映各个会计要素增减变动情况及其结果的账簿，简称总账。总分类账常用的格式是三栏式，即设置借方、贷方和余额3个基本金额栏。一个公司的总账必须登记其全部经济业务，包含了公司经营过程中涉及的所有会计科目。总账所提供的核算资料是编制会计报表的主要依据，因此每个公司都必须设置总分类账，其格式如图6-7所示。

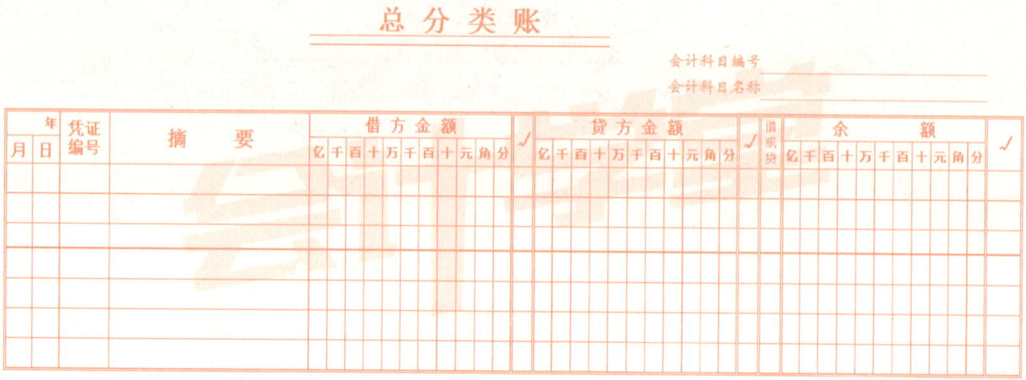

图6-7　总分类账

建立总账时，相关内容的设置应按以下方法进行。

- **封面：**在账簿封面上填写相关信息，如账簿名称和会计年度。
- **扉页：**在扉页中的账簿启用表中填写会计主体名称（与公章内容一致），加盖单位公章，在本年度结束后据实填写使用账簿页数。然后由经管人员盖个人名章，并粘贴印花税票。
- **账页：**在开始建账时，会计人员可以按照每一项经济业务发生量的多少，预留出相应的账页，用口取纸写上科目名称，将每项经济业务分开。例如，在总账分页使用时，如果总账账页从第一页到第十页是登记现金的业务，就需要在目录中写明："库存现金1~10"，并且在总账账页的第一页贴上口取纸贴并写明"库存现金"字样。
- **总账科目：**要设置的总账科目通常有"库存现金、银行存款、债权投资、应收票据、应收账款、其他应收款、原材料、长期股权投资、固定资产、累计折旧、无形资产、短期借款、应付票据、应付账款、其他应付款、应付职工薪酬、长期借款、实收资本、资本公积、利润分配、本年利润、主营业务收入、主营业务成本、销售费用、管理费用、财务费用、其他业务收入、其他业务成本"等科目。

6.2.4　建立不同明细分类账

明细分类账也称为明细账，是根据总账科目所属的明细科目设置的，用于分类登记某一类经济业务事项，提供有关明细核算资料。

1. 明细分类账科目的设置

在企业里，明细分类账科目的设置是根据企业自身管理需要和外界各部门对企业信息资料的需要来设置的。部分明细分类账科目的设置如表6-1所示。

表6-1　明细分类账科目的设置

明细分类账	设置依据	明细分类账	设置依据
应收账款	客户名称	应付职工薪酬	职工所属的部门
其他应收款	应收款的部门、个人、企业名称	应交税费	税费的种类
固定资产	固定资产的类型以及配合使用的部门	应付账款	应付账款的对象和企业名称
短期借款	短期借款的种类和对象	其他应付款	应付款项的内容

明细分类科目的设置并不是越多越好，会计人员在设置明细分类科目时，要结合企业

的管理需要，结合行业的特点。如果明细分类科目设置得太多，分类过于烦琐，会使会计的日常核算复杂化。因此企业的会计人员在设置明细科目时要充分考虑该怎样分类，既要保证符合会计规范，同时也要结合企业的实际情况、税务的规范要求来进行。

2. 明细分类账的启用

启用明细账时，首先也应填写账簿封面信息，然后在扉页的经管人员一览表中按账簿启用表的情况填写相应信息即可。对于账页的填写，也应像总分类账一样，按资产、负债、所有者权益、成本、收入、费用的顺序把所需会计科目名称写在左（右）上角或中间的横线上，或直接加盖科目章，包括根据企业具体情况分别设置的明细科目名称。

知识补充

为了查找、登记方便，在设置明细账账页时，可在每一个账户的第一张账页外侧粘贴口取纸，并将各个账户错开粘贴，口取纸上要写明会计科目名称（一般只写一级科目）。

明细账是形成有用的会计信息的基本程序和基本环节，借助于明细账既可以对经济信息或数据做进一步的加工整理，进而使总账适用于会计报表的会计信息，又能为了解会计信息的情况提供线索。明细账的格式主要有三栏式、多栏式和数量金额式。

（1）三栏式明细分类账

三栏式明细分类账适用于只需进行金额核算，不需要进行数量核算类科目的明细分类核算，主要是各种应收、应付类科目，如“应收账款”“应收票据”“预收账款”“应付账款”等总账科目的明细分类核算。除此以外，其他只核算金额的科目也可采用三栏式明细账进行做账。

图6-8所示为三栏式明细分类账的格式，它与总分类账类似，主要由借方、贷方和余额3个基本栏目组成。

图6-8　三栏式明细分类账

案例6-2 2018年3月13日，东华公司向百盛公司出售了一批产品，售价为50 000元，产品已经发出，货款尚未收到，要求将该笔经济业务填入明细分类账中，应该怎样填写？

分析：案例中，东华公司发生的这笔经济业务，产品已经发出，但货款尚未收到，则应将货款计入应收账款，因此应将货款数目填入“应收账款”明细科目，“应收账款”科目的核算适用三栏式明细分类账，则该笔经济业务的填写如图6-9所示。

明细分类账

本账页数	
本户页数	

一级科目编号及名称 应收账款

二级科目编号及名称 百盛公司

2019年 月	日	记证账号凭数	摘要	对方科目	页数	借方（亿千百十万千百十元角分）	✓	贷方（亿千百十万千百十元角分）	✓	借或贷	余额（亿千百十万千百十元角分）	✓
			承前页			15000000		11600000		借	40000	
3	13	记001	产品已经发出，货款尚未收到			5000000				借	5040000	

图6-9 填写完毕的“应收账款”明细账

行家点拨

图中出现的“承前页”是账页之间承前启后的标记，以保持账簿记录的连续性，便于日后对账和结账。

（2）多栏式明细分类账

多栏式明细分类账是根据管理需要，在一张账页内不仅按借方、贷方、余额3个部分设置金额栏，还按明细科目在借方或贷方设立许多金额栏，以集中反映有关明细项目的核算资料，包括借方多栏式明细分类账、贷方多栏式明细分类账、借方贷方多栏式明细分类账。多栏式明细分类账适用于收入、成本、费用、利润和利润分配明细分类账的核算，如“生产成本”“制造费用”“销售费用”“管理费用”“主营业务收入”“其他业务收入”等账户的明细核算。图6-10所示为多栏式明细分类账。

多栏式明细分类账

科目名称

年 月	日	凭证编号	摘要	借方（亿千百十万千百十元角分）	贷方（亿千百十万千百十元角分）	借或贷	余额（亿千百十万千百十元角分）	（亿千百十万千百十元角分）	（亿千百十万千百十元角分）

图6-10 多栏式明细分类账

（3）数量金额式明细分类账

数量金额式明细分类账提供了企业有关财产物资数量和金额的“借方”“贷方”“余额”3大栏，并在其中分别设置了“数量”“单价”“金额”3个小栏目。数量金额式明细分类账一般适用于既要进行金额核算又要进行实物数量核算的存货类账户，如“原材料”“库存商品”“周转材料”等账户。图6-11所示为数量金额式明细分类账。

最高存量	
最低存量	

明细分类账

账号	总页数
页数	

编号： 类别： 名称： 规格： 单位： 存放地点： 计划单价：

<table>
<tr><th colspan="2" rowspan="2">年</th><th rowspan="3">凭证编号</th><th rowspan="3">摘要</th><th colspan="13">收入（借方）</th><th colspan="13">发出（贷方）</th><th colspan="13">结存（余额）</th><th rowspan="3">核对</th></tr>
<tr><th rowspan="2">数量</th><th rowspan="2">单价</th><th colspan="11">金额</th><th rowspan="2">数量</th><th rowspan="2">单价</th><th colspan="11">金额</th><th rowspan="2">数量</th><th rowspan="2">单价</th><th colspan="11"></th></tr>
<tr><th>月</th><th>日</th><th>亿</th><th>千</th><th>百</th><th>十</th><th>万</th><th>千</th><th>百</th><th>十</th><th>元</th><th>角</th><th>分</th><th>亿</th><th>千</th><th>百</th><th>十</th><th>万</th><th>千</th><th>百</th><th>十</th><th>元</th><th>角</th><th>分</th><th>亿</th><th>千</th><th>百</th><th>十</th><th>万</th><th>千</th><th>百</th><th>十</th><th>元</th><th>角</th><th>分</th></tr>
<tr><td></td><td></td><td></td><td></td><td></td><td></td><td></td><td></td><td></td><td></td><td></td><td></td><td></td><td></td><td></td><td></td><td></td><td></td><td></td><td></td><td></td><td></td><td></td><td></td><td></td><td></td><td></td><td></td><td></td><td></td><td></td><td></td><td></td><td></td><td></td><td></td><td></td><td></td><td></td><td></td><td></td><td></td><td></td><td></td></tr>
<tr><td></td><td></td><td></td><td></td><td></td><td></td><td></td><td></td><td></td><td></td><td></td><td></td><td></td><td></td><td></td><td></td><td></td><td></td><td></td><td></td><td></td><td></td><td></td><td></td><td></td><td></td><td></td><td></td><td></td><td></td><td></td><td></td><td></td><td></td><td></td><td></td><td></td><td></td><td></td><td></td><td></td><td></td><td></td><td></td></tr>
<tr><td></td><td></td><td></td><td></td><td></td><td></td><td></td><td></td><td></td><td></td><td></td><td></td><td></td><td></td><td></td><td></td><td></td><td></td><td></td><td></td><td></td><td></td><td></td><td></td><td></td><td></td><td></td><td></td><td></td><td></td><td></td><td></td><td></td><td></td><td></td><td></td><td></td><td></td><td></td><td></td><td></td><td></td><td></td><td></td></tr>
<tr><td></td><td></td><td></td><td></td><td></td><td></td><td></td><td></td><td></td><td></td><td></td><td></td><td></td><td></td><td></td><td></td><td></td><td></td><td></td><td></td><td></td><td></td><td></td><td></td><td></td><td></td><td></td><td></td><td></td><td></td><td></td><td></td><td></td><td></td><td></td><td></td><td></td><td></td><td></td><td></td><td></td><td></td><td></td><td></td></tr>
<tr><td></td><td></td><td></td><td></td><td></td><td></td><td></td><td></td><td></td><td></td><td></td><td></td><td></td><td></td><td></td><td></td><td></td><td></td><td></td><td></td><td></td><td></td><td></td><td></td><td></td><td></td><td></td><td></td><td></td><td></td><td></td><td></td><td></td><td></td><td></td><td></td><td></td><td></td><td></td><td></td><td></td><td></td><td></td><td></td></tr>
<tr><td></td><td></td><td></td><td></td><td></td><td></td><td></td><td></td><td></td><td></td><td></td><td></td><td></td><td></td><td></td><td></td><td></td><td></td><td></td><td></td><td></td><td></td><td></td><td></td><td></td><td></td><td></td><td></td><td></td><td></td><td></td><td></td><td></td><td></td><td></td><td></td><td></td><td></td><td></td><td></td><td></td><td></td><td></td><td></td></tr>
<tr><td></td><td></td><td></td><td></td><td></td><td></td><td></td><td></td><td></td><td></td><td></td><td></td><td></td><td></td><td></td><td></td><td></td><td></td><td></td><td></td><td></td><td></td><td></td><td></td><td></td><td></td><td></td><td></td><td></td><td></td><td></td><td></td><td></td><td></td><td></td><td></td><td></td><td></td><td></td><td></td><td></td><td></td><td></td><td></td></tr>
</table>

图6-11 数量金额式明细分类账

6.2.5 建立备查账簿

备查账簿又称为备查簿、备查登记簿或者辅助账簿。企业通过设置备查账簿，可以为某些经济业务的内容提供必要的参考资料，各企业、各单位可以根据实际情况设置这类账簿。例如，企业设置的租入固定资产备查账簿，是用来登记以经营租赁方式租入、不属于本企业的财产、不能计入本企业固定资产账户的机器设备的；而应收票据贴现备查账簿，是用来登记本企业应急贴现的应收票据的。

根据企业的实际需要，备查账簿的设计方式可以灵活变更，并没有固定的标准。备查账簿的设计，主要有以下3种情形。

- 财产物资的所有权不属于企业，但是是由企业暂时租入使用或者代为保管的，这种情形下，应设置备查账簿。例如，租入固定资产登记簿、受托加工材料登记簿以及代销商品登记簿等。
- 对于同一业务需要进行多方面登记的备查账簿，一般适用于大宗或者贵重的物资，如固定资产保管登记卡和使用登记卡。
- 对于一些出于管理需要、用来反映事项的备查账簿，例如，经济合同的执行情况的记录、贷款还款情况记录、重要空白凭证记录。

6.3 不同行业的建账

企业在建账时必须充分考虑企业自身的性质，类型不同的企业其建账内容也不同。按照企业是否生产产品，可以将企业划分为工业企业和非工业企业，其中非工业企业又分为商业企业和服务企业等。

工业企业一定是有生产环节的，且会计核算相对复杂，需要设置的会计科目也会比非工业企业的会计科目多，如生产成本的核算、原材料的核算以及制造费用的核算等。而商业企业和服务业企业一般都不涉及这些科目，所以它们的财务核算是比较简单的。

不同行业的建账

6.3.1 工业企业的建账

工业企业通常指的是制造业企业，大多从事产品的制造、加工和生产等，基本按照日记账、总分类账和明细账等项目建立财务体系，日记账前文讲过，这里不再介绍。

1. 总分类账

工业企业的总分类账需要根据业务量的多少来设置相应的账簿，工业企业涉及的账户较多，因此需要多准备几本总分类账簿。企业的总分类账是根据企业涉及的业务和账户来设置的，除常用的账户外，由于其成本核算较多，大部分的经济业务都与生产成本有关，因此还应设置生产成本、辅助生产成本、制造费用等账户。存货的内容也较多，还应设置原材料、材料采购、半成品、产成品、周转材料、发出商品等账户。

工业企业还要设置关于产品销售方面的总分类账，包括营业收入、营业成本、销售费用以及税金及附加等账户。

2. 明细分类账

工业企业在设置明细分类账时，也需要根据自身管理需要和外界各部门对企业信息资料的需要来进行。与一般的企业相比，工业企业计算产品的成本需要设置产品成本明细分类账。根据企业选择的成本计算方法，企业的基本生产成本可以按产品品种、批号、类别、生产步骤设置明细账；按照归集的辅助生产费用或生产成本，设置辅助生产成本明细账。

此外，还要设置制造费用明细分类账，主要用来核算生产过程中发生的与生产有直接关系的费用，如生产车间人员工资、机器设备修理费等费用。

行家点拨

工业企业的成本计算相对比较复杂，企业在建账时，为了方便凭证的编制，可以设计一些辅助计算用的表格，如工资费用计算表、领料单、辅助生产费用分配表、完工产品成本计算单等相关计算表格。

6.3.2 商业企业的建账

商业企业，即商品流通企业，是指从事商品流通的独立核算企业，如商场、粮店、超市等。商业企业的经济活动主要是流通领域中的购、销、存活动，其核算主要侧重于采购成本或者说主营业务成本的核算及商品流通费用的核算。

1. 总分类账

由于商品企业是大量的购进商品然后直接销售的，所以除了设置日常总分类账簿外，还要设置商品采购、库存商品、商品进销差价等总分类账。若经常委托他人代销商品或代他人销售商品，还需设置委托代销商品、受托代销商品等总分类账。

商业企业在商品流通中也涉及收入、成本以及税金等方面的核算，因此还要设置商品销售收入、商品销售成本、商品销售税金及附加以及销售费用等账户。

2. 明细分类账

根据已经建立好的总账账簿，还应该增设与其相对应的明细账簿。例如，商品采购明细分类账用来反映购进商品的成本以及入库商品的实际成本，应当按客户的名称来设置，用数量金额式账簿进行登记；库存商品明细分类账反映商品的收发以及结存情况，应按商品的种类、名称、规格或存放地点设置。如果企业是商品零售企业，还需设置库存商品的调整账户“商品进销差价”明细分类账。此外，明细分类账应反映商品销售的整个经营环节所发生的各项费用。

6.3.3 服务业企业的建账

服务业企业也称第三产业企业，是指对外界提供劳务服务的企业，包括邮电通讯业、文化体育业、旅游服务业、金融保险业、广告业等。服务业企业的建账相对于工业企业和商业企业而言，是比较简单的。

1. 总分类账

服务业企业要设置的总账比工业企业和商业企业所需要的都少，通常应设置“库存现金”“银行存款”“应收账款”“其他应收款”“存货”“固定资产”“累计折旧”“无形资产”“短期借款”“应付账款”“其他应付款”“应付职工薪酬”“应交税费”“实收资本”“资本公积”等常用账户。

2. 明细分类账

与工业企业和商业企业一样，服务业企业的明细分类账也是根据服务企业管理需要和实用性来设置的，只是要多设置一个销售费用明细分类账，但是并不是越详细越好，会计人员在设置明细账户时应充分考虑。

无论是什么类型的企业，只要将企业的这几种类型的账簿建立起来，建账的基本工作就完成了。

6.4 新手加油站

1. 建账时应取得的资料

企业建账时应取得的资料主要有企业章程、验资报告等。特别是验资报告，既能佐证企业的注册资本金额，便于确认账务中的实收资本金额，还能反映股东的出资方式是货币还是实物。取得验资报告的主要目的是为了确定股东的出资方式，不能确定股东的出资方式是无法建账的。建账时一定要让企业负责人出具成立时的验资报告，注册资本发生变动的，应取得以前的验资报告。如果是以实物出资的，还要出具当时的评估报告。

2. 印花税和印花税票

印花税是针对设立、领受具有法律效力的凭证所产生的行为所征收的一种税。企业启用用于经营活动的营业性账簿时，就需要向政府缴纳印花税，也只有按税法规定缴足印花税的营业账簿才具有法律效力。印花税票则是指在凭证上直接印有固定金额，必须由纳税人向税务机关购买的，专门用于征收印花税税款，并必须粘贴在应纳税凭证上的一种有价证券，其票面金额包括1角、5角、1元、5元、10元和100元等。粘贴印花税票时，应注意必须一次足额贴在应纳税凭证上，更重要的是必须在每一枚税票的骑缝处盖戳或划销，这表示纳税人已足额缴纳印花税。

3. 固定资产卡片账

企业是根据管理的需要来建账的。在实际的会计工作中，企业的固定资产项目较多，如果只设置总分类账和明细分类账来核算固定资产，不仅不利于企业对固定资产进行管理，还会影响会计核算和监督，因此企业根据管理需要，在建账时还可设置固定资产卡片账。

固定资产卡片账是由分散的卡片组成，放在卡片箱中可以随取随放的一种账簿，是不需要每年更换的，图6-12所示为固定资产卡片账。

固定资产登记卡片

卡片编号： 日期：

固定资产编号		固定资产名称			
类别编号		类别名称			
规格型号		部门名称			
增加方式		存放地点			
使用状况		使用年限		折旧方法	
总作总量		累计工作量		工作量单位	
启用日期		已提年份		币种	
原值		净残值率		净残值	
累计折旧		月折旧率		月折旧额	
净值		对应折旧科目		项目	

录入人： 录入日期：

图6-12 固定资产卡片账

6.5 动动手

1. 新丰公司建账的设置

假设新丰公司需要购买建账用的各种会计凭证和账簿。目前，已知该公司需要建账的会计科目包括：库存现金、银行存款、应收账款、其他应收款、原材料、库存商品、周转材料、应付账款、应付职工薪酬、应交税费、其他应付款、利润分配、生产成本、制造费用、主营业务收入、其他业务收入、主营业务成本、税金及附加、销售费用、管理费用、财务费用。分析新丰公司应该如何建账（即需要设置哪些科目，使用哪些账簿），需要购买哪些会计凭证和账簿（已知该公司业务量总体不大，现金业务较少）。

参考答案

配套\第6章\参考答案\新丰公司建账的设置.docx

2. 填写新丰公司明细分类账

（1）2018年9月11日，新丰公司购买了一批办公用品，支付款项3 000元（已经编制记账凭证，凭证号103）。

（2）2018年9月12日，新丰公司发生的业务招待费为53 800元（已经编制记账凭证，凭证号104）。

（3）2018年9月18日，新丰公司向泰昌公司销售了一批商品，货款共计30 000元，款项尚未收到（已经编制记账凭证，凭证号112）。

根据上述资料，填写新丰公司的明细分类账。

参考答案

配套\第6章\账簿模板\三类明细分类账.docx
配套\第6章\参考答案\填写明细分类账.docx

07 Chapter

第7章 小试身手——填制会计凭证

情景导读

小叶： 张姐，这么多凭证大大小小、五花八门，到底什么是原始凭证，什么是记账凭证呢？

张姐： 你可真逗，记账凭证上面不是有名称吗？

小叶： 哎呀，我是被这么多的凭证给弄晕了。这么说，没有“记账凭证”名称的凭证就都是原始凭证？

张姐： 这样的说法太不严谨了，原始凭证是证明经济业务发生的有效凭证，是一手资料；而记账凭证是根据原始凭证填制的，是对经济业务进行的会计书写，是二手资料。原始凭证和记账凭证也有很多的类型，这个我接下来会给你详细讲解。

小叶： 那真是太好了，张姐，那就麻烦您给我详细讲解一下会计凭证啦。

7.1 一手资料——原始凭证

原始凭证的关键在于“原始”一词，原始凭证一般是在经济业务发生或完成时取得的一种证据，取得原始凭证就代表某项经济业务已经完成了。没有原始凭证，就没有证据证明经济业务是否真实发生，而会计做账工作也就无法开展。

7.1.1 原始凭证填什么

每一种原始凭证都必须客观、真实地记录和反映经济业务的发生或完成情况，这就要求原始凭证必须具备以下基本内容。

- 原始凭证的名称。
- 原始凭证填制日期或经济业务发生日期。
- 填制凭证单位的名称及公章或专用章。
- 经办人或责任人的签名或盖章。
- 接受凭证单位的名称。
- 经济业务的内容。
- 经济业务的数量、计量单位、单价和金额。

一手资料原始凭证

图7-1所示为原始凭证的一种，通过该单据可以了解原始凭证中所包含的内容。

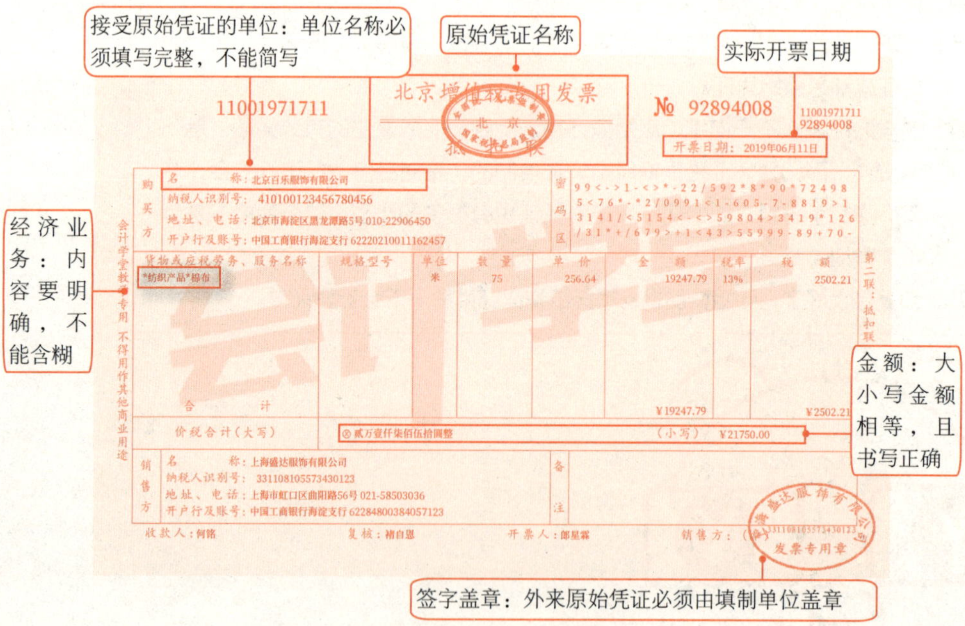

图7-1 原始凭证中所包含的内容

图7-1列示的项目是原始凭证应包含的基本项目，但由于现实中的原始凭证十分多样，而一些特殊的原始凭证也需要列示能反映特有信息的内容，所以有些特殊的原始凭证

会根据需要增设一些项目。下面介绍两类设置特殊项目的原始凭证。

- **发票**：从外单位取得的原始凭证应使用统一发票，发票上应印有全国统一发票监制章，且必须加盖发票专用章。其中，增值税专用发票上还要包括购销双方的纳税人识别号、地址、电话、开户银行及账号等项目。
- **自制原始凭证**：自制原始凭证上要包括经办单位负责人或由单位负责人指定人员的签名或盖章。其中，支付款项原始凭证上还要包括收款单位和收款人的收款证明；购买实物的原始凭证，必须附有入库单等验收证明。

7.1.2　原始凭证种类多

常见的原始凭证是经济业务发生后收到的各种单据，如发票、费用报销单、产品入库单、借款单等。实务中，原始凭证有很多不同的分类，具体如图7-2所示。

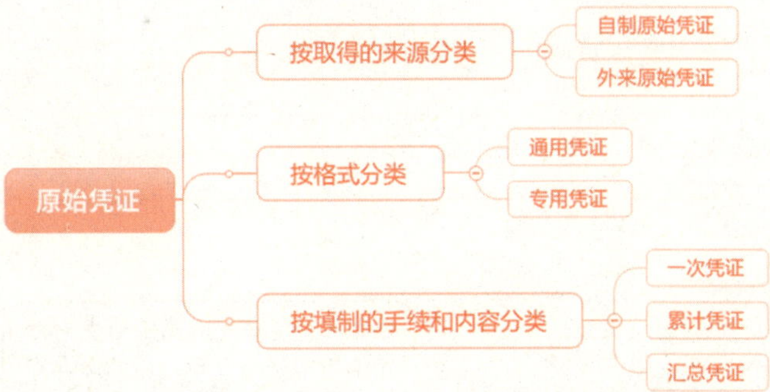

图7-2　原始凭证的分类

1. 外来原始凭证和自制原始凭证

原始凭证根据取得的来源不同，可以分为外来原始凭证和自制原始凭证。

（1）外来原始凭证

外来原始凭证是在经济业务发生或完成时从其他单位或个人处直接取得的原始凭证，或是能证明物品来源的最初证明。外来原始凭证是出现频率最多、最为常见的一类凭证。常见的外来原始凭证包括购买货物取得的增值税专用发票和普通发票，对外单位支付款项时取得的收据，职工出差取得的汽车票、火车票、飞机票等。图7-3所示为银行转来的电汇回单。

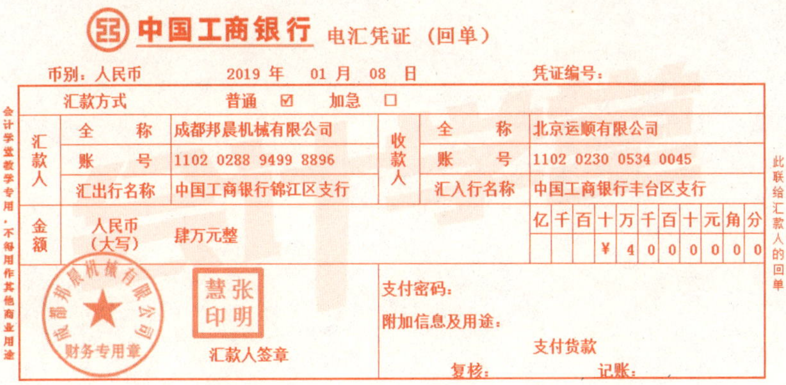

中国工商银行 电汇凭证（回单）

币别：人民币　　2019 年　01 月　08 日　　凭证编号：

汇款方式		普通 ☑　加急 ☐			
汇款人	全　称	成都邦晨机械有限公司	收款人	全　称	北京运顺有限公司
	账　号	1102 0288 9499 8896		账　号	1102 0230 0534 0045
	汇出行名称	中国工商银行锦江区支行		汇入行名称	中国工商银行丰台区支行
金额	人民币（大写）	肆万元整		亿千百十万千百十元角分	¥ 4 0 0 0 0 0 0
汇款人签章			支付密码： 附加信息及用途：支付货款 复核：　记账：		

会计学堂教学专用，不得用作其他商业用途

此联给汇款人的回单

图7-3　电汇回单

（2）自制原始凭证

自制原始凭证是指由公司内部经办业务的部门或个人在执行或完成某项经济业务时所填制的原始凭证。常见的自制原始凭证包括收料单、领料单、限额领料单、产品入库单、出库通知单、借款单、工资发放明细表、折旧计算表等。图7-4所示为出库通知单。

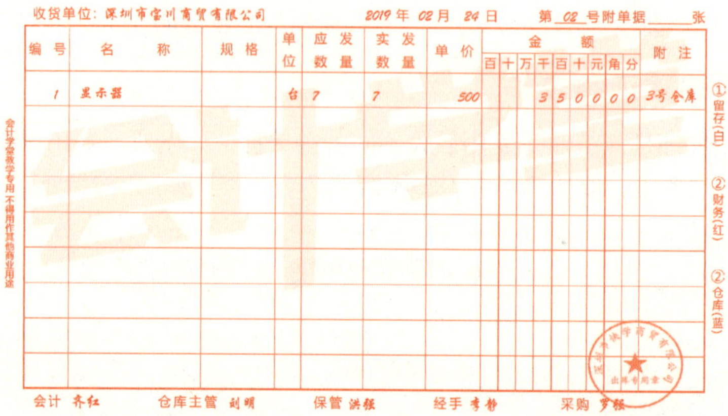

出库通知单

收货单位：深圳市富川商贸有限公司　2019年 02月 24日　第 02 号附单据____张

编号	名称	规格	单位	应发数量	实发数量	单价	金额	附注
1	显示器		台	7	7	500	350000	3号仓库

①留存(白)　②财务(红)　②仓库(蓝)

会计 齐红　仓库主管 刘明　保管 洪48　经手 李静　采购 罗杨

会计学堂教学专用 不得用作其他商业用途

图7-4　出库通知单

我还以为自制原始凭证是自己制作的呢，原来应该理解为“自行填制”更恰当一些！

自制原始凭证包括企业自制对外凭证的副联、存根，以及企业内部使用的单据。前者如开出支票的副联，后者如收货单、工资单等。

2. 通用凭证和专用凭证

原始凭证根据格式的不同，还可以分为通用凭证和专用凭证两类。

（1）通用凭证

通用凭证是由有关部门统一印制、在一定范围内使用的具有统一格式和使用方法的原始凭证，如全国通用的增值税专用发票、银行转账结算凭证等。图7-5所示为国家税务总局统一印制的增值税专用发票。

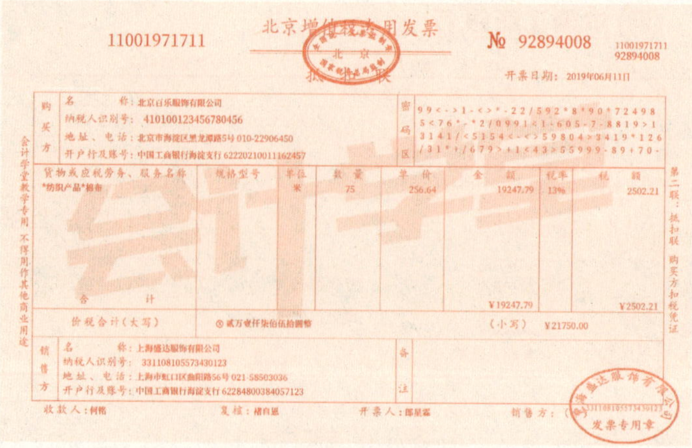

北京增值税专用发票

11001971711　№ 92894008　11001971711 92894008

抵扣联　开票日期：2019年06月11日

购买方　名称：北京百乐服饰有限公司
纳税人识别号：410100123456780456
地址、电话：北京市海淀区黑龙潭路5号 010-22906450
开户行及账号：中国工商银行海淀支行 62220210011162457

密码区　99<->1-<>*-22/592*8*90*72498 5<76*-*2/0991<1-605-7-8819>1 3141/<5154<-<>59804>3419*126 /31*+/679>+1<43>55999-89+70-

货物或应税劳务、服务名称	规格型号	单位	数量	单价	金额	税率	税额
*纺织产品*棉布		米	75	256.64	19247.79	13%	2502.21
合计					￥19247.79		￥2502.21
价税合计（大写）	⊗贰万壹仟柒佰伍拾圆整				（小写）￥21750.00		

销售方　名称：上海盛达服饰有限公司
纳税人识别号：331108105573430123
地址、电话：上海市虹口区曲阳路56号 021-58503036
开户行及账号：中国工商银行海淀支行 62284800384057123

备注

收款人：何熊　复核：褚自恩　开票人：郎星霖　销售方：（章）

第二联：抵扣联 购买方扣税凭证

会计学堂教学专用 不得用作其他商业用途

图7-5　增值税专用发票

（2）专用凭证

专用凭证是指由公司自行印制，仅在本公司内部使用的原始凭证，如领料单、差旅费报销单、折旧计算表、工资费用分配表等。图7-6所示为差旅费报销单。

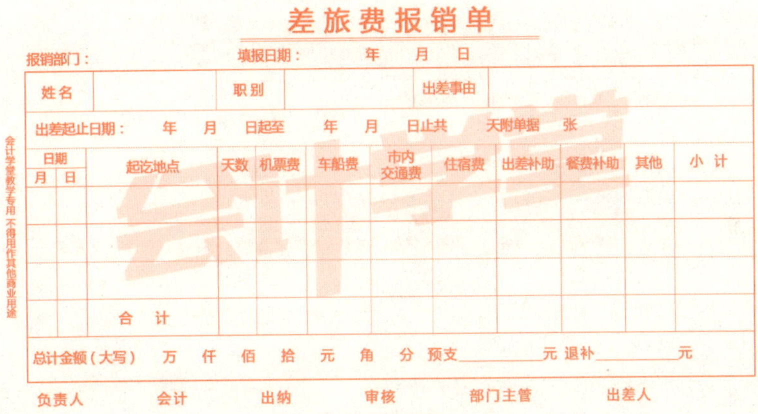

差旅费报销单

报销部门： 填报日期： 年 月 日

姓名		职别		出差事由						
出差起止日期： 年 月 日起至 年 月 日止共 天附单据 张										
日期（月 日）	起讫地点	天数	机票费	车船费	市内交通费	住宿费	出差补助	餐费补助	其他	小计
	合 计									
总计金额（大写） 万 仟 佰 拾 元 角 分 预支______元 退补______元										

负责人 会计 出纳 审核 部门主管 出差人

图7-6 差旅费报销单

3. 一次凭证、累计凭证和汇总凭证

一次凭证、累计凭证和汇总凭证是根据原始凭证填制的手续和内容的不同进行的分类。

（1）一次凭证

一次凭证是指一次填制完成的原始凭证，通常只能反映一项经济业务事项，或同时发生的若干项同类经济业务事项。一次凭证使用方便灵活，但凭证数量较多，日常生活中涉及的原始凭证大部分属于此类，如收据、出库单、发票等。图7-7所示为某公司收款收据。

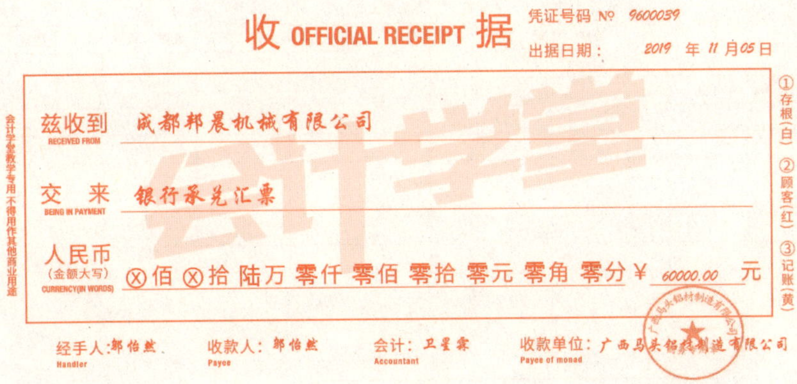

收 OFFICIAL RECEIPT 据

凭证号码 № 9600039

出据日期： 2019 年 11 月05 日

兹收到 RECEIVED FROM 成都邦晨机械有限公司

交来 BEING IN PAYMENT 银行承兑汇票

人民币（金额大写）CURRENCY(IN WORDS) ⊗佰 ⊗拾 陆万 零仟 零佰 零拾 零元 零角 零分 ￥60000.00 元

经手人 Handler：郭怡然 收款人 Payee：郭怡然 会计 Accountant：卫星霖 收款单位 Payee of moned：广西马头铝材制造有限公司

①存根（白） ②顾客（红） ③记账（黄）

图7-7 收款收据

行家点拨

所有外来原始凭证都属于一次凭证。除此之外，大部分自制的原始凭证也属于一次凭证，如收料单、领料单、发货单、借款单、报销凭单等。

（2）累计凭证

累计凭证是指在一定时期内多次记录发生的同类型经济业务的原始凭证，其特点是在一张凭证内可以连续登记相同性质的经济业务，可随时结出累计数和结余数，并按照费用限额进行费用控制，期末按实际发生额记账。累计凭证是有效的原始凭证，如限额领料单、费用限额卡等。图7-8所示为限额领料单的累计凭证。

限 额 领 料 单

材料科目：　　　　　　　　　　　　　　　　　　材料类别：

领料车间（部门）：　　　　　　　　　　　　　　编号：

用途：　　　　　　　　年　　月　　　　　　　　仓库：

材料编号	材料名称	规格	计量单位	领料限额	实际领用			备注
					数量	单位成本	金额	

日期	请领		实发数量			退库			限额结余
	数量	领料单位	数量	领料人签章	发料人签章	数量	领料人签章	退料人签章	
合 计									

供应部门负责人：　　　　　　　生产部门负责人：　　　　　　　仓库负责人：

图7-8　限额领料单的累计凭证

（3）汇总凭证

汇总凭证是指将一定时期内若干份记录同类经济业务的原始凭证按一定的管理要求汇总编制成一张汇总凭证，用以集中反映某项经济业务总括发生情况的会计凭证，如发出材料汇总单、工资结算汇总表、差旅费报销单等。图7-9所示为发出材料汇总单。

发 出 材 料 汇 总 单

库房　　　　　　　　　　　　年　　月

产品编号	产品名称	规格	单位	上期结存		本期购入		本期发出合计		A		B		C		其他		期末数量	
				数量	金额	数量	金额	数量	金额	数量	金额	数量	金额	数量	金额	数量	金额	数量	金额
合计																			

图7-9　汇总凭证

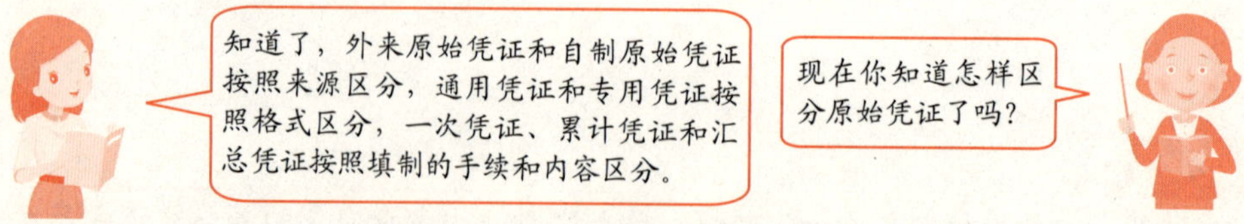

7.1.3　原始凭证怎么填

认识了原始凭证之后，还要知道应该怎样填制原始凭证。填制原始凭证要做到记录真实，内容完整，书写规范，手续完备，不得任意涂改、刮擦或挖补原始凭证，除此之外，填制原始凭证还应符合以下要求。

- 年、月、日应按照填制原始凭证的实际日期填写。
- 名称应齐全，不能简化。
- 品名或用途应填写明确，不能含糊不清。
- 阿拉伯数字应逐个填写，不得连笔写。
- 所有以元为单位的阿拉伯数字，除表示单价等情况外，一律填写到角、分；无角、分的，角位和分位可写“00”，或符号“-”；有角无分的，分位只能写“0”，不得用符号“-”。
- 凡要求填写大写和小写金额的原始凭证，大写与小写的金额必须相符。
- 大写金额用汉字壹、贰、叁、肆、伍、陆、柒、捌、玖、拾、佰、仟、万、亿、元、角、分、零、整等，大写金额前未印有“人民币”字样的，应加写“人民币”3个字。“人民币”字样和大写金额之间不得留有空白，大写金额到元或角为止的，后面要写“整”或“正”字；有分的，不写“整”或“正”字。如小写金额为“¥300 060.50”，大写金额应写成“人民币叁拾万零陆拾元伍角整”，或写成“人民币叁拾万零陆拾元零伍角整”。

案例7-1 方兰是东华公司的一名销售经理，2018年2月22日，方兰到北京出差，经批准其可从财务部门领取现金4 000元作为差旅费。2018年2月26日，方兰出差归来将剩余的差旅费1 200元归还财务部门。出差期间发生的有关费用包括：①酒店A发票300元，酒店B发票500元；②机票费：1 200元；③通信费：100元；④饭店C发票100元，饭店D发票150元，饭店E发票150元；⑤出租车发票50元，长途汽车发票200元，公交车发票50元（假设各项费用均取得相关凭证）。请根据上述资料，为方兰填制费用报销单。

分析：费用报销单属于专用凭证和一次凭证，在填写时，可对费用项目归类，以直观反映费用金额的具体分布。案例中可将方兰在出差过程中发生的相关费用归为4类，即住宿费800元（300＋500）、交通费1 500元（1 200＋50＋200＋50）、通信费100元、餐饮费400元（100＋150＋150）。填制完成后的费用报销单如图7-10所示。

费用报销单

报销部门：销售部 2019 年 02 月 26 日 单据及附件共 11 页

用途	金额（元）	备注			
住宿费	800.00				
交通费	1500.00				
通信费	100.00	部门审核	同意 方兰	领导审批	同意 吕万敏
餐饮费	400.00				
合计	¥2800.00				
金额大写：⊗拾 ⊗ 万贰 仟捌 佰零 拾零 元零 角 零分		原借款：¥4000.00 元		应退余款：¥1200.00 元	

会计主管 罗午 会计 苗霖 出纳 王琪 报销人 方兰 领款人 方兰

现金收讫

会计学堂教学专用 不得用作其他商业用途

图7-10 填制完成后的费用报销单

7.1.4 原始凭证需审核

为了正确反映和监督各项经济业务，保证原始凭证的正确、真实和有效，会计机构和经办人员必须对原始凭证进行审核。审核原始凭证时主要依据6大原则，即真实性、合法性、合理性、完整性、正确性、及时性，具体如表7-1所示。

表7-1 原始凭证的审核原则

审核原则	审核内容
真实性	日期、业务内容、各项数据是否真实
合法性	经济业务是否合法，是否有营私舞弊、仿造涂改等违法行为
合理性	经济业务是否符合企业生产经营活动的需要，是否符合有关的计划和预算
完整性	填写项目是否齐全，日期是否完整，数字是否清晰，文字是否工整，签章是否齐全，凭证联次是否正确
正确性	单位名称、经济业务内容、金额等是否正确
及时性	凭证填制日期是否及时，特别是支票、银行汇票、银行本票等时效性较强的原始凭证，必须仔细验证其签发日期

审核原始凭证时，上述原则只是提供了一种方法或方向，在实际工作中，还需不断地观察与总结，下面就是根据经验总结出的原始凭证的一些审核技巧。

- 刮擦过的原始凭证，表面会有毛糙感，可通过触摸、透过光线查看等方法进行检查。
- 使用化学试剂消退字迹而后写上的原始凭证，纸张表面光泽会消失，纸质会变脆，且可能有淡黄色污斑和隐约可见的文字笔画残留。
- 通过添加方式来改写的原始凭证，文字分布位置会不合比例，如果原始凭证上出现不必要的重描和交叉笔画，则可能是伪造凭证。
- 对冒充签字的原始凭证，应通过比对真实字迹来进行检查。
- 明显不规范、要素不全、关键要素模糊的原始凭证，应与当事人当面验证，避免自制假单据入账。
- 若原始凭证上的时间与业务活动发生的时间及以后的入账时间差距较大，则应与当事人验证。
- 主要业务凭证与其他相关的凭证不配套，如销售货物只有销售发票而无发货单据、托运证明、出门单、结算凭证等，则要仔细核对经济业务是否发生。
- 凭证形式不符合规则，如以货币收付凭证代替实物收付凭证、以自制凭证代替外来凭证等，应检查经济业务是否发生。

行家点拨

如果会计人员在检查有关原始凭证的真伪时，对该原始凭证存在怀疑的，可以请公安、税务等部门运用特定技术对该原始凭证进行鉴别。

7.2 二手资料——记账凭证

记账凭证又称为记账凭单或分录凭单，是会计人员根据审核无误的原始凭证按照经济业务事项的内容加以归类，并根据确定的会计分录而填制的会计凭证。如果说原始凭证是填制记账凭证的依据，那么记账凭证则是登记账簿的依据。

7.2.1 记账凭证填什么

记账凭证的主要用途就是将企业发生的经济业务活动转化为会计记录，为了保证记账凭证能全面、正确地反映所记录的经济业务，其应该具备以下6方面的内容。

- 填制凭证的日期。
- 凭证的编号。
- 描述经济业务内容的摘要。
- 借贷双方的会计科目（包括一级、二级科目和明细科目）和金额。
- 所附原始凭证的张数。
- 会计主管、制证、审核、记账等有关人员的签名或盖章。

二手资料
记账凭证

7.2.2 记账凭证分几种

根据不同的分类标准，记账凭证也可划分为不同的类别，记账凭证的分类如图7-11所示。

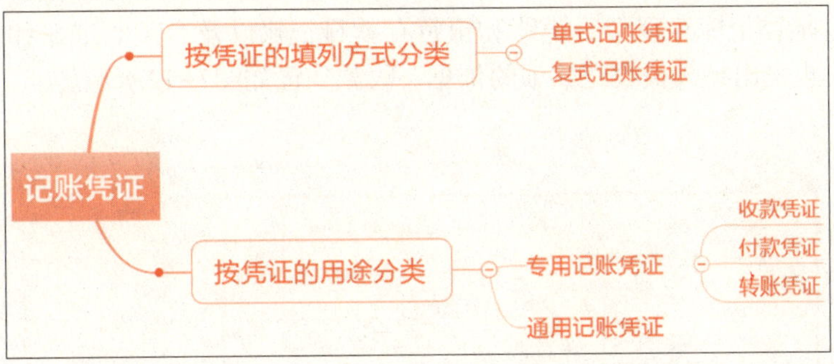

图7-11 记账凭证的分类

1. 单式记账凭证和复式记账凭证

单式记账凭证和复式记账凭证是根据记账凭证的填制方式进行的分类。

（1）单式记账凭证

单式记账凭证是指在每一张凭证上只填列经济业务事项所涉及的一个会计科目及其金额的记账凭证，其中，填列借方科目的称为借项记账凭证，填列贷方科目的称为贷项记账凭证。单式记账凭证反映的内容单一，便于会计分工记账，便于按会计科目汇总。但是，单式记账凭证不能反映每一笔经济业务的全貌，不便于检验会计分录是否正确。因此，在实际生活中，单式记账凭证的使用范围很小。

行家点拨

采用单式记账凭证做账有利于汇总会计科目的借贷方发生额，同时也便于分工记账，但数据量过大，并不利于查账。

（2）复式记账凭证

复式记账凭证是指将每一笔经济业务涉及的全部会计科目及其发生额都在同一张记账凭证中反映，并使得凭证上既有“借方”科目、又有“贷方”科目的一种凭证，是实际工作中应用最普遍的记账凭证，后文所提到的收款凭证、付款凭证和转账凭证，以及通用记账凭证都属于复式记账凭证。

2. 专用记账凭证和通用记账凭证

记账凭证按照不同的用途，可以分为专用记账凭证和通用记账凭证。

（1）专用记账凭证

专用记账凭证一般适用于大型或特大型企业进行账务核算，因为这类企业的收款和付款的业务量非常大，需要分类做账才有利于会计数据的处理。专用记账凭证可以分为收款凭证、付款凭证和转账凭证。

- **收款凭证：**收款凭证的颜色通常为红色，主要用于记录库存现金和银行存款收款业务，是登记库存现金日记账和银行存款日记账以及有关明细账和总账等账簿的依据，也是出纳人员收讫款项的依据。收款凭证如图7-12所示。

收　款　凭　证

借方科目：　　　　　　年　月　日　　　　　　字第　号

摘　要	总账科目	明细科目	金额												记账符号
			亿	千	百	十	万	千	百	十	元	角	分		
附件　张	合	计													

会计主管：　　记账：　　出纳：　　审核：

图7-12　收款凭证

- **付款凭证：**付款凭证的颜色通常为蓝色，主要用于记录库存现金和银行存款付款业务，是登记库存现金日记账、银行存款日记账以及有关明细账和总账等账簿的依据，也是出纳人员付讫款项的依据。付款凭证如图7-13所示。

付　款　凭　证

贷方科目：　　　　　　年　月　日　　　　　　字第　号

摘　要	总账科目	明细科目	金额												记账符号
			亿	千	百	十	万	千	百	十	元	角	分		
附件　张	合	计													

会计主管：　　记账：　　出纳：　　审核：

图7-13　付款凭证

● **转账凭证：**转账凭证的颜色通常为黑色，主要用于记录不涉及库存现金和银行存款的业务，是登记总分类账和有关明细分类账的依据。转账凭证如图7-14所示。

转　账　凭　证

年　　月　　日　　　　　　　　字第　　　号

摘要	总账科目	明细科目	借方金额											贷方金额											记账符号
			亿	千	百	十	万	千	百	十	元	角	分	亿	千	百	十	万	千	百	十	元	角	分	
附件　张	合计																								

会计主管：　　记账：　　出纳：　　审核：　　制单：

图7-14　转账凭证

行家点拨

在经济业务中，只要是不涉及现金和银行存款收付的业务都称为转账业务，如计提固定资产折旧、期末结转成本、车间领用原材料等都是转账业务。但是要注意，会计上的“转账业务”与银行转账业务不是一回事，前者不涉及货币资金，而后者处理的是资金在银行账户间的流动。

不同专用记账凭证的格式有什么区别吗？

各类专用记账凭证的整体布局相似，但收款凭证和付款凭证可能只涉及两类账户，所以在右上方会有“借方科目”或“贷方科目”栏目，下方就只填写对应的科目。

（2）通用记账凭证

通用记账凭证适用于规模小、会计业务少、经济业务比较简单的企业。通用记账凭证如图7-15所示。

记　账　凭　证

年　　月　　日　　　　　　　　字第　　　号

摘要	总账科目	明细科目	借方金额											贷方金额											记账符号
			亿	千	百	十	万	千	百	十	元	角	分	亿	千	百	十	万	千	百	十	元	角	分	
附件　张	合计																								

会计主管：　　记账：　　出纳：　　审核：　　制单：

图7-15　通用记账凭证

7.2.3 记账凭证怎么填

记账凭证是对原始凭证反映的经济业务事项进行分类后编制的凭证，在会计的核算过程中，具有便于记账、减少差错的作用。编制记账凭证是将原始凭证记载的内容向会计账簿传递的最为重要的环节。由于记账凭证的种类很多，而不同类别的记账凭证又有不同的填制要求，下面就对其做分类介绍。

1. 记账凭证填制的一般要求

填制记账凭证的总体要求是“十六字方针”，即记录真实、内容完整、填制及时、书写清楚。除此之外，还必须符合下列要求。

- “摘要”栏文字说明要简练、概括，并能反映出该笔经济业务的内容。
- 根据经济业务内容确定借贷科目，科目使用必须正确，不得任意改变、简化会计科目的名称，有关二级或明细科目应填写齐全。
- 记账凭证中借贷账户必须保持清晰的对应关系。
- 记账凭证必须填制合计数，以便检查对应账户的平衡关系。
- 记账凭证必须连续编号，以便检查且避免凭证散失。
- 每张记账凭证都要注明附件张数，以便日后查对。

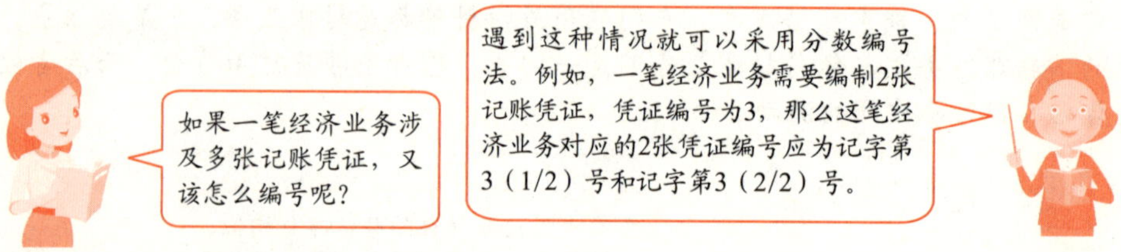

2. 收款凭证的填制要求

填制收款凭证时应遵循以下要求。

- 右上方所填列的借方科目，只能是“库存现金”或“银行存款”科目。
- 凭证内所反映的贷方科目，应填列与“库存现金”或“银行存款”相对应的科目。
- 金额栏填列经济业务实际发生的数额。
- 在凭证的右侧填写所附原始凭证张数。
- 在出纳及制单处签名或盖章。

3. 付款凭证的填制要求

填制付款凭证时应遵循以下要求。

- 右上方所填列的贷方科目，只能是“库存现金”或“银行存款”科目。
- 凭证内所反映的借方科目，应填列与“库存现金”或“银行存款”相对应的科目。
- 金额栏填列经济业务实际发生的数额。
- 在凭证的右侧填写所附原始凭证张数。
- 在出纳及制单处签名或盖章。

4. 转账凭证的填制要求

填制转账凭证时应遵循以下要求。

- 将经济业务所涉及的会计科目全部填列在凭证内，借方科目在前，贷方科目在后。

- 将科目对应的借贷金额填列在“借方金额”或“贷方金额”栏内。
- 借贷方金额合计数应相等。
- 在凭证的右侧填写所附原始凭证张数。
- 制单人应在填制凭证后签名盖章。

行家点拨

在实际工作中，规模较小、业务量较少的单位也可以不根据经济业务的内容分别填制收款、付款或转账凭证，而统一使用单一格式的通用记账凭证。但对于规模较大、收付业务较多的单位则可采用收款、付款或转账凭证。

案例7-2 东华公司在2018年4月1日购买了一台价值200 000元的生产设备，支付现款50 000元，对剩余款项签发了半年期银行汇票一张进行支付。假设不考虑相关税费，该项经济业务应如何填制记账凭证?

分析：通过分析案例可以知道，该项经济业务涉及科目包括“银行存款”“应付票据”和“固定资产”，支付现款可以填制付款凭证，签发的汇票可以填制转账凭证，因此对该项经济业务应该分别填制付款凭证和转账凭证。

获取所有相关原始凭证后，就可以填制记账凭证，填制前可以先编制如下会计分录。

（1）支付现款50 000元

借：固定资产——生产设备　　50 000

　贷：银行存款　　50 000

（2）签发半年期银行汇票一张

借：固定资产——生产设备　　50 000

　贷：应付票据　　150 000

确认会计分录无误后，便可将相关经济事项填入对应凭证中，填制完成后的付款凭证和转账凭证如图7-16、图7-17所示。

付 款 凭 证

银付字第 001 号

贷方科目：银行存款　　2019 年 04 月 01 日

摘要	总账科目	明细科目	亿	千	百	十	万	千	百	十	元	角	分	记账符号
购买生产设备一台	固定资产	生产设备					5	0	0	0	0	0	0	
附件 1 张	合	计				¥	5	0	0	0	0	0	0	

会计主管：　记账：　出纳：　审核：冯明

图7-16 填制完成的付款凭证

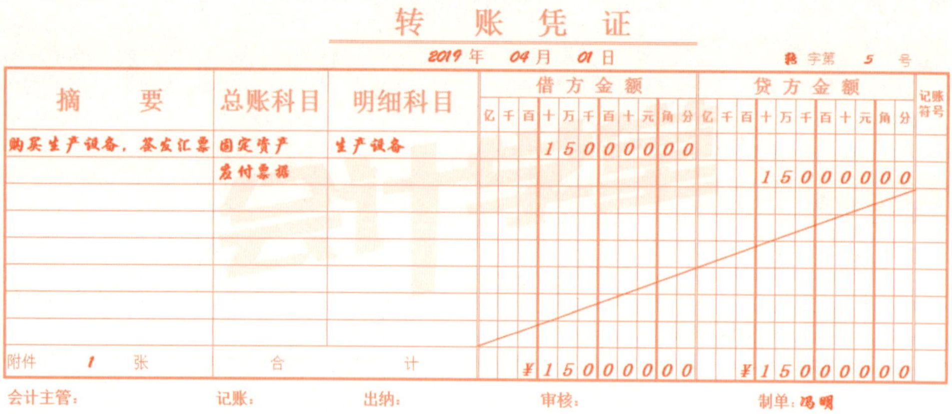

转 账 凭 证

2019 年 04 月 01 日　　转字第 5 号

摘 要	总账科目	明细科目	借方金额	贷方金额	记账符号
购买生产设备，签发汇票	固定资产	生产设备	15000000		
	应付票据			15000000	
附件 1 张	合 计		￥15000000	￥15000000	

会计主管：　记账：　出纳：　审核：　制单：冯明

图7-17　填制完成的转账凭证

7.2.4　记账凭证需审核

记账凭证填制完成以后，必须由专人进行严格审核，以监督经济业务的真实性、合法性和合理性，并检查记账凭证的填制是否符合要求。因此，审核记账凭证是会计工作必不可少的一环，应认真对待。总体来说，记账凭证审核的原则如表7-2所示。

表7-2　记账凭证的审核原则

原则	审核内容
内容是否真实	是否有原始凭证为依据，所附原始凭证的内容是否与记账凭证内容一致
项目是否齐全	日期、凭证编号、摘要、金额、有关人员签章等是否填写齐全
科目是否正确	会计科目是否符合规定，借贷科目是否正确，账户对应关系是否清晰
金额是否正确	记录的金额与原始凭证的有关金额是否一致，计算是否正确
书写是否规范	记录的文字是否工整、数字是否清晰，是否按规定进行更正等
手续是否完备	以现金或转账收付的经济业务，是否在原始凭证上加盖收付讫章

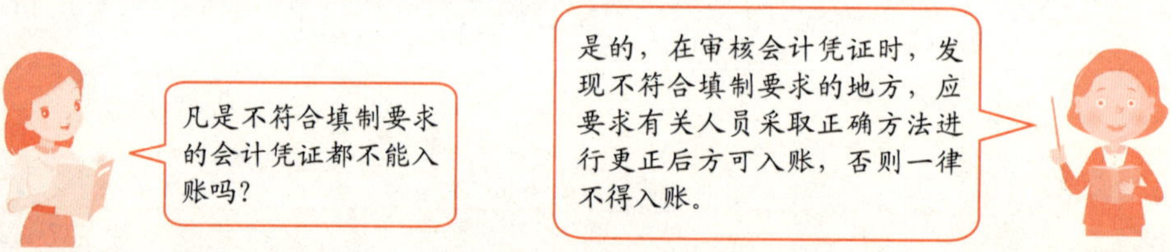

除按照审核原则对记账凭证进行审核外，还应定期或不定期对记账凭证进行检查，这样不仅可以保证会计信息质量，还可以打消那些存有舞弊思想人员的想法。常用的检查记账凭证的方法主要有审阅法、核对法、查询法3种。

1. 审阅法

审阅法主要通过全盘审查来找出存在异常或疑点的记账凭证，其方法如下。

- 审查记账凭证的外观，重点查看基本要素是否清晰，有无粗糙、模糊之处，手续是否完备，经手人和复核人是否签章。
- 审查会计科目能否如实反映原始凭证所载的经济业务，对应关系是否明确，指向是否清楚，一级科目、二级科目层次是否分明，金额是否无误。
- 审查记账凭证摘要能否说明经济业务的内容，有无似是而非之处。

2. 核对法

在初步审阅的基础上，如发现了异常或疑点，应立即将记账凭证的可疑之处与原始凭证进行核对，即对记账凭证做进一步的检查，核对的内容主要包括以下4个方面。

- 会计科目核算的经济内容与原始凭证是否相符。
- 记账凭证中的借贷方金额是否与原始凭证相符，特别是对附有多张原始凭证的情形，应对其进行加总验证，不但要核对数量、金额，还要核对其业务内容、凭证张数、业务发生的时间等。
- 核对汇总后的记账凭证与单个记账凭证的合计数是否相符。
- 核对记账凭证与明细账、日记账及总账是否相符。

3. 查询法

查询法是指审查人员针对记账凭证中出现的异常和可疑之处，向被查单位有关操作人员、当事人或者知情人进行询问。查询也包括函询，函询对象一般是出具原始凭证的单位、开具凭证的经办人、被查单位的债权人或者客户等，查询中应查清记账凭证中出现的问题，并取得有关问题的证据材料。

7.3 装订、传递和保管凭证

7.3.1 凭证装订有技巧

一般情况下，记账凭证应该每月装订一次，根据凭证数量的多少，可以装订一册或多册。装订会计凭证可通过以下3个方面进行。

1. 准备

装订、传递和保管凭证

为了顺利完成记账凭证的装订，应在装订前充分做好以下各种准备工作。

- 按凭证编号的顺序排列记账凭证，检查记账凭证的日期、编号、附件数等内容是否齐全。
- 按凭证汇总日期归集（如按上、中、下旬汇总归集）来确定本月应该装订成册的册数，也可按凭证编号归集。
- 整理检查记账凭证是否颠倒。
- 检查所附原始凭证是否齐全，有没有缺漏。
- 准备好装订记账凭证的工具，如打孔机、针、线、美工刀、剪刀、胶水、夹子等。

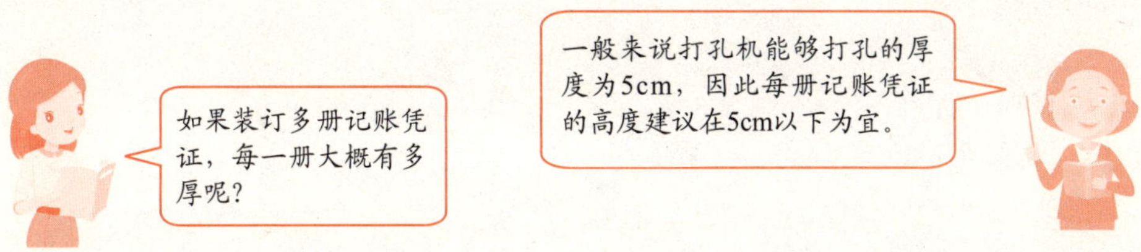

2. 装订

完成准备工作后，便可按以下方法装订记账凭证。

- 将归集并整理成册的记账凭证上方和左方对齐，依次摘除记账凭证左上角的金属物，如大头针、曲别针等。

- 用夹子将摘除金属物后的记账凭证夹在一起，避免对齐后的记账凭证散乱。
- 拿出配套的记账凭证封面，将其右侧与记账凭证右侧对齐，利用美工刀或剪刀将封面（包括封底）的大小剪裁到与记账凭证一样的大小，对齐后用夹子夹在一起。
- 准备一张包角纸，如果裁剪下来的封面剩余部分的大小合适，可以使用它作为包角纸。将包角纸左方和上方与记账凭证及封面对齐，再次用夹子固定。
- 使用打孔机在记账凭证左上角打2个孔，打孔的位置如图7-18所示。

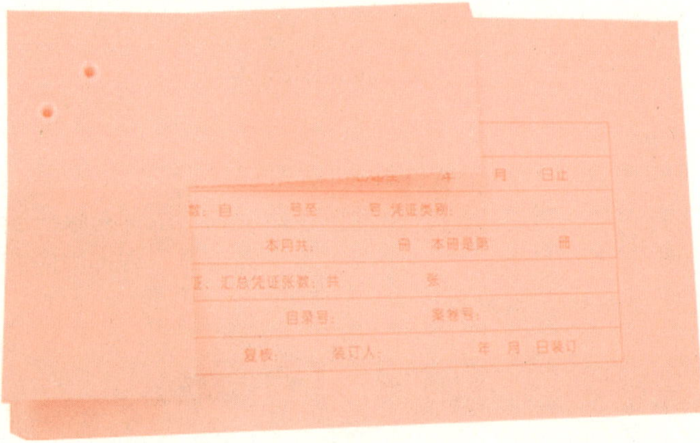

图7-18　打孔的位置

- 使用针线将记账凭证连接起来，具体步骤为：从左上方孔洞的背面向前面穿线，再从上方返回到背面重新从该孔向前面穿线。然后继续在前面左下方的孔洞处向背面穿线，接着从左侧绕到前面来在左下方孔洞处再次向背面穿线，完成后在背面打结（用力勒紧，然后打活扣）。会计凭证的穿线如图7-19所示。
- 将包角纸反向折叠遮挡穿线处，并利用剪刀或美工刀裁剪后，继续向后折叠，完全包住记账凭证左上角。最后用胶水将包角纸与包住的位置粘贴牢靠即可，如图7-20所示。

图7-19　会计凭证的穿线

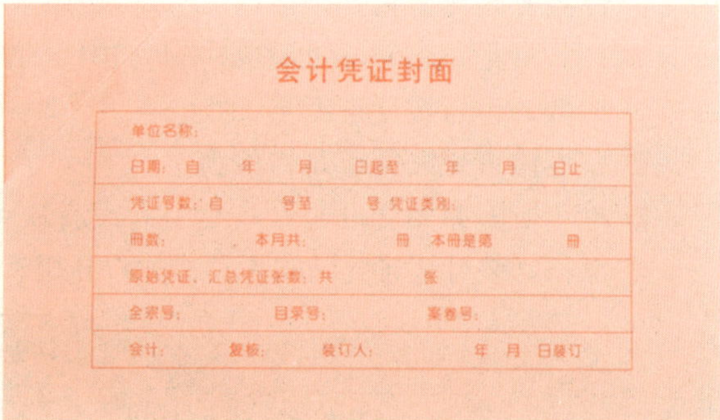

图7-20　会计凭证的包角

3. 收尾

装订好记账凭证后，还需要完成以下“收尾”工作。

- 检查记账凭证是否整齐美观，是否有遗漏的原始凭证未装订入册（适度甩动记账凭证，看有无单据掉落）。
- 填写封面，包括企业名称、会计凭证起止日期、起止号码、凭证类别、凭证册数和张数、会计主管人员和装订人员签章等。

- 填写书脊（封面左侧与封底相连接的区域），一般应在记账凭证书脊处写上该册记账凭证的年月，属于第几册，该月共有几册等，如“2018年2月、第2册、共3册”，以便保管和日后查找。

知识补充

记账凭证封面所包含的内容和格式不一定完全相同，但一般都应注明单位名称、凭证类别、凭证填制期间、本期册数、本册凭证号，以及相关会计负责人签字等信息。

7.3.2 凭证传递走流程

会计凭证之于会计工作，相当于砖石之于房屋，“一砖一瓦”都不能有纰漏，只有这样才能保证“房屋”的质量与安全，保证在会计工作的每个环节，会计凭证都能合理地进行传递和交接，使得做账流程准确又高效。因此，为了使会计凭证更好地服务于整个会计工作流程，应该从传递路线、传递时间和交接方式3个方面来进行控制。

- **传递路线：**在传递记账凭证时，尽可能做到使各有关部门和人员都能在了解经济活动情况、及时办理手续的同时，又避免不必要的环节，达到加快传递速度的目的。对于小企业而言，原始凭证的审核可以由填制记账凭证的人员完成，审核无误就直接填制。如果专门安排其他人员来审核，那么就会增加一个环节，延长整个传递路线。
- **传递时间：**在传递记账凭证时，应按照完成办理经济业务手续所需的时间来确定凭证传递的时间，目的在于保证凭证传递的及时性。例如，某些小企业安排当天的凭证必须当天完成传递，有的则要求在3~5天内完成传递。
- **交接方式：**会计凭证传递过程中的交接工作必须做到手续完备、严密和责任明确。凭证的收发、交接都应按规定的制度办理，保证会计凭证的安全和完整。

7.3.3 凭证保管严要求

会计凭证是企业十分重要的会计资料，应该妥善保管。对于会计凭证的保管应该做到以下几点。

- 为了防止任意拆装，会计人员在保管之前应在装订处贴上封签，并由装订人员在封签处加盖骑缝章。

行家点拨

凭证封面加盖的公章应盖在日期处，防止日期被篡改，称为“骑年压月”；骑缝章，顾名思义是盖在中缝或边缝处的，目的也同样是为了资料的安全。

- 对各种重要的凭证，如押金收据、提货单，以及各种需要随时查阅的退回单据，则应另编目录，单独保管，并在有关的记账凭证和原始凭证上分别注明日期和编号。
- 原始凭证不得外借，如果有特殊原因确实需要外借时，经本单位会计机构负责人、会计主管人员批准，可以复制。向外单位提供的原始凭证复印件，应在专设的登记簿上登记，并由提供人员和收取人员共同签名、盖章。
- 每年装订成册的会计凭证，在年终时可暂由单位会计机构保管一年，期满后应当移交本单位档案机构统一保管。

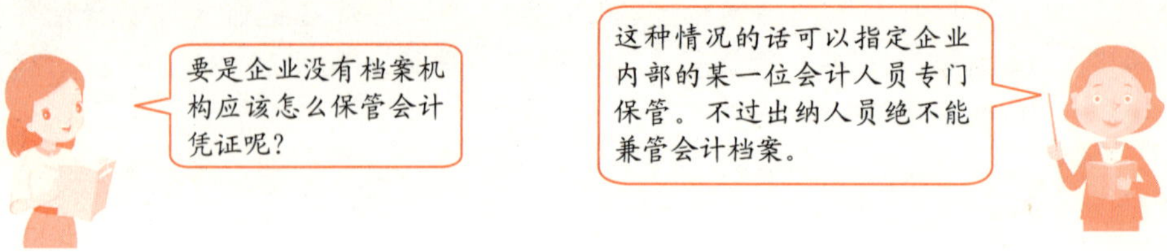

- 一般的会计凭证保管期限为30年，银行对账单为10年，重要的会计凭证应长期保存，如涉及外事和对私改造的凭证。
- 严格遵守会计凭证的保管期限要求，期满前不得任意销毁；保管期满后，必须开列销毁清单，经本单位领导审核，报上级主管部门批准后，方可销毁。

7.4 新手加油站

1. 原始凭证遗失后应该怎么做

外来原始凭证遗失后，若原签发单位拒绝重开，就需要重新制作凭证来代替原始凭证。当发现遗失的时候，应取得原签发单位盖有公章的证明，并注明原始凭证的号码、金额和内容等，经经办单位会计机构负责人、会计主管人员和单位负责人批准后，才能代作原始凭证；若确实无法取得证明的，如车票丢失，则应由当事人写明详细情况，经经办单位会计机构负责人、会计主管人员和单位负责人批准后，代作原始凭证。

2. 原始凭证附件张数怎么计算

一般情况下，只要是能够全面反映每笔经济业务活动情况的原始凭证，就应该按自然张数计算，例如购买一批原材料，在购买时取得增值税专用发票，当原材料入库后，还会取得入库单，因此该笔业务涉及两张原始凭证，即增值税专用发票的发票联和入库单。而一些特殊情况下，则可按以下要求计算张数。

- 不能全面反映每笔经济业务活动情况，需要附件进行补充和说明的，应在原始凭证上写明附件张数，并将其粘贴在一起，附件不计入原始凭证张数。
- 对某类或某些原始凭证利用自制封面已进行汇总的，如支出汇总审批单等，其封面已对所反映的经济业务活动进行综合说明，对所附凭证张数也已注明，所以它们应作为一张原始凭证计算。

3. 原始凭证填制错误怎么办

原始凭证在填制时出现错误的可能性较高，当出现错误时，应按以下要求进行更正。

- 文字出现错误的原始凭证，应退回原开出单位重开，或在错误处进行更正，并在更正处加盖更正单位公章及相关人员名章。
- 数字出现错误的原始凭证，必须退回原开出单位重开，不可在原错误处更正。
- 现金、银行存款收支业务凭证填写错误时，应加盖“作废”戳记，然后重新填写。

4. 记账凭证填制错误怎么办

会计做账必须严谨仔细，因此应对记账凭证进行检查，尽可能地减少错账的发生，降低内部舞弊的概率。如果填写记账凭证时出错，则必须按会计专门的处理方法进行更正，避免以后出现经济纠纷。具体更正方法可分以下情况来确定。

- 还没有登账的记账凭证，重新填写。
- 当年已登记入账的记账凭证，需红字冲销，首先用红字填写一张与原内容完全相同的记账凭证，在摘要栏注明“注销某月某日某号凭证”字样，然后用蓝字（或黑字）重新填制一张正确的记账凭证，并在摘要栏注明“订正某月某日某号凭证”字样。
- 以前年度记账凭证有误的，应用蓝字（或黑色）填制一张更正后的记账凭证。

7.5 动动手

1. 填制领料单

新丰公司生产车间由于生产需要，于2018年2月5日派王明向B仓库申请领购A材料600盒。已知该批材料的编码为1，每盒成本为50元。经相关人员核实、审批，生产车间实际收到A材料合计500盒。请根据上述资料为该生产车间填制一张领料单。

凭证及答案

配套\第7章\凭证模板\领料单模板.xlsx
配套\第7章\参考答案\填制材料领料单.docx

2. 填制材料入库单

2018年1月2日，新丰公司向泰昌公司购入编码为112的地砖200箱，单价为500元/箱，共发生运杂费1 000元，假设暂不考虑增值税，价款已用银行存款支付，于当日收入A仓库。公司规定，入库单一式三联，一联留仓库，据以登记材料物资明细账和材料卡片；一联随发票账单到会计处报账；一联交采购人员存查。根据以上资料，填写新丰公司的材料入库单。

凭证及答案

配套\第7章\凭证模板\材料入库单模板.xlsx
配套\第7章\参考答案\填制材料入库单.docx

3. 填制会计凭证

已知新丰公司2018年2月取得如下凭证，根据以下收到的原始凭证，会计人员方兰为新丰公司分别填制付款凭证、收款凭证和转账凭证。

（1）2日，收到提取现金4 000元的银行回单，回单上注明：该款项用于备用金支出。

（2）8日，收到银行到账通知回单，回单上注明：该款项为上月销售给乙公司的销售收入款50 000元。

（3）15日，收到丙公司开具的收据，收据上注明：丙公司已收到新丰公司作为抵债用的A材料500千克，共计18 000元。

凭证及答案

配套\第7章\凭证模板\会计凭证模板.xlsx
配套\第7章\参考答案\填制会计凭证.docx

08 Chapter

第8章　一丝不苟——登记会计账簿

情景导读

小叶： 张姐，记账凭证填制完成后，就可以开始登记会计账簿了吗？

张姐： 是的，填制记账凭证只是会计工作的第一个阶段。要使企业的会计信息得到全面的反映，就需要登记会计账簿，这就是会计工作的第二个阶段。

小叶： 原来是这样，那会计账簿也和会计凭证一样，也有很多的种类吗？

张姐： 对呀，会计账簿按照用途、账页格式以及外形的不同，可以有不同的分类。不同的会计账簿，在进行登记的时候，也会有所不同。接下来我就给你仔细讲讲会计账簿的登记吧！

小叶： 好的，我会认真学习的。

8.1 认识会计账簿

会计账簿是每个企业财务管理中不可缺少的一部分内容，在整个会计核算中有着十分重要的地位和作用。会计账簿是指由一定格式账页组成的，以经过审核的会计凭证为依据，全面、系统、连续地记录各项经济业务的簿籍。从外表形式看，账簿是由具有一定格式的账页联结而成的簿籍；从记账内容看，账簿是对各项经济业务进行分类和序时记录的簿籍。

认识会计账簿

8.1.1 会计账簿作用大

企业在生产、经营、管理过程中发生的各种经济业务，通过填制和审核会计凭证进行会计核算，这虽然可以反映和监督每项经济业务的发生和完成的情况，但是由于每张会计凭证的记录只能反映单一的经济业务内容，再加上企业经济业务涉及的会计凭证的数量也相对较多，提供的信息也都是零散的，这些都使得会计凭证无法满足生产和经营管理的需要。因此，通过设置账簿这一会计核算的专门方法，就可以将会计凭证上单一、分散的核算资料进行集中和归类，提供系统、完整的核算资料，进而反映一个单位经济活动的全貌。总的来说，会计账簿的作用主要体现在以下4个方面。

1. 记载和存储会计信息

通过设置会计账簿，将会计凭证记录的经济业务全貌一一记入了对应的会计账簿，这时会计账簿记载和存储了会计信息，全面反映了企业在一定的时期内发生的资金的使用情况，为会计分析和会计检查提供了依据，以便会计人员能随时查阅。

2. 分类和汇总会计信息

会计账簿在设置和登记时，对会计信息进行了分类和汇总。通过会计账簿的记录，来反映各个方面的会计信息，为会计人员提供了一定时期内企业经济活动的详细情况。此外，通过对会计账簿中登记的发生额和余额的计算，可以得到各方面需要的综合会计信息，充分反映企业的财务状况及经营成果。

3. 检查和校正会计信息

通过设置和登记账簿，可以使会计凭证的信息得到进一步整理。在实际的会计工作中，可以通过账簿的记录与实际盘点的结果进行核对，从而了解企业的盘盈和盘亏情况，并且根据实际的盘点数目对账簿记录进行调整，检查财产物资是否妥善保管、账面数据与实物数据是否相符，进而得到真实、可靠、正确的会计信息。

4. 编报和输出会计信息

在实际的会计工作中，要反映一定日期的财务状况和一定时期内的经营成果，需要定期进行结账的工作，并在结账之后与账簿记录进行核对，计算出本期的发生额和余额，提取需要的会计信息，并根据这些会计信息编制会计报表。

8.1.2 账簿分类有依据

为了满足经营管理的需要，账簿体系中包含的账簿是多种多样的。不同的账簿，其形式、用途、内容以及登记方法都是不同的，因此，为了更好地了解和使用各种账簿，可以将其按照账簿的用途、外形特征以及账页格式的不同进行分类。

1. 按用途分类

会计账簿按照用途的不同，可以分为序时账簿、备查账簿和分类账簿3种，如图8-1所示。

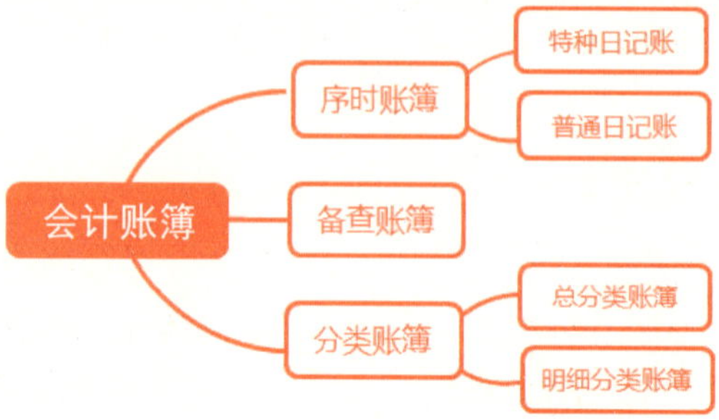

图8-1 按用途分类的账簿

（1）序时账簿

序时账簿又称日记账，是对各项经济业务按照发生时间的先后顺序逐日逐笔进行登记的账簿。在实际工作中，序时账簿是按照会计部门收到凭证的先后顺序（即凭证号码的先后顺序）进行登记的。根据登记对象的不同，序时账簿可分为普通日记账和特种日记账。

- 普通日记账：指对全部经济业务的发生情况按发生时间的先后顺序逐日逐笔登记的账簿，如日记总账。
- 特种日记账：指对某一类经济业务的发生情况按发生时间的先后顺序逐日逐笔登记的账簿。企业通常对某一类比较重要、重复大量发生的经济业务设置特种日记账，如库存现金日记账和银行存款日记账。各单位还可根据自身的经营特点来确定是否需要设置其他特种日记账，如购货日记账、销货日记账等。

由于普通日记账的登记工作量大，不便于登记分类账，而且并不能分类记录经济业务，不利于日后查阅以及对重要经济业务进行监管，因此目前使用得较少。我国企业通常采用的是特种日记账。

（2）备查账簿

备查账簿是指对某些在序时账簿和分类账簿等主要账簿中都不予登记或登记不够详细的经济业务事项进行补充登记时使用的账簿，其作用主要是为某些经营决策提供必要的参考资料。备查账簿没有固定的格式要求，可以由各单位根据需要进行设置。此外，备查账簿不是对其他账簿记录的一种补充，与其他账簿之间不存在严密的依存和勾稽关系。

（3）分类账簿

分类账簿又称为分类账，是指对全部经济业务或事项按照会计要素的具体类别而设置的分类账户进行登记的账簿。分类账簿全面反映有关资产、负债、所有者权益、收入、费用和利润的增减变动情况，所以分类账簿提供的会计数据是编制报表的主要依据。根据反映经济业务的详略程度不同，分类账簿可分为总分类账簿和明细分类账簿。

- 总分类账簿：总分类账簿简称总账，是指根据总分类账户开设的，能够全面反映企业的经营活动的账簿。

- **明细分类账簿：**明细分类账簿简称明细账，是指根据明细分类账户开设的，用来提供明细核算资料的账簿。

总账对所属明细账起统驭作用，明细账对总账进行补充和具体说明。

行家点拨

分类账簿和序时账簿在会计工作中各自发挥着不同的作用。序时账簿能将一定期间的经济业务连续、系统地记录，可以反映企业资金运动的全貌；分类账簿能对各类会计信息进行归集并汇总，反映资金运动的各种具体状态及资金的构成等。

2. 按外形特征分类

会计账簿根据外形特征的不同，可分为订本式账簿、活页式账簿和卡片式账簿3种账簿。

（1）订本式账簿

订本式账簿也称为订本账，是指启用之前就已将账页装订在一起，并对账页进行了连续编号的账簿。订本式账簿的优点是可以避免账页散失和防止抽换账页，从而保证账簿信息的安全和完整；缺点是订本账账页固定，不能增减，如果账页不够，就会影响账户的连续登记，如果账页过多又会造成浪费，而且同一本账簿在同一时间只能由一人进行登记，不便于记账人员分工记账。

订本式账簿一般适用于比较重要的、具有统驭性的账簿，在工作中，总分类账、库存现金日记账和银行存款日记账一般都采用订本式账簿。

（2）活页式账簿

活页式账簿也称为活页账，是指把分散的账页装存在账夹内，并可以随时取放账页的账簿。当账簿登记完后（通常是一个会计年度结束之后），才将账页予以装订，加具封面，并给各账页连续编号。

活页账的优点是记账时可以根据实际需要增减，不够用时，可以随时将空白账页装入账簿，或者抽取不需要的账页，既不浪费账页，也便于分工记账；缺点是如果不妥善保管，可能会造成账页散失。因此，空白账页在使用时必须连续编号，装在账夹中或临时装订成册，并由有关人员盖章。活页账通常适用于各种明细分类账。

（3）卡片式账簿

卡片式账簿也称为卡片账，是由许多分散的、具有一定格式的卡片，存放在卡片箱中保管的账簿。严格说来，卡片账也是一种活页账，其优缺点与活页账相同。在我国，企业一般只对固定资产明细账的核算采用卡片式账簿，也有少数企业在材料核算中使用材料卡片账。

3. 按账页格式分类

会计账簿按照账页格式的不同，可以分为两栏式账簿、三栏式账簿、多栏式账簿、数量金额式账簿和横线登记式账簿。

- **两栏式账簿：**是指只有借方和贷方两个基本金额栏目的账簿。在实际的会计工作中很少使用两栏式账簿。

- **三栏式账簿：**是指设有借方、贷方和余额3个基本栏目的账簿。总分类账及资本、债权和债务明细分类账一般采用三栏式账簿。
- **多栏式账簿：**是指在账簿的两个金额栏（借方和贷方）按需要分设若干专栏的账簿。收入明细分类账、费用明细分类账一般采用多栏式账簿。
- **数量金额式账簿：**是指在借方、贷方和余额3个栏目内，都分设数量、单价和金额3个小栏，借以反映财产物资的实物数量和价值量的账簿。原材料明细分类账、库存商品明细分类账等一般采用数量金额式账簿。
- **横线登记式账簿：**也称为平行式账簿，是指将前后密切相关的经济业务登记在同一行上，以便检查每笔业务的发生和完成情况的账簿。横线登记式明细分类账适用于登记材料采购业务、应收票据业务和一次性备用金业务等。

8.2 认真对待——登记会计账簿

登记会计账簿是企业非常重要的会计核算工作，也是连接会计凭证和财务报表的中间桥梁。企业应按照会计核算的基本要求和会计规范的有关规定登记会计账簿。

认真对待登记会计账簿

8.2.1 账簿登记有规则

会计账簿作为重要的会计档案资料和会计信息的主要储存载体，必须按规定的方法，依据审核无误的记账凭证进行登记，因此为了保证账簿记录的正确性，会计人员在登记账簿时，必须遵守以下规则。

- **账簿登记要正确、及时：**登记会计账簿时，应当将会计凭证日期、编号、业务内容摘要、金额和其他有关资料逐项记入账内，做到数字准确、摘要清楚、登记及时和字迹工整。
- **及时过账、注明记账符号：**账簿登记完毕后，要在记账凭证上签名或盖章，并在记账凭证的“过账”栏内注明已经登账的符号，如画“√”，表示已经记账完毕，避免重记、漏记。图8-2所示为登账后的记账凭证。

记 账 凭 证

2019 年 08 月 15 日　　　　记 字第 014 号

摘要	总账科目	明细科目	借方金额（亿千百十万千百十元角分）	贷方金额（亿千百十万千百十元角分）	记账符号
采购部刘明报销差旅费	销售费用	差旅费	150000		√
	库存现金		50000		√
	其他应收款	刘明		200000	√
附件 3 张	合	计	¥200000	¥200000	

会计主管：　　记账：方圣　　出纳：　　审核：　　制单：李娜

图8-2　登账后的记账凭证

- **书写要留空：**账簿中书写的文字和数字上面要留有适当的空隙，不要写满格，一般应占格距的1/2。

- **用蓝黑墨水或碳素墨水记账：** 为了保持账簿记录的持久性，防止涂改，登记账簿必须用蓝黑墨水笔或碳素墨水笔书写，不得用圆珠笔（银行的复写账簿除外）或铅笔书写。
- **特殊记账用红墨水：** 在会计工作中，红色数字一般表示负数，下列情况可以使用红色墨水笔记账。

  ①按红字冲账的记账凭证，冲销错误记录。

  ②在不设借、贷等栏的多栏式账页中，登记减少数。

  ③在三栏式账户的余额栏前，如未印明余额方向的，在余额栏内登记负数余额。

  ④根据国家统一会计制度的规定可以用红字登记的其他会计记录。
- **按页次顺序连续登记：** 在登记各种会计账簿时，应按页码顺序连续登记，不得隔页、跳行。如果发生隔页、跳行现象，则应在空页、空行处用红色墨水画对角线注销，或注明“此页空白”或“此行空白”字样，并由记账人员签名或盖章确认。
- **结出余额：** 凡需要结出余额的账户，结出余额后，应当在“借或贷”栏目内注明“借”或“贷”字样，以示余额的方向。对于没有余额的账户，应在“借或贷”栏内写“平”字，并在“余额”栏用“θ”表示。库存现金日记账和银行存款日记账必须逐日结出余额。图8-3所示为结出余额的明细分类账。

明细分类账

本账页数
本户页数

一级科目编号及名称 其他业务收入
二级科目编号及名称 固定资产租金

2019年 月	日	记证账号凭数	摘要	对方科目	页数	借方	✓	贷方	✓	借或贷	余额	✓
3	1		承前页			5380000		538000		平	000	
	9	记-042	收房屋租金	银行存款				600000				
	31	记-098	结转损益类收入科目	本年利润		600000						
3	31		本月合计			600000		600000		平	000	
3	31		本年累计			5980000		5980000		平	000	

图8-3 结出余额的明细分类账

- **注明过次承前：** 每一账页登记完毕结转下页时，应当结出本页合计数及余额，并写在本页最后一行和下页第一行有关栏内，同时要在摘要栏内注明“过次页”和“承前页”字样。“过次页”“承前页”的处理分别如图8-4、图8-5所示。

月	日	凭证	摘要	对方科目		借方		贷方			余额	
1	28	银收-108	收到东华公司货款	银行存款				9000000			9600000	
1	30	银收-109	收到东华公司所欠货款	银行存款				400000			9200000	
			过次页			17800500		26000500			9200000	

图8-4 “过次页”的处理

- **不得涂改、刮擦、挖补账簿：** 如果发生账簿记录错误，不得刮擦、挖补或用褪色药水更正字迹，而应采用规定的方法进行更正。

明细分类账

本账页数	
本户页数	12

一级科目编号及名称 应收账款
二级科目编号及名称 泰昌公司

2019年 月	日	记证账号凭数	摘要	对方科目	页数	借方（亿千百十万千百十元角分）	√	贷方（亿千百十万千百十元角分）	√	借或贷	余额（亿千百十万千百十元角分）	√
			承前页			9100000		400000		借	10000000	

图8-5 “承前页”的处理

8.2.2 登记日记账

日记账是按照经济业务发生或完成的时间先后顺序逐笔进行登记的账簿，主要包括库存现金日记账、银行存款日记账以及转账日记账。转账日记账是根据每天的转账凭证按照时间顺序逐日逐笔进行登记的，有的企业因管理的需要设转账日记账，用来登记库存现金日记账和银行存款日记账所不能包括的其他经济业务。

但在会计实务中，企业一般只设置库存现金日记账和银行存款日记账。

1. 登记库存现金日记账

库存现金日记账是用来核算和监督库存现金每天的收入、支出和结存情况的序时账簿，其格式主要有三栏式和多栏式两种。在实际的会计工作中，企业一般采用三栏式库存现金日记账。

库存现金日记账是由出纳人员根据库存现金收款凭证、库存现金付款凭证以及与库存现金有关的银行存款付款凭证，按照时间的先后顺序逐日、逐笔登记的。对于库存现金日记账账页中的各项目，可按照以下方法进行填写或登记。

- **日期栏**：根据记账凭证的日期来填写。
- **凭证栏**：根据记账凭证的种类和号数进行登记。
- **摘要栏**：根据记账凭证的摘要进行登记。
- **对方科目栏**：根据记账凭证所列的对方科目进行登记，以便查看每笔现金业务的来源和去向。
- **借方栏、贷方栏**：根据记账凭证中实际收到、支付的金额填写。
- **余额栏**：根据计算公式“本日余额=上日余额＋本日收入－本日支出”计算填写。

每日终了，应将余额与实际库存现金进行核对，做到“日清”，账款相符后，在该栏填写“√”符号。同样，每月终了时，需要核对以做到“月结”。

2. 登记银行存款日记账

银行存款日记账的格式与库存现金日记账相同，通常采用三栏式账页。银行存款日记账也是企业必不可少的日记账，它应按照企业在银行开立的账户和币种分别设置，即每个银行账户设置一本日记账。

银行存款日记账的登记方法与库存现金日记账的登记方法基本相同，是由出纳人员根据审核后的银行存款收款凭证、银行存款凭证以及与银行存款有关的库存现金付款凭证逐日逐笔登记的。每日终了，应计算出银行存款收入、支出的合计数和本日的余额，以便定期同银行送来的对账单逐笔核对。

知识补充

如果是年度开始时登记日记账，则应该在第一页账页的摘要栏的最上面一行写“上年结转”，接着在下一行依次登记经济业务的发生情况。

案例8-1 东华公司2018年3月发生的部分经济业务包括：①3月1日，从银行提取现金4 800元；②3月6日，以库存现金购入办公用品支出300元；③3月12日，产品生产完成，验收入库，并结转相关成本；④3月18日，收到百盛公司的前欠货款20 000元，存入银行；⑤3月20日，以银行存款6 000元购买原材料。根据资料为东华公司登记库存现金日记账和银行存款日记账（已知东华公司3月初的库存现金余额为50 000元，银行存款余额为100 000元。上述业务涉及的凭证字号分别为银付1号、现付1号、转字1号、银收1号、银付2号）。

分析：库存现金日记账是根据库存现金收款凭证、库存现金付款凭证以及与库存现金有关的银行存款、付款凭证登记的，所以东华公司登记当月库存现金日记账时，根据的凭证有银付1号、现付1号。银行存款日记账是根据银行存款收款凭证、银行存款付款凭证以及与银行存款有关的库存现金付款凭证登记的，所以东华公司登记当月银行存款日记账时，根据的凭证有银付1号、银收1号、银付2号。业务③不涉及现金或银行存款的变动，不登记日记账。图8-6、图8-7所示为登记完成后的库存现金日记账和银行存款日记账。

库存现金日记账

总1页　第1页

2019年 月	日	凭证编号	摘要	对方科目	票号	借方（亿千百十万千百十元角分）	核对	贷方（亿千百十万千百十元角分）	核对	借或贷	余额（亿千百十万千百十元角分）	核对
			承前页								5000000	
3	1	银付-1	提取现金	银行存款		480000					5480000	
3	6	现付-1	购买办公用品	管理费用				30000			5450000	

图8-6　登记完成的库存现金日记账

银行存款日记账

总1页　第1页

2019年 月	日	凭证编号	摘要	对方科目	票号	借方（亿千百十万千百十元角分）	核对	贷方（亿千百十万千百十元角分）	核对	借或贷	余额（亿千百十万千百十元角分）	核对
			承前页							借	10000000	
3	1	银付-1	提取现金	库存现金				480000		借	9520000	
3	18	银收-2	收到百盛公司货款	应收账款		2000000				借	11520000	
3	20	银付-2	购买原材料	原材料				600000		借	10920000	

图8-7　登记完成的银行存款日记账

8.2.3 登记明细分类账

明细分类账一般采用活页式账页和卡片式账页。根据所记录经济业务的特点，明细分类账主要分为三栏式、多栏式、数量金额式。各种明细分类账的登记方法，应根据各单位的业务量大小、人员多少、经济业务内容以及经营管理的需要而定，根据原始凭证或者标有明细科目以及金额的记账凭证进行登记，可以逐笔进行登记，也可以定期汇总登记。

- **三栏式明细分类账：**三栏式明细分类账适用于只进行金额核算的资本、债权和债务类账户，如“应收账款”“应付账款”和“应交税费”等往来结算账户。
- **多栏式明细分类账：**多栏式明细分类账适用于收入、成本、费用、利润和利润分配明细账的核算，如“生产成本”和“管理费用”等账户。
- **数量金额式明细分类账：**数量金额式明细分类账适用于既要进行金额核算，又要进行数量核算的存货类账户，如“原材料”“周转材料”“库存商品”等账户。

案例8-2 东华公司为增值税一般纳税人，2019年9月的部分凭证如图8-8、图8-9所示，根据提供的凭证，分别登记“应收账款”“应交税费”“原材料”账户的明细分类账。已知东华公司9月“应收账款——百盛公司”科目的期初余额为8 000元（借方）；“应交税费——应交增值税（进项税额）”科目的期初余额为4 000元（借方）；“应交税费——应交增值税（销项税额）”科目的期初余额为7 230元（贷方）；“原材料——甲材料”科目的期初余额为1 200元（借方），甲材料单价为50元 /千克。

记 账 凭 证

2019 年 09 月 11 日　　　　记 字第 1 号

摘要	总账科目	明细科目	借方金额											贷方金额											记账符号
			亿	千	百	十	万	千	百	十	元	角	分	亿	千	百	十	万	千	百	十	元	角	分	
销售A产品	应收账款	百盛公司					9	0	4	0	0	0	0												
	主营业务收入	A产品																8	0	0	0	0	0	0	
	应交税费	应交增值税（销项税额）																1	0	4	0	0	0	0	
附件 3 张	合	计				¥	9	0	4	0	0	0	0				¥	9	0	4	0	0	0	0	

会计主管：　　记账：　　出纳：　　审核：　　制单：李芳

图8-8 记账凭证

记 账 凭 证

2019 年 09 月 18 日　　　　记 字第 041 号

摘要	总账科目	明细科目	借方金额（亿千百十万千百十元角分）	贷方金额（亿千百十万千百十元角分）	记账符号
购入原材料	原材料	百盛公司	5000000		
	应交税费	应交增值税（进项税额）	650000		
	银行存款			5650000	
附件 2 张	合	计	¥5650000	¥5650000	

会计主管：　记账：　出纳：　审核：　制单：李芳

图8-9 记账凭证

分析：“应交税费”“应收账款”账户应采用三栏式账页登记明细账；“原材料”账户应采用数量金额式账页登记明细账。在确定了各类账户应采用的账页格式后，就可以按照提供的记账凭证登记账页内容。图8-10～图8-13所示分别为登记后的“应收账款——百盛公司”“原材料——甲材料”“应交税费——应交增值税（进项税额）”“应交税费——应交增值税（销项税额）”的明细分类账。

明细分类账

本账页数	
本户页数	

一级科目编号及名称 应收账款

二级科目编号及名称 百盛公司

2019年 月	日	记证账号凭数	摘要	对方科目	页数	借方（亿千百十万千百十元角分）	√	贷方（亿千百十万千百十元角分）	√	借或贷	余额（亿千百十万千百十元角分）	√
			承前页			7100000		2300000		借	800000	
9	11	记-024	销售A产品			9040000				借	9840000	

图8-10 登记后的“应收账款”明细分类账

最高存量	
最低存量	

原材料 明细分类账

账号	总页数
页数	

编号：　类别：　名称：甲材料　规格：　单位：个　存放地点：　计划单价：

2019年 月	日	凭证编号	摘要	收入（借方）数量	收入（借方）单价	收入（借方）金额（亿千百十万千百十元角分）	发出（贷方）数量	发出（贷方）单价	发出（贷方）金额（亿千百十万千百十元角分）	结存（余额）数量	结存（余额）单价	结存（余额）金额（亿千百十万千百十元角分）	核对
			承前页	200	50	1000000	240	50	1200000	24	50	120000	
9	18	记-041	购入原材料	1000	50	5000000				1024	50	5120000	

图8-11 登记后的“原材料”明细分类账

明细分类账

本账页数
本户页数

一级科目编号及名称 应交税费
二级科目编号及名称 应交增值税（进项税额）

2019年 月	日	记账凭证号数	摘要	对方科目	页数	借方	√	贷方	√	借或贷	余额	√
			承前页			310200		600000		借	400000	
9	18	记-041	购买原材料			650000				借	1050000	

图8-12　登记后的“应交税费——应交增值税（进项税额）”明细分类账

明细分类账

本账页数
本户页数

一级科目编号及名称 应交税费
二级科目编号及名称 应交增值税（销项税额）

2019年 月	日	记账凭证号数	摘要	对方科目	页数	借方	√	贷方	√	借或贷	余额	√
			承前页			120000		1260000		借	723000	
9	11	记-024	销售A产品					1040000		借	1763000	

图8-13　登记后的“应交税费——应交增值税（销项税额）”明细分类账

8.2.4　登记总分类账

总分类账是指按照总分类账户分类登记以提供总括会计信息的账簿。总分类账的登记方法因登记依据的不同而有所差别。经济业务少的单位的总分类账可以根据记账凭证逐笔登记，可以通过设置“T”型账户，根据“T”型账户中各会计科目的本期发生额和余额来登记总分类账；经济业务多的大中型单位的总分类账可以根据科目汇总表或汇总记账凭证等定期登记。

1. 根据“T”型账户登记总分类账

经济业务少的企业，在登记总分类账前，一般会根据本月的记账凭证先登记“T”型账户，即根据本月记账凭证中涉及的会计科目分别设置“T”型账户进行登记，然后依据“T”型账户中各会计科目的本期发生额合计和期末余额等登记总分类账。

案例8-3 东华公司为增值税一般纳税人，2019年10月发生的部分经济业务包括：①10月3日，向百盛公司购入一批甲材料，增值税专用发票上注明货款为8 000元，增值税税额为1 040元，以银行存款支付；②10月8日，管理部门领用了一批原材料，其中甲材料共计3 000元，乙材料共计2 100元；③10月15日，生产车间领用了一批甲材料，共计3 100元。已知东华公司10月初的“原材料——甲材料”科目的余额为4 200元，“原材料——乙材料”科目的余额为1 300元，则会计人员应该怎样登记原材料总分类账（上述业务涉及的凭证字号分别为银付009号、转字021号、转字040号）？

分析：首先根据发生的经济业务登记“原材料”账户的“T”型账户，根据本月涉及的“原材料”科目的经济业务，将相关金额登记到“T”型账户中，如图8-14所示。

原材料

借方		贷方	
期初余额	5 500		
本期增加额	8 000	本期减少额	5 100 3 100
本期借方发生额	8 000	本期贷方发生额	8 200
期末余额	5 300		

图8-14 原材料“T”型账户

编制好“T”型账户后，就可以根据相关数据登记总分类账了。图8-15所示为登记后的“原材料”总分类账。

总 分 类 账

会计科目编号

会计科目名称 原材料

2019年 月	日	凭证编号	摘要	借方金额 亿	千	百	十	万	千	百	十	元	角	分	✓	贷方金额 亿	千	百	十	万	千	百	十	元	角	分	✓	借或贷	余额 亿	千	百	十	万	千	百	十	元	角	分	✓
			承前页						1	3	0	0	0	0							1	0	0	0	0	0		借						5	5	0	0	0	0	
10	31		本月发生额合计						8	0	0	0	0	0							8	2	0	0	0	0		借						5	3	0	0	0	0	

图8-15 “原材料”总分类账

2. 根据科目汇总表登记总分类账

科目汇总表是会计人员根据记账凭证定期汇总，按各个会计科目列示其借方发生额和贷方发生额的汇总表。科目汇总表的编制时间应根据经济业务量的多少决定，可以选择3天、5天、10天、15天或一个月一次编制科目汇总表，经济业务较少的单位，一般一个月编制一次科目汇总表。

行家点拨

科目汇总表只有借方发生额和贷方发生额，没有期末余额。此外，科目汇总表的借贷双方一定要平衡，其平衡关系的依据是：所有账户的借方发生额合计=所有账户的贷方发生额合计。

科目汇总表的编制很简单，首先应将本月发生的所有经济业务中涉及的会计科目汇入科目汇总表当中，然后根据当月的记账凭证逐笔核算每个科目的本期借方、贷方发生额合计数。科目汇总表仅反映当期各科目的发生汇总数额，因此，此处只列示出各科目的发生额。图8-16所示为东华公司2018年9月编制的科目汇总表的一部分内容。

科目汇总表

2019年9月1日至9月30日　　　　第1页

会计科目	账页	本期发生额 借方金额	本期发生额 贷方金额	记账凭证起讫号数
库存现金		4602400	3447770	001号凭证-153号凭证
…				
…				
其他应付款		7700	4020000	
主营业务收入			35774000	
其他业务收入			5600	
销售费用		361600		
管理费用		2417094		
财务费用		4500		
合计		173497806	173497806	

图8-16　东华公司2018年9月编制的科目汇总表

8.2.5　总分类账与明细分类账的平行登记

总分类账户与明细分类账户既有内在联系，又存在区别。其中，总分类账户与明细分类账户的关系主要表现为以下两点。

- **统驭与辅助的关系：**总分类账户是所属明细分类账户的统驭账户，能对明细分类账户起到控制作用；明细分类账户是总分类账户的从属账户，能对总分类账户起到辅助作用。因此两者在会计核算中发挥的作用不同。
- **提供的资料相互补充：**总分类账户与明细分类账户核算的对象和反映的内容是相同的，只是总分类账户提供的资料具有总括性，而明细分类账户提供的资料更加详细。

根据总分类账户和明细分类账户的关系，在登记总分类账和明细分类账时就可以采取平行登记法。平行登记是指对所发生的每一项经济业务都要以会计凭证为依据，一方面要记入有关总分类账户，另一方面也要记入有关总分类账户所属明细分类账户的方法。

在借贷记账法下，总分类账户和明细分类账户之间的平行登记，可以概括为以下4点。

- 每一项经济业务，在记入有关的总分类账户的同时，也要记入有关的明细分类账户。
- 每一项经济业务，在总分类账户和所属明细分类账户进行登记时，其借贷方向相同。
- 每一项经济业务，记入总分类账户的金额与记入明细分类账户中的金额或金额之和相等。
- 总分类账户的期初余额、本期发生额以及期末余额应当与所属明细分类账户的期初余额、本期发生额以及期末余额之和相等。即总分类账户与明细分类账户在平行登记时应满足以下等式：

总分类账户期初余额＝所属各明细分类账户期初余额合计

总分类账户期末余额＝所属各明细分类账户期末余额合计

总分类账户借方发生额＝所属各明细分类账户借方发生额合计

总分类账户贷方发生额＝所属各明细分类账户贷方发生额合计

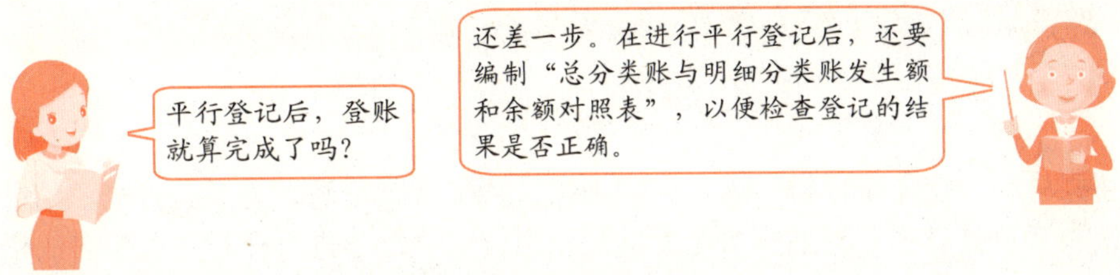

案例8-4 东华公司2018年10月底原材料总账账户余额为25 100元，其所属明细账账户的余额如下。甲材料：每千克15元，共500千克，共计7 500元；丙材料：每千克22元，共800千克，共计17 600元。东华公司11月与原材料有关的经济业务有两笔：11月5日，购入200千克甲材料，单价为15元，共计3 000元，材料已验收入库；11月8日，生产车间领用甲材料600千克和丙材料700千克，用于生产产品。假设上述业务已编制记账凭证，据此对原材料总分类账和明细分类账进行平行登记（已知凭证号数分别为记字010、记字017）。

分析：原材料属于既要进行金额核算又要进行数量核算的存货，所以其明细分类账应采用数量金额式账页。图8-17所示为原材料总分类账的登记结果，图8-18所示为甲材料明细分类账的登记结果，图8-19所示为丙材料明细分类账的登记结果。

总分类账

会计科目编号

会计科目名称 原材料

2019年 月	日	凭证编号	摘要	借方金额（亿千百十万千百十元角分）	✓	贷方金额（亿千百十万千百十元角分）	✓	借或贷	余额（亿千百十万千百十元角分）	✓
			承前页	210000		100000		借	2510000	
11	5	记-010	购入甲材料	300000				借	2810000	
	8	记-017	生产领用甲材料和丙材料			2440000		借	370000	
11	30		本月发生额及余额	300000		2440000		借	370000	

图8-17 原材料总分类账的登记结果

原材料明细分类账

最高存量 | 最低存量 | 账号 | 总页数 | 页数

编号： 类别： 名称：甲材料 规格： 单位：千克 存放地点： 计划单价：

2019年 月	日	凭证编号	摘要	收入（借方）数量	收入（借方）单价	收入（借方）金额（亿千百十万千百十元角分）	发出（贷方）数量	发出（贷方）单价	发出（贷方）金额（亿千百十万千百十元角分）	结存（余额）数量	结存（余额）单价	结存（余额）金额（亿千百十万千百十元角分）	核对
			承前页	500	15	750000				500	15	750000	
11	5	记-010	购入原材料	500	15	300000				700	15	1050000	
	8	记-017	生产领用甲材料和丙材料				600	15	900000	100	15	150000	
11	30		本月发生额及余额	200	15	300000	600	15	900000	100	15	150000	

图8-18 甲材料明细分类账的登记结果

最高存量	
最低存量	

原材料明细分类账

账号	总页数
页数	

编号： 类别： 名称：丙材料 规格： 单位：千克 存放地点： 计划单价：

2019年 月	日	凭证编号	摘要	收入（借方）数量	收入（借方）单价	收入（借方）金额	发出（贷方）数量	发出（贷方）单价	发出（贷方）金额	结存（余额）数量	结存（余额）单价	结存（余额）金额	核对
			承前页	800	22	1760000				800	22	1760000	
11	8	记-017	生产领用甲材料和丙材料				700	22	1540000	100	22	220000	
11	30		本月发生额及余额				700	22	1540000	100	22	220000	

图8-19　丙材料明细分类账的登记结果

在将原材料总账与甲材料、丙材料明细账进行平行登记后，为了检查登记结果是否正确，可编制“总分类账与明细分类账发生额和余额对照表”进行核对，对照表的格式和内容如表8-1所示。将表8-1中的合计数与图8-17中的数据进行核对，就可以检查出总分类账与明细分类账的登记是否一致了。

表8-1　总分类账与明细分类账发生额和余额对照表

总账账户	明细账户	期初余额			本期发生额						期末余额		
					借方			贷方					
		数量	单价（元）	金额（元）	数量	单价（元）	金额（元）	数量	单价（元）	金额（元）	数量	单价（元）	金额（元）
原材料	甲材料	500	15	7 500	200	15	3 000	600	15	9 000	100	15	1 500
	丙材料	800	22	17 600				700	22	15 400	100	22	2 200
	合计			25 100			3 000			24 400			3 700

8.3　有备无患——对账与结账

登记完会计账簿后还需要检查，即进行对账与结账工作。对账工作主要是指检查账簿的记录与实物、凭证记录是否一致；若存在不一致，还应采用专门的方法进行错误更正。账簿记录经检查确认无误后，还需要完成最后一项工作——结账。完成上述工作后，才算完成了账簿登记工作。

有备无患对账与结账

8.3.1　对账3步走

对账是指对账簿、账户记录所进行的核对工作。在实际工作中，会计核算工作难免会发生差错，出现账簿记录与实际不符的情况。因此，为了保证账簿记录的真实、完整和准确，在记账以后、结账之前，必须对账簿记录进行核对，以便为编制会计报表提供真实、可靠的数据资料。对账的内容主要包括账证核对、账账核对和账实核对。

1. 账证核对

账证核对是指将账簿记录（包括总分类账、明细分类账以及日记账）与原始凭证、记账凭证进行核对。核对的内容包括会计账簿记录与各类凭证的时间、凭证字号、内容和金额是否一致，记账方向是否相符等。账证核对一般在日常编制凭证和记账工作中进行。通常情况下，日记账应与收款、付款凭证相核对，总账应与记账凭证相核对，明细账应与记账凭证或原始凭证相核对，月终如果发现有差错，则将账簿记录与会计凭证逐一核对，以查明原因。

2. 账账核对

账账核对是指对不同会计账簿之间的账簿记录是否相符的核对。具体核对内容主要包括以下4个方面。

- **总分类账簿之间的核对：** 将全部总分类账簿的本期借方发生额合计数、期末借方余额合计数分别与全部总分类账簿的本期贷方发生额合计数、期末贷方余额合计数进行核对，检查总分类账簿的登记是否正确。
- **总分类账簿与所属明细分类账簿的核对：** 核对总分类账簿的期末余额与其所属明细分类账簿期末余额之和是否相符，检查两者的登记是否一致。
- **总分类账簿与序时账簿的核对：** 核对库存现金日记账、银行存款日记账期末余额是否分别与库存现金总分类账、银行存款总分类账相符。
- **明细分类账簿之间的核对：** 核对会计部门各种财产物资明细分类账的期末余额与财产物资保管或使用部门有关明细账的期末余额是否相符。

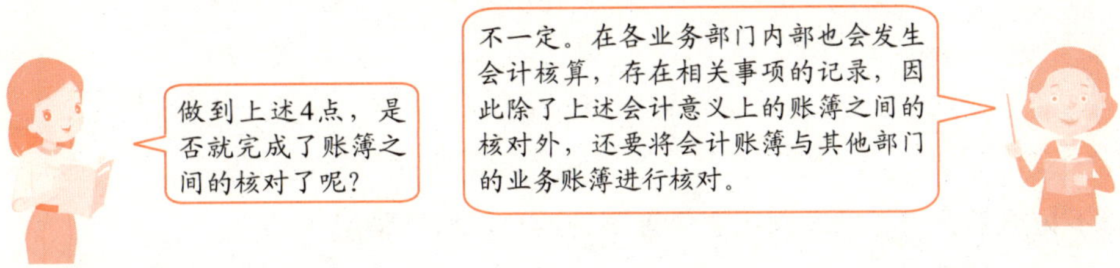

3. 账实核对

账实核对是指各项财产物资、债权、债务等账面余额与实有数额之间的核对，主要包括以下4个方面。

- 库存现金日记账账面余额与库存现金的实际数额相核对。
- 银行存款日记账账面余额与银行对账单的余额相核对。
- 各项财产物资明细分类账账面余额与财产物资的实有数额相核对。
- 各种债权、债务明细分类账账面余额与对方单位的债权、债务账面记录定期核对。

8.3.2 错账更正有方法

会计人员在工作中难免会产生错误，若在对账过程中发现错误，应该按照规定方法进行更正，不得涂改、挖补、使用药水消除字迹等。错账更正的方法主要有划线更正法、红字更正法和补充登记法3种。

1. 划线更正法

划线更正法也称红线更正法，如果发现账簿记录有错误，但所依据的记账凭证没有错误，即只是在记账时发生文字或数字的错误，这种情形下，就适合用划线更正的方法进行更正。

划线更正法的具体操作是：首先将错误的文字或数字上划一条红色横线注销，但必须使原有的字迹可以辨认，以备查考；然后在红线的上方填写正确的文字或数字，并由更正人员在更正处盖章。

采用划线更正法时要注意，对于错误的数字，应全部划红线更正，不得只更正其中的错误数字；对于文字错误，可以只划去错误的部分。图8-20所示为使用划线更正法更正后的示意图。

总分类账

会计科目编号

会计科目名称 原材料

2019年 月	日	凭证编号	摘要	借方金额（亿千百十万千百十元角分）	√	贷方金额（亿千百十万千百十元角分）	√	借或贷	余额（亿千百十万千百十元角分）	√
			承前页	210000		1000000		借	2510000	
11	5	记-010	购入甲材料	300000				借	2810000	
	8	记-017	生产领用甲材料和丙材料			2440000		借	李芳 370000 ~~360000~~	
11	30		本月发生额及余额	300000		2440000		借	370000	

一条红线

图8-20　划线更正法

2. 红字更正法

红字更正法也称红字冲销法，是指用红字冲销原有错误的账户记录或凭证记录，以更正或调整账簿记录的一种方法。红字更正法适用于以下两种错误的更正。

（1）记账后在当年内发现记账凭证所记的会计科目错误

根据记账凭证所记录的内容记账以后，在当年内发现记账凭证所记的会计科目或借贷方向有错误，导致账簿记录错误，可以采用红字更正法。具体更正方法为：记账凭证会计科目或借贷方向错误时，先用红字填写一张与原错误记账凭证完全相同的记账凭证，并在摘要栏注明“冲销第×号凭证”，以示注销原记账凭证，然后用蓝字或黑字填写一张正确的记账凭证，并据以记账。

（2）会计科目无误而所记金额大于应记金额

根据记账凭证所记录的内容记账以后，发现记账凭证中会计科目和借贷方向都没有错误，只是所记金额大于应记金额，从而引起记账错误，可以采用红字更正法。具体更正方法为：按多记的金额（即差额），用红字编制一张与原记账凭证的会计科目和借贷方向完全相同的记账凭证，在摘要栏内写明“冲销第×号记账凭证多记金额”，以冲销多记的金额，并据以记账。

3. 补充登记法

补充登记法也称为蓝字补记法，是指在记账后发现记账凭证填写的会计科目和借贷方向都没有错误，只是所记金额小于应记金额时所采用的一种更正方法。具体更正方法为：按少记的金额（即差额）用蓝字编制一张与原记账凭证的会计科目和借贷方向完全相同的记账凭证，在摘要栏内写明“补记第×号记账凭证少记金额”，以补充少记的金额，并据以记账。

行家点拨

如果记账凭证没错、账簿错误，则直接用划线更正法更正；如果记账凭证错误，且是会计科目错误或所记金额大于应记金额时，采用红字更正法更正；若会计科目所记金额小于应记金额，则用补充登记法更正。

案例8-5 东华公司为增值税一般纳税人，2018年10月13日用银行存款4 000元购买办公用品，在填制记账凭证（第038号凭证）时，误将金额填写为40 000元，但会计科目和借贷方向均没有错误，会计人员应该怎样进行更正?

分析： 案例中，记账凭证中会计科目和借贷方向都没有错误，只是所记金额大于应记金额，因此可以采用红字更正法更正。则应按照多记的金额36 000元（40 000−4 000）用红字编制一张记账凭证，借记“管理费用，贷记银行存款”科目，并在摘要栏上填写“冲销10月13日第038号凭证多记金额”，然后据以记账。编制完成后的记账凭证如图8-21所示。

记 账 凭 证

2019 年 10 月 13 日　　　　记 字第 052 号

摘　要	总账科目	明细科目	借方金额（亿千百十万千百十元角分）	贷方金额（亿千百十万千百十元角分）	记账符号
冲销10月13日第038号凭证多记金额	管理费用	办公费	3600000		
冲销10月13日第038号凭证多记金额	银行存款				
				3600000	
附件 1 张	合	计	¥3600000	¥3600000	

会计主管：　　记账：　　出纳：　　审核：　　制单：李芳

图8-21　编制完成后的记账凭证

8.3.3　结账还分年和月

结账就是结清账目，即在一定时期内所发生的经济业务全部登记入账后，将各种账簿记录的经济业务结算清楚，结出本期发生额合计和期末余额，或者将余额结转下期，以便编制会计报表。因此，为总结一定时期内（月、季、年）经济活动的情况，可以按照月度、季度和年度进行结账。

1. 结账4步走

结账工作的开展可分为4个步骤，具体如下。

- **结账前：** 保证本期发生的经济业务事项全部登记入账，并确保其正确性。不得为赶制会计报表而提前结账，或把本期发生的经济业务事项延至下期登账，也不得先编制会计报表后结账。对于发现的错误，应采用适当的方法进行更正。
- **结平所有损益类账户：** 调整相关账项后，将损益类账户余额转入“本年利润”账户，结平所有损益类账户。在本期全部业务登记入账的基础上，结清各项收入和费用账户，计算确定本期的成本、利润或亏损，并反映在账上。
- **计算资产、负债、所有者权益账户的本期发生额和余额：** 上述工作完成后，结算出资产、负债和所有者权益账户的本期发生额和余额，并结转至下期。
- **试算平衡：** 以上步骤完成后，就可以根据总分类账和明细分类账的本期发生额和期末余额，分别进行试算平衡。

2. 结账的方法

结账的方法就是采用划线法结出各账户的本期发生额与余额。根据各类账户的性质以及作用不同，其结账方法也有所不同。常用的结账方法包括月结和年结。

（1）月结

现金日记账、银行存款日记账和需要按月结计发生额的收入、费用等明细账，每月结账时，先在本月发生额最末一行数字下边通栏画一条单红线，再将本月借贷发生额和累计数加计总数，用蓝字写在红线下面一行，在摘要栏内填写“本月合计”，并在合计数下面划上一条单红线。图8-22所示为银行存款日记账的月结。

银行存款日记账

总 1 页　第 1 页

2019年 月	日	凭证编号	摘要	对方科目	票号	借方（亿千百十万千百十元角分）	核对	贷方（亿千百十万千百十元角分）	核对	借或贷	余额（亿千百十万千百十元角分）	核对
			承前页			1000000		1000000		借	8000000	
10	10	记-011	从银行提取现金	库存现金				1300000		借	6700000	
3	11	记-012	支付货款	库存商品				600000		借	6100000	
3	18	记-025	收到销售货款	预收账款		2900000				借	9000000	
	22	记-031	收到前欠货款	应收账款		1100000				借	10100000	
	28	付-040	预付所得税	应交税费				8000000		借	2100000	
10	31		本月合计			4000000		9990000		借	2100000	

两条单红线

图8-22　银行存款日记账的月结

（2）年结

年终结账时，将所有总账账户结出全年发生额和年末余额，在摘要栏内填写“本年累计”字样，并在合计数下通栏划双红线。在年度终了结账时，有余额的账户要将其余额结转至下年，并在摘要栏注明“结转下年”字样；在下一会计年度新建有关会计账户的第一行余额栏内填写上年结转的余额，并在摘要栏注明“上年结转”字样，使上年年末账户余额如实地在下一会计年度账户中得以反映，此时不必编制会计凭证。图8-23所示为库存现金总分类账的年结。

总分类账

会计科目编号

会计科目名称　库存现金

2019年 月	日	凭证编号	摘要	借方金额（亿千百十万千百十元角分）	√	贷方金额（亿千百十万千百十元角分）	√	借或贷	余额（亿千百十万千百十元角分）	√
12	1		承前页	49500560		49412110		借	295000	
12	15	科汇-1	汇总001号——053号凭证	4602400		3447770				
12	31	科汇-2	汇总054号——100号凭证	2428700		2805900				
12	31		本月合计	7031100		6253670		借	1072430	
12	31		本年累计	565331660		55665780		借	1072430	
12	31		结转下年					借	1072430	

一条双红线

图8-23　库存现金总分类账的年结

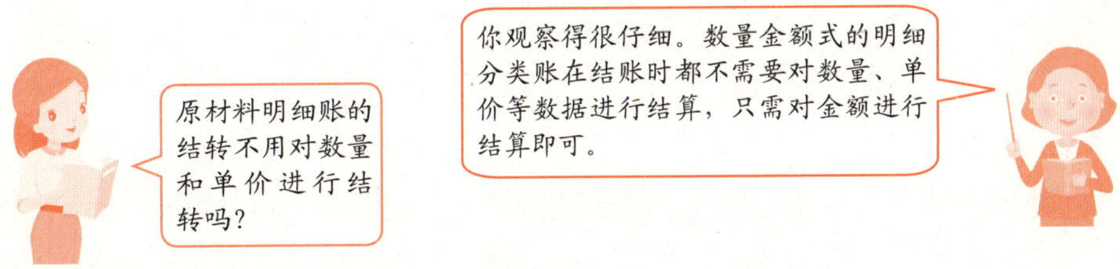

8.4 善后处理——装订、保管和更换账簿

会计账簿是企业重要的经济档案，必须进行正确的装订与保管，才能使这些档案得到安全、妥善的保存，以便随时被审核、查阅。

8.4.1 账簿装订有技巧

装订会计账簿前应按账簿启用表的使用页数核对各个会计账户的页数是否相符，账页数是否齐全，序号排列是否连续。在确认无误后，再按会计账簿封面、账簿启用表、账户目录、该账簿按页数顺序排列的账页、会计账簿装订封底的顺序进行装订。

订本式账簿启用之前就已将账页装订在了一起，并对账页进行了连续编号，因此，对会计账簿的装订主要介绍对活页式账簿的装订。活页式账簿的装订要注意以下4点。

- 在装订账簿时，要保留已经使用过的账页，并将账页数填写齐全，去除空白页，用牛皮纸做封面和封底，装订成册。
- 如果账簿中存在多栏式活页账、三栏式活页账、数量金额式活页账等账页，不得将其混装，应将同类业务、同类账页装订在一起。
- 账簿装订后，在账簿的封面上填写好账目的种类，编好卷号，并由会计主管人员和装订人（经办人）签章。
- 账簿装订完成后，应查看账簿是否牢固、平整，是否有折角、缺角、错页、掉页、加空白纸的现象；封口处是否加盖有关印章；封面是否齐全、平整，是否注明所属年度及账簿名称、编号（编号为一年一编，编号顺序为总账、库存现金日记账、银行存款日记账、明细分类账）。

善后处理装订、保管和更换账簿

8.4.2 账簿保管要求严

会计账簿的保管，既要安全、完善、机密，又要保证使用时能及时迅速地查到有关的资料、数据。账簿的保管要做到“五防”，即防火、防盗、防潮、防霉烂变质、防虫蛀鼠咬。对于存档后的会计账簿，会计人员要求调阅时，必须有合适的理由，经会计主管人员批准，在保管员的陪同下方可查阅，原则上不得借出。不同的账簿的保管期限是不同的，具体如下。

- 库存现金日记账和银行存款日记账的保管期限为30年。
- 总分类账和明细分类账以及辅助账簿的保管期限为30年。
- 固定资产卡片要在固定资产报废清理后保管5年。

会计账簿保管期满后需要销毁的，应由档案保管部门提出销毁意见，会同财务部门共同鉴定，编造销毁清册，报本单位领导或上级批准后方可销毁。销毁时，应由档案保管部门、财务部门和有关部门共同监督。

8.4.3 账簿更换要谨慎

为了能清晰地反映各个会计年度的财务状况和经营成果，每个会计年度开始时，一般都要启用新账，并把上年度的会计账簿归档保管。一般来讲，总分类账、日记账和多数明细分类账应每年更换一次。但是，有些财产物资明细账和债权、债务明细分类账，由于材料品种、规格和往来单位较多，更换新账时重抄的工作量较大，因此可以跨年度继续使用。另外，各种备查账簿也可以跨年度连续使用，不必每年更换新账。

企业更换会计账簿时可以按照以下程序进行。

- **结转旧账：**年度终了，在本年有余额的账户“摘要”栏内注明“结转下年”字样。
- **启用新账：**在更换新账时，注明各账户的启用年份，在第一行“日期”栏内写明1月1日；“凭证”栏空置不填，并在摘要栏注明“上年结转”字样，如图8-24所示。

银行存款日记账

总1页　第1页

2019年		凭证编号	摘要	对方科目	票号	借方											核对	贷方											核对	借或贷	余额											核对
月	日					亿	千	百	十	万	千	百	十	元	角	分		亿	千	百	十	万	千	百	十	元	角	分			亿	千	百	十	万	千	百	十	元	角	分	
1	1		上年结转																											借					6	7	0	0	0	0	0	

图8-24　上年结转

- **结转余额：**将各账户的年末余额直接抄入新账余额栏内，注明余额的借贷方向。过入新账的有关账簿余额的转移事项，不需要填入记账凭证。

8.5 新手加油站

1. 会计账簿中常见的错误

会计账簿的错误可从两方面进行理解，一种是账簿本身的错误，另一种是账簿中账页记录的错误。

（1）账簿本身的错误

会计账簿中账簿本身的错误，主要包括以下3项内容。

- **账簿的启用与交接有误：**根据规定，启用账簿或对账簿进行交接时，经办人员应办理相关手续，并在“账簿启用一览表”中填写相关项目，如经办人员启用账簿或进行账簿交接时无相应记录，就会使记账工作不衔接。
- **账户设置有误：**企业设置账户时应符合本企业内部会计制度的规定，应与本单位会计核算形式、记账方法相适应。若需设置的账户未设置或类似账户重复设置，则属于账户设置有误。
- **账簿中账页格式有误：**企业为各类账户设置总账、明细账、日记账等时，应根据该账户所核算的内容的特点，选择适当的账页格式。例如，原材料明细账一般应采用数量金额式明细账账页等，若企业采用日记账账页格式登记原材料明细账，则属于账簿中的账页格式有误。

（2）账页记录错误

另一种账簿错误是指账簿中账页记录有误，主要包括以下3项。

- **记账错误：**记账错误可理解为对账检查所发现的错误，主要包括错记（摘要错误、会计科目错误、借贷方向错误、数字金额错误等）、重记（重复记账，一账两记或多记）、漏记（遗漏某项或多项业务）、有关总账和明细账登记顺序和对应关系错误等。此类错误是账簿的致命错误，也是会计账簿检查的重点。
- **更账错误：**会计错账的更正应采用规定的方法，若对发现的错误未按规范的更正方法进行改正，而是采用非法形式，如涂、挖、刮、补、化学药剂褪色等方法，则属于更账错误。
- **结账错误：**企业结账一般分为月结和年结，若没有在规定的结账期间结账，存在提前或者推迟结账，未将本期发生的所有业务登记入账，有关收益、费用和应计提或摊销的费用未按权责发生制原则按期计提或摊销后登记入账，各种收入、成本、费用账户未按规定在结转本年利润后登记入账等情况，就属于结账错误。

2. 查找错账的方法

在会计核算中，产生错误的原因有很多，如重记、漏记、数字颠倒、数字错位、科目记错、借贷方向记反、计算错误等，都会影响会计信息的正确性。因此，会计人员应采取专用的方法，找出错误的原因，并及时对错误予以更正。常见的错账查找方法包括差数法、尾数法、除2法及除9法。

- **差数法：**是指按照错账的差数查找错账的方法。这种差错形成的原因主要是漏记或重记了借方或贷方的数字。
- **尾数法：**是指对于发生的差错只查找末位数，以提高查错效率的方法。这种方法适合于借贷方金额其他位数都一致，而只有末位数出现差错的情况。例如，试算平衡时，发现贷方合计数比借方多了0.8元，则可查找尾数为0.8元的经济业务是否有误。
- **除2法：**是指以差数除以2来查找错账的方法。当某个借方金额错记入贷方（或贷方金额错记入借方）时，出现错账的差数表现为错误的2倍，将此差数用2去除，得出的商即是反向的金额。除2法适用于重记或记账方向错误等情况。
- **除9法：**是指以差数除以9来查找错账的方法，适用于以下3种情况。

a．将数字写小：如错将300写成30，此时错误数字比正确数字小9倍，将差数270（300－30）除以9，商30即为错误数字，将其扩大10倍后便可得到正确数字300。

b．将数字写大：如错将50写成500，错误数字比正确数字大9倍，将差数450（500－50）除以9，商50即为正确数字。

c．数字颠倒：是指两个相邻的数字前后颠倒，所造成的差额是9的倍数。如将38写成83，它们的差值为45，可以被9整除，然后据此找出错误所在。

3. 减少错账发生的方法

任何经验都是通过不断积累得来的，也是在不断的错误中总结出来的，即使是经验丰富的老会计，也会出现错误。但是，若认真执行以下4点内容，就可以尽量减少或避免错账的发生。

- **加强复核工作：**加强复核即强化会计核算的监督与检查。具体而言，就是从编制记账凭证、记账凭证汇总、记账、结账、编制报表层层进行复核，这是预防错误发生的最基本方法。业务较多的单位可以配备专职人员进行复核，业务较少的单位可以相互复核或自我复核。

- **规范书写：**编制凭证和记账时要按照标准书写汉字或数字，不要写连笔字、畸形数字，这样容易使得记账人员误认、误记，从而造成“象形”的错误。
- **专心做账：**会计人员在制证、记账、算账、编制报表时应注意力高度集中，切不可一面记账一面闲谈，那样很容易发生错误。
- **时刻提防常见错误：**会计人员掌握常见的错账情况后，在实际做账时，应时刻警惕反向、移位、颠倒、错字、错格、串户等差错的发生，时刻给自己以暗示，可以有效避免错误的产生。

8.6 动动手

1. 凭证更正

新丰公司于2018年4月11日发生了一笔58 000元的取现业务，由于会计人员的疏忽，其在编制记账凭证时将金额“58 000”写成了“48 000”。假设该记账凭证的凭证号为“第008号”。根据以上资料，选择正确的更正方法，对错误凭证进行更正。

单据及答案

配套\第8章\凭证模板\记账凭证.xlsx
配套\第8章\参考答案\凭证更正.docx

2. 登记日记账

新丰公司为增值税一般纳税人，3月初“库存现金”账户余额为50 000元，“银行存款”账户余额为100 000元。已知新丰公司采用通用记账凭证进行会计核算，以下是3月发生的经济业务。（括号内为记账凭证号）

（1）3月1日，从银行提取现金4 800元。（记001号）
（2）3月6日，以库存现金购入办公用品为300元。（记003号）
（3）3月12日，产品生产完成，验收入库，结转相关成本50 000元。（记005号）
（4）3月18日，收到泰昌公司的前欠货款20 000元，存入银行。（记006号）
（5）3月20日，以银行存款6 000元购买原材料。（记008号）
（6）3月22日，销售员张正出差预支差旅费3 000元，以现金支付。（记011号）
（7）3月31日，张正出差归来，退还未用完的差旅费，收到现金500元。（记013号）

根据以上资料，对新丰公司3月的日记账进行登记。

单据及答案

配套\第8章\账簿模板\库存现金日记账.xlsx
配套\第8章\账簿模板\银行存款日记账.xlsx
配套\第8章\参考答案\登记“库存现金日记账”和“银行存款日记账”.docx

3. 登记总账和明细账

新丰公司2019年3月底“应收账款”总账账户余额为180 000元，其所属明细账户的余额分别是：泰昌公司：62 000元，万明公司：75 000元，星辉公司：43 000元。新丰公司4

月与应收账款相关的经济业务如下。

（1）2019年4月5日，向星辉公司销售一批A产品，增值税专用发票上注明价款为80 000元，增值税税额为10 400元，货款尚未收到。（记002号）

（2）2019年4月9日收到万明公司所欠货款40 000元，款项已存入银行。（记005号）

（3）2019年4月21日，向泰昌公司销售一批A产品，增值税专用发票上注明价款为40 000元，增值税税额为5 200元，货款尚未收到。（记013号）

（4）2019年4月24日，收到星辉公司所欠货款36 500元，款项已存入银行。（记016号）

根据以上资料，对新丰公司应收账款总账及其所属的明细分类账进行平行登记。

单据及答案

配套\第8章\账簿模板\总分类账.xlsx

配套\第8章\账簿模板\明细分类账.xlsx

配套\第8章\参考答案\登记应收账款总账和所属明细分类账.docx

09 Chapter

第9章　游刃有余——编制财务报表

情景导读

小叶： 张姐，编制财务报表是不是要会计工作的最后一步呢？

张姐： 是的，会计工作的最终目标就是编制报表，并通过报表来反映企业的财务状况、经营成果和现金流量等信息。小叶，那你知道企业常用的财务报表有哪些吗？

小叶： 哦，这个我知道，企业常用的财务报表有资产负债表、利润表和现金流量表。嗯……好像还有财务报表附注！

张姐： 哇，真棒！这些项目确实是财务报表的组成部分。接下来我们就来学习怎样编制财务报表吧！

9.1 认识财务报表

财务报表是会计工作的最终成果，能够为投资者、债权人、政府及相关机构、企业管理人员、职工以及社会公众提供企业的财务信息，且财务报表所反映的财务信息相较于会计凭证、会计账簿等其他会计资料更具有综合性、全面性，可以总括反映企业的财务状况、经营成果和现金流量等信息。

认识财务报表

9.1.1 财务报表的分类

随着社会对会计信息的披露要求越来越高，财务报表的重要性也与日俱增，财务报表的种类也越来越丰富。企业的财务报表可以根据不同的划分标准进行分类，如图9-1所示。

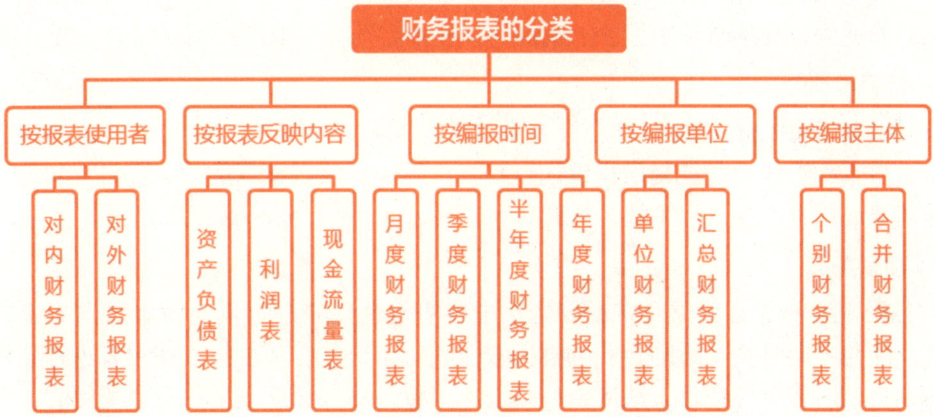

图9-1 财务报表的分类

- **按照报表使用者分类：**对内财务报表是指向企业内部管理部门提供的财务报表；对外财务报表是指向企业外部有关方面提供的财务报表。
- **按照编报单位分类：**单位财务报表是指独立核算的基层单位编制的本单位的财务报表；汇总财务报表是指各级主管部门根据基层单位的财务报表综合汇总编制的财务报表，用以反映该部门或地区的总指标。
- **按照编报主体分类：**个别财务报表是指反映会计主体自身经营成果和财务状况的报表；合并财务报表是指将某会计主体所属的子公司或者分支机构的财务报表与母公司的财务报表予以合并，以反映包括子公司在内的整个企业的财务状况和经营成果状况的报表。

知识补充

为了便于报表使用者进一步了解企业的经济活动情况，企业在编制财务报表时，还应附上《财务状况说明书》，它是对财务报表内容的必要补充说明。

9.1.2 财务报表的编制要求

财务报表是对企业经营状况的信息输出，具有不同知识背景的使用者，都可能会利用到财务报表所提供的有关信息。因此，针对这种情况，会计人员在编制财务报表时必须遵守相应的编制要求，即编制财务报表时应符合的会计信息的质量要求。

在编制财务报表前应依法对会计账簿及其他用于编制会财务报表的有关资料进行审核，保证报表的真实、完整和准确，并且财务报表的编制应符合《中华人民共和国会计法》和其他法律法规的规定，即合法。综上，财务报表的编制要求具体如下。

1. 数字真实

财务报表提供的会计信息资料必须能如实地反映企业的情况，才能作为使用者的决策依据。因此，在编报时要杜绝弄虚作假、隐瞒虚报，或者提前结账、估计数据的错误行为。

2. 内容完整

财务报表是企业经营活动全部信息的总括，因此必须保持会计资料的完整性。凡是企业发生的业务都必须在保证其重要性的基础上和成本允许的范围内尽可能完整反映，不得造成信息的遗漏，凡是会计制度要求编制的报表都必须全部编制，不得漏编、漏填报表。

3. 计算准确

会计的核算和报表的编制都会涉及大量的数字计算，只有计算准确，才能保证提供的会计资料真实可靠，才能使所提供的资料真实可用；只有计算准确、资料真实的财务报表，才能与使用者的决策相关联，帮助其对过去进行评价，对未来进行预测。

4. 前后可比

财务报表反映的会计信息资料，应当能够满足使用者进行横向或者纵向的比较，也就是说，能与不同时期、不同企业的财务报表相对比，这有利于报表使用者进行鉴别和分析。编制报表所依据的会计方法应保持其前后一致，不得随意变更；需要变更的，应在财务报表附注中说明原因和变更后的影响。

5. 报送及时

会计信息的使用价值与其是否及时报送有很大的关系，财务报表的报送应当满足相关的时限规定。在会计期间结束后及时编制，并在规定期限内报送，以保证报表的及时性，这样才能为使用者的决策提供有用的依据。如果财务报表的编制和传递不及时，就会失去其相关性，降低会计信息的使用价值。

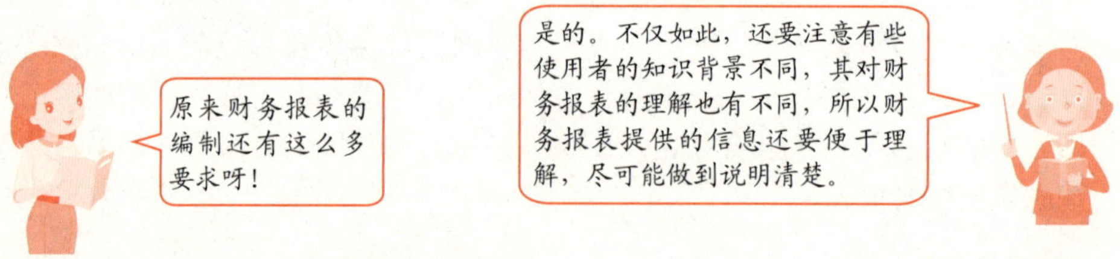

9.1.3 编制财务报表的准备工作

在会计人员的实际工作中，财务报表都是根据已经登记好的会计账簿进行编制的，因此在编制财务报表前，应该保证会计账簿的准确性。在编制财务报表之前，应该做好以下准备工作。

- 全面进行财产清查工作。企业应定期根据具体情况，对各项财产、物资进行重点抽查、轮流清查或定期清查，并在编制年度财务报表前，按下列规定全面清查资产、核实债务。

a. 资产的核实。其包括现金和银行存款的明细核对；应收账款、其他应收款与债务人的核对；各项存货、固定资产、在建工程的清查等。还要保证各项资产实有数与账面数一致，例如，各项存货的实存数量与账面数量是否一致，是否存在报废损失、积压物资等；各项投资是否存在，投资收益是否按规定进行确认和计量；房屋建筑物、机器设备、运输工具等固定资产的实存数量与账面数量是否一致；在建工程的实际发生额与账面记录是否一致等。

b. 债务的清理。对各种经济往来中形成的债务要及时核对入账，已到期的债务要按时偿还，如税款、水电费等。

c. 成本的核算。在编制报表前，应认真复核制造费用的分配、归集情况，各项生产、销售、库存商品等的成本核算，产品成本以及销售成本的核算，避免出现少转、漏转、错转成本的情况。

d. 做好费用的计提与摊销。其包括固定资产折旧的计提、无形资产的摊销等。

e. 归集损益类账户，结转成本。将各损益类账户全部转入“本年利润”账户，在年末进行利润分配。

- 核对各会计账簿记录与会计凭证的内容、金额等是否一致、正确。
- 按照规定的结账日进行结账，并核对各会计账簿之间的余额。
- 检查相关会计核算是否符合规定。对于没有规定统一核算方法的交易事项，检查其是否按会计核算的一般原则进行确认和计量，并检查相关账务处理是否合理。

9.2 反映财务状况的报表——资产负债表

资产负债表是反映企业在某一特定日期所拥有或控制的资产（如现金、固定资产、应收的各种债权等）、所负担的各项债务（如应还银行的贷款、应交国家的税款、应付其他企业的货款等）以及企业投资者所拥有的资本和剩余利润等的报表。

资产负债表

9.2.1 资产负债表有什么用

资产负债表是企业最基本、最重要的财务报表之一。资产负债表反映了企业某一时点的财务状况，它的作用主要体现在以下几个方面。

- **反映资产及其分布状况：**可以提供某一日期资产的类别和数额，表明企业拥有或控制的资源及其分布情况，如流动资产的多少、固定资产的多少等。
- **列示企业承担的债务及偿还期限的长短：**通过列示企业在特定时点的负债的类别和数额，表明企业未来需要用多少资产或劳务清偿债务，让报表使用者清楚地知道这一时点需要偿还的债务是多少等。
- **反映净资产及其形成原因：**反映某一特定时间投资人拥有的净资产额度，即所有者所拥有的权益，据以判断资本保值、增值的情况以及对负债的保障程度。
- **揭示企业财务状况发展趋势：**通过对资产负债表的分析，可以对企业的财务发展状况的趋势有比较清楚的了解。例如，把各个月度或年度企业的应收账款进行比较，就会很容易发现企业销售状况是呈现上升还是下降的趋势。

9.2.2 资产负债表怎么看

资产负债表包含资产、负债和所有者权益3大项目，三者之间存在一定的勾稽关系。

对于资产负债表，可以从其内容、列示要求和结构3方面来理解。

1. 资产负债表的内容

资产负债表是根据“资产=负债＋所有者权益”这一会计等式，将企业在一定日期的全部资产、负债和所有者权益项目进行适当分类、汇总、排列后编制而成的，它可以反映企业某一特定日期（如月末、季末、年末等）的财务状况。资产负债表的内容具体如图9-2所示。

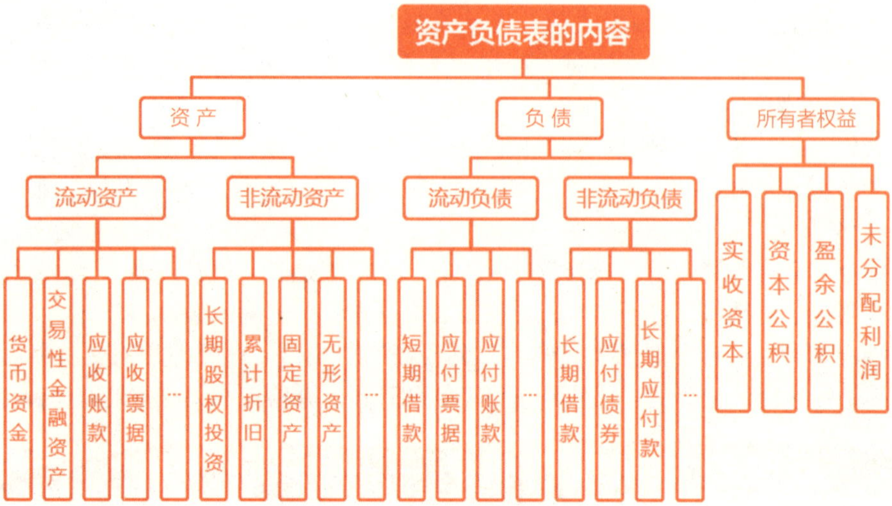

图9-2 资产负债表的内容

2. 资产负债表的列示要求

企业编制的资产负债表都是按照一定的模式填列的，即在资产负债表模板中填列数字，但是资产负债表模板的格式应满足一定的要求。资产负债表的列示要求可以概括为以下4点。

- 资产负债表应当按照资产、负债和所有者权益3大类别分类列报。
- 资产、负债应当按照流动性分为流动资产和非流动资产、流动负债和非流动负债列示。
- 资产负债表中的资产类至少应当列示流动资产和非流动资产的合计项目；负债类至少应当列示流动负债及非流动负债的合计项目；所有者权益类应当列示所有者权益的合计项目。
- 资产负债表应当分别列示资产总计项目和负债与所有者权益之和的总计项目，且资产项目合计数与负债和所有者权益合计数应当相等。

3. 资产负债表的结构

根据财务报表使用者对资产负债表中信息的不同需求，可以将资产负债表分为账户式和报告式两种格式，其中报告式资产负债表也被称为垂直式资产负债表。我国主要采用的是账户式结构的资产负债表，其结构具体如下。

资产负债表由表头、表身和表尾等部分组成。表头是资产负债表的基本信息；表身是资产负债表的主要内容，可以反映资产、负债和所有者权益的具体内容；表尾是资产负债表的备注，补充说明其他相关的资产、负债或注意事项。资产负债表的结构具体如图9-3所示。

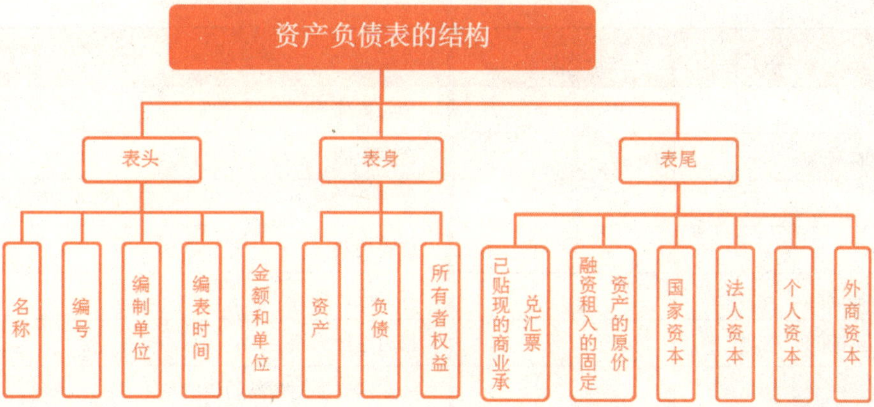

图9-3 资产负债表的结构

资产负债表的账页格式分为左右两方，左方排列资产要素，右方排列负债与所有者权益要素，形成左右对照排列的关系。

（1）左方

资产负债表的左方为资产项目，一般按照各种资产的流动性大小的顺序逐一在列表的左方进行排列，反映单位所有的各项财产、物资、债权和权利。流动性大的资产，如“货币资金”和“交易性金融资产”等账户排在前面；流动性小的资产，如“固定资产”和“长期待摊费用”等账户则排在后面。

（2）右方

资产负债表的右方为负债和所有者权益项目，一般照清偿时间的先后顺序逐一在列表的右方进行排列。

- **负债在先：**负债按到期日由近到远逐一排列，“短期借款”和“应付票据及应付账款”账户等需要在一年以内或者短于一年的一个营业周期内偿还的流动负债排在前面；“长期借款”等账户在长于一年的一个营业周期以上才需偿还的非流动负债排在后面。
- **所有者权益在后：**所有者权益按照其留在企业的永久性程度由大到小逐一排列。“实收资本（或股本）”账户在前，“未分配利润”账户在最后。

资产负债表的格式如表9-1所示。

表9-1 资产负债表的格式

资产负债表

编制单位： 年 月 日 单位：元

资产	期末余额	年初余额	负债和所有者权益（或股东权益）	期末余额	年初余额
流动资产：			流动负债：		
货币资金			短期借款		
交易性金融资产			交易性金融负债		
应收票据及应收账款			应付票据及应付账款		

续表

资产	期末余额	年初余额	负债和所有者权益（或股东权益）	期末余额	年初余额
预付款项			预收款项		
其他应收款			合同负债		
存货			应付职工薪酬		
合同资产			应交税费		
持有待售资产			其他应付款		
一年内到期的非流动资产			持有待售负债		
其他流动资产			一年内到期的非流动负债		
流动资产合计			其他流动负债		
非流动资产：			**流动负债合计**		
债权投资			非流动负债：		
其他债权投资			长期借款		
长期应收款			应付债券		
长期股权投资			长期应付款		
其他权益工具投资			预计负债		
其他非流动金融资产			递延收益		
投资性房地产			递延所得税负债		
固定资产			其他非流动负债		
在建工程			**非流动负债合计**		
生产性生物资产			**负债合计**		
油气资产			所有者权益（或股东权益）：		
无形资产			实收资本（或股本）		
开发支出			其他权益工具		
商誉			其中：优先股		
长期待摊费用			永续债		
递延所得税资产			资本公积		
其他非流动资产			减：库存股		
非流动资产合计			其他综合收益		
			盈余公积		
			未分配利润		
			所有者权益（或股东权益）合计		
资产总计			**负债和所有者权益（或股东权益）总计**		

9.2.3　实战——编制资产负债表

在了解了资产负债表的内容和结构后，就可以开始编制资产负债表了。

1. 资产负债表的填列方法

资产负债表中需要填制的项目就是“期末余额”和“年初余额”两栏，其中，“年初余额”是根据上一年度资产负债表的“期末余额”所列的数字来填列的，而对于“期末余额”数据的来源，可以通过以下几种方法获得。

- **根据总账科目的余额直接填列：**资产负债表中大部分项目的填列都是根据某个总账账户的期末余额直接填列的，如“短期借款”项目，根据“短期借款”总账科目的期末余额直接填列。
- **根据多个总账账户的期末余额合计数填列：**资产负债表的一些项目需根据多个总账账户的余额，计算其合计数填列，如“货币资金”项目，根据“库存现金”“银行存款”“其他货币资金”科目的期末余额合计数填列。
- **根据明细账科目余额计算填列：**资产负债表中的部分项目需根据相关明细账科目的期末余额计算填列，如“应付票据及应付账款”项目，根据“应付票据”科目的期末余额，以及“应付账款”“预付账款”科目所属的相关明细科目的期末贷方余额计算填列。
- **根据总账科目和明细账科目余额分析计算填列：**资产负债表的部分项目需同时根据总账科目和明细账科目的期末余额分析计算填列，如“长期借款”项目，根据“长期借款”总账科目期末余额扣除“长期借款”科目所属明细账科目中反映的、将于一年内到期的、并且企业不能单方将偿还期限延期的长期借款部分，分析计算填列。
- **根据科目余额减去其备抵项目后的余额填列：**资产负债表的部分项目需根据有关科目余额减去其备抵科目余额后的净额填列，如“应收票据及应收账款”“长期股权投资”“在建工程”等项目，应当根据“应收票据”“应收账款”“长期股权投资”“在建工程”等科目的期末余额减去“坏账准备”“长期股权投资减值准备”“在建工程减值准备”等备抵科目余额后的净额填列。
- **综合运用以上所述方法填列：**资产负债表的部分项目应综合运用前面介绍的各种填列方法，通过分析计算来填列，如“存货”项目，根据将“原材料、库存商品、在途物资、委托加工物资、周转材料、材料采购、发出商品、材料成本差异”等总账科目期末余额进行汇总后，减去“存货跌价准备”科目余额后的净额填列。

知识补充

> 填列资产负债表的“期末余额”时，某些项目可能会出现其余额的实际方向与该科目余额的一般方向相反的情况。此时，应在实际余额数前加上“—”号，如“固定资产清理”项目，如果其相应科目出现贷方余额，则应在其期末余额前加上“—”号填列。

资产负债表项目中“期末余额”的填列，大多都是根据总账科目的余额直接填列的，如“应付利息”项目，根据“应付利息”账户的期末余额填列。表9-2，总结了资产负债表中一些主要项目的“期末余额”的填列方法。

表9-2　资产负债表中主要项目“期末余额”的填列方法

项目	“期末余额”的填列方法
货币资金	“库存现金”账户期末余额 ＋ “银行存款”账户期末余额 ＋ “其他货币资金”账户期末余额
应收票据及应收账款	“应收票据”账户期末余额 ＋ “应收账款”账户期末余额 － “坏账准备”账户中有关应收票据和应收账款计提的坏账准备期末余额
预付款项	“预付账款”账户所属各明细账户的期末借方余额 ＋ “应付账款”账户所属各明细账户的期末借方余额－“坏账准备”账户中有关预付账款计提的坏账准备期末余额
其他应收款	“应收利息”账户期末余额 ＋ “应收股利”账户期末余额 ＋ “其他应收款”账户期末余额－“坏账准备”账户中相关坏账准备期末余额
存货	“材料采购” ＋ “原材料” ＋ “低值易耗品” ＋ “库存商品” ＋ “周转材料” ＋ “委托加工物资” ＋ “委托代销商品” ＋ “生产成本”等账户期末余额－“受托代销商品款”账户期末余额－“存货跌价准备”账户期末余额
持有待售资产	“持有待售资产”账户期末余额－“持有待售资产减值准备”账户期末余额
债权投资	“债权投资”账户的相关明细账户期末余额－“债权投资减值准备”账户中相关减值准备期末余额
长期应收款	“长期应收款”账户的期末余额－相应的“未实现融资收益”账户和“坏账准备”账户所属相关明细账户的期末余额
长期股权投资	“长期股权投资”账户期末余额－“长期股权投资减值准备”账户期末余额
投资性房地产	“投资性房地产”账户期末余额－“投资性房地产累计折旧（或摊销）”账户期末余额－“投资性房地产减值准备”账户期末余额
固定资产	“固定资产”账户期末余额－“累计折旧”账户期末余额－“固定资产减值准备”账户期末余额－“固定资产清理”账户期末余额
在建工程	“在建工程”账户期末余额－“在建工程减值准备”账户期末余额－“工程物资”账户期末余额－“工程物资减值准备”账户期末余额
无形资产	“无形资产”账户期末余额－“无形资产减值准备”账户期末余额－“累计摊销”账户期末余额
长期待摊费用	“长期待摊费用”账户期末余额－1年内（含1年）摊销的数额
短期借款	“短期借款”账户期末余额
预收款项	“预收账款”账户所属各明细账户期末贷方余额＋“应收账款”账户所属各明细账户期末贷方余额
应付票据及应付账款	“应付票据”账户期末余额＋“应付账款”账户期末余额＋“预付账款”账户所属的相关明细账户期末贷方余额
应付职工薪酬	“应付职工薪酬”账户所属各明细账户期末贷方余额
应交税费	“应交税费”账户所属各明细科账户期末贷方余额
其他应付款	“应付利息”账户期末余额＋“应付股利”账户期末余额＋“其他应付款”账户期末余额
长期借款	“长期借款”账户期末余额－“长期借款”账户所属明细账户中将在资产负债表日起1年内到期且企业不能自主地将清偿义务展期的长期借款后的金额
应付债券	“应付债券”账户期末余额
长期应付款	“长期应付款”账户期末余额－“未确认融资费用”账户期末余额－“长期应付款”账户所属相关明细账户中将于1年内到期的部分－“专项应付款”账户期末余额
实收资本（或股本）	“实收资本（或股本）”账户期末余额
资本公积	“资本公积”账户期末余额
盈余公积	“盈余公积”账户期末余额
未分配利润	“本年利润”账户期末余额＋“利润分配”账户期末余额

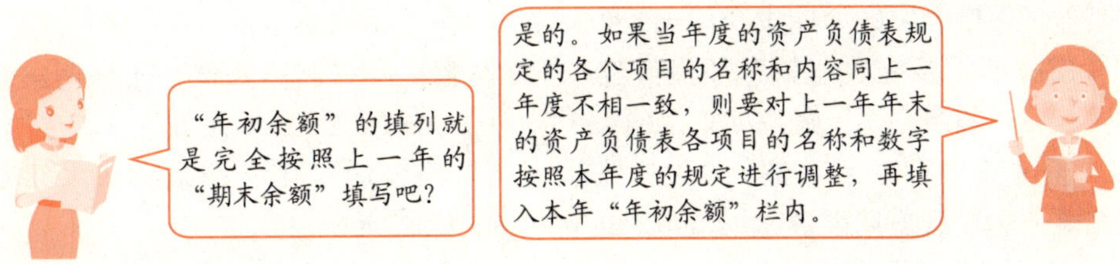

2. 编制资产负债表

下面通过对东华公司2018年12月与资产、负债、所有者权益有关的账户余额进行分析，并在2018年12月31日编制资产负债表。

案例9-1 东华公司为增值税一般纳税人，2018年12月31日与资产负债表项目有关的账户的期末余额如表9-3所示。

表9-3 2018年12月31日资产、负债、所有者权益类账户余额 单位：元

账户名称	借方余额	贷方余额	账户名称	借方余额	贷方余额
库存现金	13 600		短期借款		50 000
银行存款	275 300		应付账款——长舟公司		17 300
其他货币资金	50 000		应付账款——名流公司	28 000	
应收账款——百盛公司	38 300		应付职工薪酬		35 600
应收账款——上彩公司		11 000	预收账款——好食公司		25 630
预付账款——汇众公司		18 000	预收账款——鑫源公司	17 650	
预付账款——易铭公司	2 000		其他应付款		8 710
其他应收款	4 500		应交税费		1 350
材料采购	30 000		应付利息		4 690
原材料	63 600		长期借款		100 000
低值易耗品	5 150		实收资本		500 000
长期股权投资	127 500		资本公积		30 000
固定资产	200 000		盈余公积		20 000
累计折旧		15 320	利润分配——未分配利润		18 000
合计	809 950	44 320	合计	45 650	811 280

分析：编制资产负债表，会计人员可以按照以下3个步骤进行。

（1）第一步：检查账户是否结账

就本例而言，要检查东华公司所设置的会计账户是否已结账，可以根据表9-3提供的资料查看，资产、负债、所有者权益类账户均为期末余额，这就表明东华公司各类会计账户均已结账。

（2）第二步：计算期末余额

根据资产负债表项目，计算东华公司所涉及项目的期末余额。东华公司资产负债表所涉及各项目期末余额的计算如下。

①"货币资金"项目金额="库存现金"账户期末余额+"银行存款"账户期末余

额+“其他货币资金”账户期末余额=13 600+275 300+50 000=338 900（元）。

②“应收票据及应收账款”项目金额=“应收账款——百盛公司”账户期末余额+“预收账款——鑫源公司”账户期末余额=38 300+17 650=55 950（元）。

③“预付款项”项目金额=“预付账款——易铭公司”账户期末余额+“应付账款——名流公司”账户期末余额=2 000+28 000=30 000（元）。

④“其他应收款”项目金额为4 500元。

⑤“存货”项目金额=“材料采购”账户期末余额+“原材料”账户期末余额+“低值易耗品”账户期末余额=30 000+63 600+5 150=98 750（元）。

⑥“长期股权投资”项目金额为127 500元。

⑦“固定资产”项目金额=“固定资产”账户期末余额-“累计折旧”账户期末余额=200 000-15 320=184 680（元）。

⑧“短期借款”项目金额为50 000元。

⑨“应付票据及应付账款”项目金额=“应付账款——长舟公司”账户期末余额+“预付账款——汇众公司”账户期末余额=17 300+18 000=35 300（元）。

⑩“预收账款”项目金额=“预收账款——好食公司”账户期末余额+“应收账款——上彩公司”账户期末余额=25 630+11 000=36 630（元）。

⑪“应付职工薪酬”项目金额为35 600元。

⑫“应交税费”项目金额为1 350元。

⑬“其他应付款”项目金额=“应付利息”账户期末余额+“其他应付款”账户期末余额=4 690+8 710=13 400（元）。

⑭“长期借款”项目金额为100 000元。

⑮“实收资本”项目金额为500 000元。

⑯“资本公积”项目金额为30 000元。

⑰“盈余公积”项目金额为20 000元。

⑱“利润分配——未分配利润”项目金额为18 000元。

（3）第三步：填入金额并检查

将计算出的各项目的金额填入资产负债表中，并依次计算出表中涉及的合计数，填列到相应位置，最后要检查资产合计数与负债和所有者权益合计数是否相等。这样，一张完整的资产负债表才算编制完成。

编制完成后的东华公司的资产负债表如表9-4所示。其中，资产合计为840 280元，负债合计为272 280元，所有者权益合计为568 000元，负债+所有者权益=272 280+568 000=840 280（元），与资产合计金额相等，则编制的东华公司的资产负债表正确。

表9-4　东华公司2018年12月31日资产负债表

资产负债表

编制单位：东华公司　　2018年12月31日　　单位：元

资产	期末余额	年初余额	负债和所有者权益（或股东权益）	期末余额	年初余额
流动资产：			流动负债：		
货币资金	338 900		短期借款	50 000	
交易性金融资产			交易性金融负债		

续表

资产	期末余额	年初余额	负债和所有者权益（或股东权益）	期末余额	年初余额
应收票据及应收账款	55 950		应付票据及应付账款	35 300	
预付款项	30 000		预收款项	36 630	
其他应收款			合同负债		
存货	98 750		应付职工薪酬	35 600	
合同资产			应交税费	1 350	
持有待售资产	4 500		其他应付款	13 400	
一年内到期的非流动资产			持有待售负债		
其他流动资产			一年内到期的非流动负债		
流动资产合计	528 100		其他流动负债		
非流动资产：			**流动负债合计**	172 280	
债权投资			非流动负债：		
其他债权投资			长期借款	100 000	
长期应收款			应付债券		
长期股权投资	127 500		长期应付款		
其他权益工具投资			预计负债		
其他非流动金融资产			递延收益		
投资性房地产			递延所得税负债		
固定资产	184 680		其他非流动负债		
在建工程			**非流动负债合计**		
生产性生物资产			**负债合计**	272 280	
油气资产			所有者权益（或股东权益）：		
无形资产			实收资本（或股本）	500 000	
开发支出			其他权益工具		
商誉			其中：优先股		
长期待摊费用			永续债		
递延所得税资产			资本公积	30 000	
其他非流动资产			减：库存股		
非流动资产合计	321 180		其他综合收益		
			盈余公积	20 000	
			未分配利润	18 000	
			所有者权益（或股东权益）合计	568 000	
资产总计	840 280		**负债和所有者权益（或股东权益）总计**	840 280	

9.3 反映经营成果的报表——利润表

利润表是是反映企业一个时期内发生的收入、成本、费用以及由此计算出的利润额。利润表是一张动态报表，报表的使用者可以通过利润表全面了解企业的经营成果，分析企业的利润增减变化、获利能力和盈利增长趋势等，为经济决策提供依据。

9.3.1 利润表有什么用

利润表通过对企业经营成果的反映，提供给财务报表使用者相关的信息，让其对投资的价值和报酬进行评估。利润表主要有以下3个方面的作用。

- **提供经营成果的分配依据：** 通过一定会计期间内收入的实现情况以及费用耗费情况，反映企业一定会计期间的营业收入、营业成本、税金、期间费用及营业外收支等信息，最终计算出会计期间内企业的利润，作为企业分配的依据。
- **综合反映生产经营的各个方面：** 通过对企业各个会计期间的纵向对比和与外部企业的横向对比，有助于考核企业管理层的工作业绩；还可以通过对利润表中所反映的收入、成本费用、利润等项目与企业生产经营预算进行对比，考核企业生产计划的完成情况。
- **预测企业的发展前景：** 通过分析企业的获利能力，有助于报表使用者预测企业的未来发展前景，进行投资决策。同时，为报表使用者预测企业未来的现金流量提供依据。并且利润表中详细说明了企业经营利润、投资净收益和营业外收支净额等项目，为分析企业的盈利水平、评估企业的获利能力提供了可能性。

9.3.2 利润表怎么看

同资产负债表一样，对利润表的认识，也可以从内容、列示要求和结构3大方面来学习。

1. 利润表的内容

利润表主要反映营业利润、利润总额和净利润这3方面的内容。

- **营业利润：** 营业利润是在主营业务收入和其他业务收入的基础上，减去销售费用、管理费用、财务费用以及投资损失（或加上投资收益）等后得出的。
- **利润总额（或亏损总额）：** 利润总额（或亏损总额）是在营业利润的基础上加（减）营业外收支后得出的。
- **净利润（或净亏损）：** 净利润（或净亏损）是在利润总额（或亏损总额）的基础上，减去本期计入损益的所得税费用后得出的。

2. 利润表的列示要求

同资产负债表一样，企业利润表也是在利润表模板中填写的，利润表模板中对企业经营成果的列示应该满足以下4个要求。

- **费用按功能分类列示：** 企业在利润表中对费用按照功能的不同进行分类，可以分为从事经营业务发生的成本、管理费用、销售费用和财务费用等。
- **至少应当单独列示的项目：** 利润表至少应当单独列示的项目包括营业收入、营业成本、税金及附加、管理费用、销售费用、财务费用、投资收益、资产减值损失、信用减值损失、公允价值变动收益、资产处置收益、所得税费用、净利润、其他综合收益各项目分别扣除所得税影响后的净额以及综合收益总额。

- **其他综合收益项目的列示：**其他综合收益项目应根据其他相关会计准则的规定分为以后会计期间不能重分类进损益的其他综合收益项目和以后会计期间在满足规定条件时将重分类进损益的其他综合收益项目两类列报。
- **合并利润表的列示：**在合并利润表中，企业应在净利润项目之下单独列示归属于母公司所有者的损益和归属于少数股东的损益，在综合收益总额项目之下单独列示归属于母公司所有者的综合收益总额和归属于少数股东的综合收益总额。

3. 利润表的结构

利润表的基本结构也是由表头、表身和表尾3个部分构成的。其中，表头包括名称、编制报表企业的名称、报表反映的日期、金额单位、报表编号等内容；表身是利润表的主要内容，反映收入、费用和利润的具体内容；表尾是对在利润表表身中不便于或者不能反映的一些资料的补充。

利润表的格式主要有单步式和多步式两种，我国企业采用多步式利润表。多步式利润表通过对当期的收入和费用按性质加以归类，按利润形成的主要环节列示一些中间利润指标，分步计算当期净利润。

多步式利润表的格式如表9-5所示。

表9-5 多步式利润表的格式

利润表

编制单位： 年 月 单位：元

项目	本期金额	上期金额
一、营业收入		
减：营业成本		
税金及附加		
销售费用		
管理费用		
研发费用		
财务费用		
其中：利息费用		
利息收入		
资产减值损失		
信用减值损失		
加：其他收益		
投资收益（损失以“–”号填列）		
其中：对联营企业和合营企业的投资收益		
净敞口套期收益（损失以“–”号填列）		
公允价值变动收益（损失以“–”号填列）		
资产处置收益（损失以“–”号填列）		

续表

项目	本期金额	上期金额
二、营业利润（亏损以“–”号填列）		
加：营业外收入		
减：营业外支出		
三、利润总额（亏损总额以“–”号填列）		
减：所得税费用		
四、净利润（净亏损以“–”号填列）		
（一）持续经营净利润（净亏损以“–”填列）		
（二）终止经营净利润（净亏损以“–”填列）		
五、其他综合收益的税后净额		
（一）不能重分类进损益的其他综合收益		
1. 重新计量设定受益计划变动额		
2. 权益法下不能转损益的其他综合收益		
3. 其他权益工具投资公允价值变动		
4. 企业自身信用风险公允价值变动		
……		
（二）将重分类进损益的其他综合收益		
1. 权益法下可转损益的其他综合收益		
2. 其他债权投资公允价值变动		
3. 金融资产重分类计入其他综合收益的金额		
4. 其他债权投资信用减值准备		
5. 现金流量套期		
6. 外币财务报表折算差额		
……		
六、综合收益总额		
七、每股收益		
（一）基本每股收益		
（二）稀释每股收益		

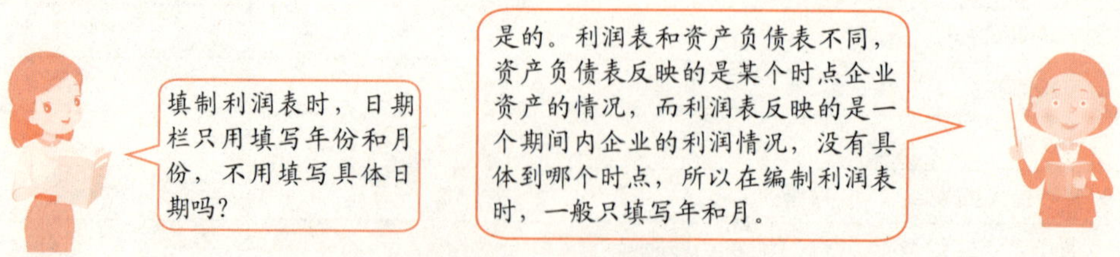

9.3.3 实战——编制利润表

编制利润表相对于编制资产负债表来说会简单一些，利润表中所用数据大部分可以根据相应的科目直接取得，进行加减的计算会比资产负债表少，也更简单。

1. 利润表的填列方法

利润表中“上期金额”栏根据上年该期利润表“本期金额”栏内所列数字填列。如果上年该期利润表规定的各个项目的名称和内容同本期不一致，应对上年该期利润表各项目的名称和数字按本期的规定进行调整，填入利润表“上期金额”栏内。因此，利润表的填列中最为重要的是“本期金额”栏。

利润表中“本期金额”栏主要依据损益类各科目的本期实际发生额填列，如“管理费用”“销售费用”项目的填列，就直接根据“管理费用”“销售费用”科目的本期实际发生额填列。利润表中常用项目的填列方法具体如表9-6所示。

表9-6　利润表中常用项目“本期金额”的填列方法

项目	“本期金额”的填列方法
营业收入	“主营业务收入”账户本期发生额＋“其他业务收入”账户本期发生额
营业成本	“主营业务成本”账户本期发生额＋“其他业务成本”账户本期发生额
税金及附加	“税金及附加”账户本期发生额
销售费用	“销售费用”账户本期发生额
管理费用	“管理费用”账户本期发生额
研发费用	“管理费用”账户下的明细账户“研发费用”账户本期发生额
财务费用	“财务费用”账户本期发生额
信用减值损失	“信用减值损失”账户本期发生额
资产减值损失	“资产减值损失”账户本期发生额
净敞口套期收益	“净敞口套期收益”账户本期发生额（如为套期损失，以“－”号填列）
公允价值变动收益	“公允价值变动损益”账户本期发生额（如为净损失，本项目以“–”号填列）
投资收益	“投资收益”账户本期发生额（如为投资损失，本项目用“–”号填列）
资产处置收益	“资产处置收益”账户本期发生额（如为处置损失，本项目用“–”号填列）
其他收益	“其他收益”账户本期发生额
营业外收入	“营业外收入”账户本期发生额
营业外支出	“营业外支出”账户本期发生额
所得税费用	“所得税费用”账户本期发生额（或者利润总额×适用税率）
营业利润	“营业收入”项目本期金额－“营业成本”项目本期金额－“税金及附加”账户本期发生额－“销售费用”账户本期发生额－“管理费用”账户本期发生额－“财务费用”账户本期发生额－“信用减值损失”账户本期发生额–“资产减值损失”账户本期发生额＋“净敞口套期收益”账户本期发生额（或－净敞口套期损失）＋“公允价值变动收益”账户本期发生额（或－公允价值变动损失）＋“投资收益”账户本期发生额（或－投资损失）＋其他收益＋资产处置收益（或–资产处置损失）（如为亏损，本项目以“–”号填列）
利润总额	“营业利润”项目本期金额＋“营业外收入”项目本期金额－“营业外支出”项目本期金额（如为亏损，本项目以“–”号填列）
净利润	“利润总额”项目本期金额－“所得税费用”项目本期金额（如为亏损，本项目以“–”号填列）
综合收益总额	“净利润”项目本期金额＋“其他综合收益”项目本期金额
每股收益	“基本每股收益”项目本期金额＋“稀释每股收益”项目本期金额

为了保证在编制利润表时，各项目计算的正确性，对于利润表中计算较为复杂的项目，根据其项目的相关性，可以按照以下5个步骤进行填列。

- 第一步：计算营业利润。
- 第二步：计算利润总额。
- 第三步：计算净利润。
- 第四步：计算每股收益。
- 第五步：以净利润（或净亏损）和其他综合收益为基础，计算综合收益总额。

2. 编制利润表

下面通过对东华公司2018年9月有关损益类账户的发生额进行分析，并编制该公司2018年9月的利润表。

案例9-2 东华公司为增值税一般纳税人，2018年9月与利润表项目有关账户的本期发生额如表9-7所示。根据资料，会计人员应怎样编制利润表？（已知本月资产负债表中“未分配利润”项目的“本期金额”为51 400元）

表9-7 2018年9月损益类账户本期发生额 单位：元

账户名称	借贷方向	本期发生额	账户名称	借贷方向	本期发生额
主营业务收入	贷	550 500	管理费用	借	37 500
其他业务收入	贷	8 900	财务费用	借	8 200
主营业务成本	借	385 000	投资收益	贷	1 200
其他业务成本	借	6 900	营业外收入	贷	400
税金及附加	借	27 500	营业外支出	借	600
销售费用	借	18 200	所得税费用	借	25 700

分析：编制利润表时，会计人员首先应计算各项目的“本期金额”，然后再填入利润表并对其进行核对。

（1）第一步：计算各项目“本期余额”

根据各损益类账户本期的发生额，计算企业利润表中各项目的具体金额。东华公司利润表所涉及各项目“本期金额”的计算如下。

①“营业收入”本期金额=“主营业务收入”账户本期发生额+“其他业务收入”账户本期发生额= 550 500 + 8 900 = 559 400（元）。

②“营业成本”=“主营业务成本”账户本期发生额+“其他业务成本”账户本期发生额= 385 000 + 6 900 = 391 900（元）。

③“税金及附加”项目本期发生额为 27 500元。

④“销售费用”项目本期发生额为 18 200元。

⑤“管理费用”项目本期发生额为 37 500元。

⑥“财务费用”项目本期发生额为8 200元。

⑦“投资收益”项目本期发生额为1 200元。

⑧“营业外收入”项目本期发生额为 400元。

⑨“营业外支出”项目本期发生额为 600元。

⑩“所得税费用”项目本期发生额为25 700元。

⑪“营业利润”项目本期发生额＝“营业收入”项目本期发生额－“营业成本”项目本期发生额－“税金及附加”项目本期发生额－“销售费用”项目本期发生额－“管理费用”项目本期发生额－“财务费用”项目本期发生额＋“投资收益”项目本期发生额＝559 400－391 900－27 500－18 200－37 500－8 200＋1 200＝77 300（元）。

⑫“利润总额”项目本期发生额＝“营业利润”项目本期发生额＋“营业外收入”项目本期发生额－“营业外支出”项目本期发生额＝77 300＋400－600＝77 100（元）。

⑬“净利润”项目本期发生额＝“利润总额”项目本期发生额－“所得税费用”项目本期发生额＝77 100－25 700＝51 400（元）。

⑭“综合收益总额”项目本期发生额＝“净利润”项目本期发生额＋“其他综合收益”项目本期发生额＝51 400＋0＝51 400（元）。

（2）第二步：填入金额并核对

将上述计算出的各项目的“本期金额”填入利润表中，并核对本月利润表中“净利润”的“本期金额”与资产负债表中“未分配利润”的“本期金额”是否一致，如果两者不一致，还应检查是否记账有误。

编制完成后的东华公司2018年9月的利润表如表9-8所示。已知东华公司本月的资产负债表中“未分配利润”项目的“本期金额”为51 400元，与利润表中的“净利润”项目的“本期金额”一致，则编制的利润表正确。

表9-8　东华公司2018年9月利润表

利润表

编制单位：东华公司　　2018 年 9 月　　单位：元

项目	本期金额	上期金额
一、营业收入	559 400	
减：营业成本	391 900	
税金及附加	27 500	
销售费用	18 200	
管理费用	37 500	
研发费用		
财务费用	8 200	
其中：利息费用		
利息收入		
资产减值损失		
信用减值损失		
加：其他收益		
投资收益（损失以“－”号填列）	1 200	
其中：对联营企业和合营企业的投资收益		
净敞口套期收益（损失以“－”号填列）		
公允价值变动收益（损失以“－”号填列）		
资产处置收益（损失以“－”号填列）		

续表

项目	本期金额	上期金额
二、营业利润（亏损以“－”号填列）	77 300	
加：营业外收入	400	
减：营业外支出	600	
三、利润总额（亏损总额以“－”号填列）	77 100	
减：所得税费用	25 700	
四、净利润（净亏损以“－”号填列）	51 400	
五、其他综合收益的税后净额		
（一）不能重分类进损益的其他综合收益		
1. 重新计量设定受益计划变动额		
2. 权益法下不能转损益的其他综合收益		
3. 其他权益工具投资公允价值变动		
4. 企业自身信用风险公允价值变动		
……		
（二）将重分类进损益的其他综合收益		
1. 权益法下可转损益的其他综合收益		
2. 其他债权投资公允价值变动		
3. 金融资产重分类计入其他综合收益的金额		
4. 其他债权投资信用减值准备		
5. 现金流量套期		
6. 外币财务报表折算差额		
……		
六、综合收益总额	51 400	
七、每股收益		
（一）基本每股收益		
（二）稀释每股收益		

9.4 反映现金增减变动的报表——现金流量表

现金流量表是反映企业在一定会计期间内，现金和现金等价物流入和流出的报表。这里所指的现金是库存现金以及可以随时用于支付的存款（如银行存款和其他货币资金）；现金等价物是指企业持有的期限比较短、容易转换成确定金额的投资，如以公允价值计量且其变动计入当期损益的金融资产。

9.4.1 现金流量表有什么用

现金流量表能够反映企业在一定期间内经营活动、投资活动和筹资活动产生的现金流入与现金流出情况，能够为企业提供在特定期间内现金收入和现金支出的信息，以及为企业提示该期间内有关投资活动和理财活动的信息。

在会计工作中，现金流量表的编制对投资者、企业的管理者以及其他利益相关者，都具有十分重要的作用，其主要体现在以下几个方面。

- 了解企业当期实际收入的现金、实际支出的现金以及现金流入、流出相抵后的净额，分析出利润表中本期净利润与现金流量之间的差异，从而正确评价企业的经营成果。
- 帮助报表使用者分析企业的偿债能力、支付股利的能力，评价和判断企业的财务状况，并且还能帮助报表使用者了解企业与现金收付无关、但是对企业有重要影响的投资和筹资活动。
- 帮助潜在的投资者分析企业产生未来现金流量的能力，做出正确的投资决策。
- 分析净收益与现金流量之间的差异，并据此查找差异产生的原因，对各类原因采取有效的措施，提高现金流入，保持现金流量流入与流出的均衡。

9.4.2 现金流量表怎么看

在现金流量表中，为了更好地区别现金的流入和流出，可以根据企业业务活动的性质和现金流量的来源，将企业一定期间产生的现金流量分经营活动产生的现金流量、投资活动产生的现金流量和筹资活动产生的现金流量3类活动，每类活动又分为各项具体的项目，这些项目从不同角度反映了企业业务活动的现金流入、流出情况，进一步补充了资产负债表和利润表所提供的信息。

知识补充

现金流量表中，现金和现金等价物是作为一个整体看待的，企业现金形式的转换不会产生现金的流入和流出。例如，从银行提取现金，是现金与现金之间的转换，现金并未流出企业，不构成现金流量；又如，用现金购买三个月到期的国库券，是现金与现金等价物的转换，现金和现金等价物作为一个整体，这样的转换也不会产生现金流量。

一般情况下，企业现金流量表的格式如表9-9所示。

表9-9 现金流量表的格式

现金流量表

编制单位： 年 月 单位：元

项目	本期金额	上期金额
一、经营活动产生的现金流量：		
销售商品、提供劳务收到的现金		
收到的税费返还		
收到的其他与经营活动有关的现金		
经营活动现金流入小计		
购买商品、接受劳务支付的现金		
支付给职工以及为职工支付的现金		
支付的各项税费		
支付其他与经营活动有关的现金		
经营活动现金流出小计		

续表

项目	本期金额	上期金额
经营活动产生的现金流量净额		
二、投资活动产生的现金流量：		
收回投资收到的现金		
取得投资收益收到的现金		
处置固定资产、无形资产和其他长期资产收回的现金净额		
处置子公司及其他营业单位收到的现金净额		
收到其他与投资活动有关的现金		
投资活动现金流入小计		
购建固定资产、无形资产和其他长期资产支付的现金		
投资支付的现金		
取得子公司及其他营业单位支付的现金净额		
支付其他与投资活动有关的现金		
投资活动现金流出小计		
投资活动产生的现金流量净额		
三、筹资活动产生的现金流量：		
吸收投资收到的现金		
取得借款收到的现金		
收到其他与筹资活动有关的现金		
筹资活动现金流入小计		
偿还债务支付的现金		
分配股利、利润或偿付利息支付的现金		
支付其他与筹资活动有关的现金		
筹资活动现金流出小计		
筹资活动产生的现金流量净额		
四、汇率变动对现金及现金等价物的影响额		
五、现金及现金等价物净增加额		
加：期初现金及现金等价物余额		
六、期末现金及现金等价物余额		

9.4.3 编制现金流量表的方法

现金流量表是以收付实现制为原则编制的，也就是把企业一个时期内所有收入和支出的现金和银行存款按照现金流量表中指定的项目分配下去。例如，企业的银行账户收到一笔20万元的销售货款，就应该填写到现金流量表中“销售商品、提供劳务收到的现金”项目中；企业支付员工工资，共计10万元，则这笔钱应该填入“支付给职工以及为职工支付的现金”项目中。

我国现金流量表的填列要求使用直接法，即将现金收入来源和现金支出去向的主要类别列示在现金流量表中，并以利润表中的营业收入为起算点，计算出经营活动产生的现金流量。在直接法下，现金流量表的编制还可以采用工作底稿法和T型账户法。

1. 工作底稿法

工作底稿法是以工作底稿为手段，根据资产负债表和利润表数据，对每一项目进行分析并编制调整分录，从而编制现金流量表的方法。采用工作底稿法一般可以按照以下程序编制现金流量表。

- 将资产负债表的期初数和期末数过入工作底稿的期初数栏和期末数栏。
- 对当期业务进行分析并编制调整分录。在编制调整分录时，要以利润表项目为基础，从“营业收入”开始，结合资产负债表项目逐一进行分析。
- 将调整分录过入工作底稿中的相应部分。
- 核对调整分录，借方、贷方合计数均已经相等，资产负债表项目期初数加减调整分录中的借贷金额以后，也等于期末数。
- 根据工作底稿中的现金流量表项目部分编制正式的现金流量表。

2. T型账户法

T型账户法同样是根据资产负债表和利润表数据，对每一项目进行分析并编制调整分录，从而编制现金流量表的方法。采用T型账户法时一般按照以下程序进行。

- 为所有的非现金项目（包括资产负债表项目和利润表项目）分别开设T型账户，并将各自的期末期初变动数过入各T型账户。如果项目的期末数大于期初数，则将差额过入和项目余额相同的方向；反之，则过入相反的方向。
- 开设一个大的“现金及现金等价物”T型账户，左右两边分别分为经营活动、投资活动和筹资活动3个部分，左边记现金流入，右边记现金流出，该账户与其他账户一样，过入期末期初变动数。
- 以利润表项目为基础，结合资产负债表项目分析每一个非现金项目的增减变动，并据此编制调整分录。
- 将调整分录过入各T型账户并进行核对，该账户借贷相抵后的余额与原先过入的期末期初变动数应当一致。
- 根据大的“现金及现金等价物”T型账户编制正式的现金流量表。

现金流量表的编制带有一定的主观性，因为不同的会计人员可能会对同一笔现金业务性质的判断出现分歧，从而导致将其填写在不同的现金流量表项目中。而在实际的会计工作中，一般的小企业不用填写现金流量表，如果必须要填写的，也只是在年终时填写一次，并且基本上由审计财务的会计师事务所代为编制。因此，这里就不举例对现金流量表进行编制了。

9.5 其他资料的反映——财务报表附注

财务报表附注是为了方便财务报表使用者理解财务报表的内容而编制的，是对资产负债表、利润表、现金流量表等报表中所列示项目的文字描述或者明细资料，以及对没有在这些报表中所列示项目的说明等。

9.5.1 财务报表附注的作用

财务报表附注是财务会计报告体系的重要组成部分，其作用表现在以下两个方面。

- 通过财务报表附注，便于财务报表使用者理解财务报表中未列示项目的详细或明细说明。例如，通过阅读附注中披露的固定资产折旧政策的说明，能帮助使用者准确地把握其报告企业与其他企业在固定资产折旧政策上的异同，以便进行比较。
- 通过财务报表附注，可以使报表使用者全面了解企业的财务状况、经营成果和现金流量。

9.5.2 财务报表附注怎么看

财务报表附注是对财务报表的补充说明，在财务会计报告体系中发挥着重要的作用，也是财务会计报告的重要组成部分。因此财务报表附注中的内容既是对财务报表中各要素的补充说明，也是对那些在财务报表中无法描述的其他财务信息的补充说明。

财务报表附注中包括的内容并没有确切的规定，根据不同的企业、不同的经营管理需要，不同报表使用者对所需企业数据的详细程度，可以有不同的内容。但一般的财务报表附注中应该包含以下几方面的内容。

- **企业的基本情况：**包括注册地、法人营业执照注册号，业务性质和主要经营活动，母公司以及集团最终母公司的名称，财务报告的批准者和批准报出日。
- **财务报表的编制基础：**企业应当以持续经营为前提，根据实际发生的交易和事项，按照企业会计准则的规定进行确认和计量，并在此基础上编制财务报表。
- **遵循企业会计准则的声明：**企业应当声明编制的财务报表符合企业会计准则的要求，真实、完整地反映了企业的财务状况、经营成果和现金流量等有关信息。如果企业编制的财务报表只是部分地遵循了企业会计准则，附注中不得做出这种表述。
- **重要会计政策和会计估计：**根据财务报表列报准则的规定，企业应当披露采用的重要会计政策和会计估计，不重要的会计政策和会计估计可以不披露。

9.6 新手加油站

1. 所有者权益变动表

企业除了常用的3大报表（资产负债表、利润表和现金流量表）和财务报表附注外，一些企业为了反映其在一定期间内的总收益和总费用，还会通过所有者权益变动表列报所有者权益的增减变动。我国的所有者权益变动表的格式如表9-10所示。

表9-10 所有者权益变动表的格式

所有者权益变动表

编制单位： 年度 单位：元

项目	本年金额										上年金额									
	实收资本（或股本）	其他权益工具			资本公积	减：库存股	其他综合收益	盈余公积	未分配利润	所有者权益合计	实收资本（或股本）	其他权益工具			资本公积	减：库存股	其他综合收益	盈余公积	未分配利润	所有者权益合计
		优先股	永续股	其他								优先股	永续股	其他						
一、上年年末余额																				
加：会计政策变更																				
前期差错更正																				
其他																				
二、本年年初余额																				
三、表本年增减变动金额（减少以"-"号填列）																				
（一）综合收益总额																				

续表

项目	本年金额										上年金额									
	实收资本（或股本）	其他权益工具			资本公积	减：库存股	其他综合收益	盈余公积	未分配利润	所有者权益合计	实收资本（或股本）	其他权益工具			资本公积	减：库存股	其他综合收益	盈余公积	未分配利润	所有者权益合计
		优先股	永续股	其他								优先股	永续股	其他						
（二）所有者投入和减少资本																				
1. 所有者投入的普通股																				
2. 其他权益工具持有者投入资本																				
3. 股份支付计入所有者权益的金额																				
4. 其他																				
（三）利润分配																				
1. 提取盈余公积																				
2. 对所有者（或股东）的分配																				
3. 其他																				
（四）所有者权益内部结转																				
1. 资本公积转增资本（或股本）																				
2. 盈余公积转增资本（或股本）																				
3. 盈余公积弥补亏损																				
4. 设定受益计划变动额结转留存收益																				
5. 其他综合收益结转留存收益																				
6. 其他																				
四、本年年末余额																				

所有者权益变动表中各项目的填列，相比其他几类报表会比较简单。表中“上年金额”栏内各项数字，根据上年度所有者权益变动表“本年金额”内所列数字填列；“本年金额”栏内各项数字一般根据“实收资本（或股本）”“资本公积”“其他综合收益”“盈余公积”“利润分配”“库存股”和“以前年度损益调整”科目的发生额分析填列。

2. 编制财务报表常见的错误

财务报表的编制是一项非常细致的工作，在实务中，会计人员可能会因为各种原因导致错编财务报表，下列几种情况就是编制财务报表时比较常见的错误。

- **表头部分的编制日期填写错误：** 资产负债表反映的是某一点时间的财务状况，因此表头日期为具体的“×年×月×日”；利润表反映的是某一段时间的经营成果，因此表头日期为“×年×月”。
- **“货币资金”的金额计算错误：** 由于一般企业的货币资金通常就是库存现金和银

行存款，有些会计人员会误认为货币资金就只包括这两项，但是，若企业有异地购买物资的情况，则其很可能存在汇票存款，那么这个汇票存款就属于其他货币资金，在编制资产负债表时应将此部分金额计算在内。

- **将“应收票据及应收账款”与“应付票据及应付账款”项目混淆：**由于“应收票据及应收账款”项目是根据“应收票据”“应收账款”账户期末余额减除“坏账准备”账户中有关应收票据和应收账款计提的坏账准备期末余额，因此有的会计人员会认为“应付票据及应付账款”项目也应根据“应付票据”和“应付账款”账户期末余额减除“坏账准备”账户中有关应付票据和应付账款计提的坏账准备期末余额计算填列的，而对于“应付票据及应付账款”项目的正确填列是根据“应付票据”和“应付账款”账户期末余额减除“预付账款”账户所属的相关明细科目期末贷方余额。对于这种情况，会计人员平时应多熟悉编制财务报表涉及的计算公式。
- **计算错误：**这种错误属于财务报表编制的致命错误。为了防止此类错误的发生，会计人员应对数据进行多次计算，这样可以有效减少错误的发生；另外，会计人员还应善于利用报表间的勾稽关系从中发现错误。

3. 财务报表间的勾稽关系

三大财务报表之间并不是孤立存在、互不相干的，它们之间相互依存、相互联系，不同的报表之间存在着一定的勾稽关系，具体如图9-4所示。

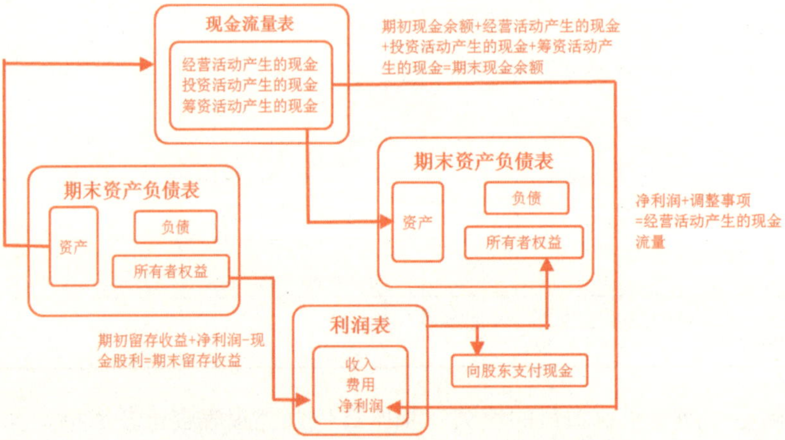

图9-4　三大财务报表之间的勾稽关系

4. 财务报表的报送与审核

企业编制完成财务报表后，应经由注册会计师审计并出具审计报告，然后将经审计的财务报表向有关机关和部门报送，有关机关和部门应对企业财务报表进行审核。

（1）财务报表的报送

企业编制的财务报表不仅属于企业自身的重要会计资料，其对于国家进行宏观调控也具有非常重要的意义。因此企业应根据规定，向税务部门、财政部门、银行、证券部门等报送审计后的财务报表。

一般而言，会计工作中所称的报送财务报表是指将企业的月度、季度或年度资产负债表和利润表向主管税务机关报送。报送财务报表主要有两种方式：一种是将已填写完成并加盖企业公章和法人章的财务报表报送给税务专管员；另一种是在税务部门指定的网站填写财务报表后报送。

（2）财务报表的审核

财务报表的审核包括两方面：一方面是内部审核，即企业内部对所编制的财务报表进行检查；另一方面是外部审核，即外部各相关部门或机关对财务报表的检查。

内部审核是指企业在将财务报表报送之前，单位会计主管人员和企业负责人对其进行复核，即检查财务报表的项目是否填列齐全、各数字之间的勾稽关系是否正确、补充资料是否齐全、相关位置是否加盖印章等。只有上述检查无误后，才能将财务报表向外部报送。外部审核主要是指税务部门、财政部门、银行、证券监管机构等对企业所报送财务报表的审核，即检查财务报表是否符合企业会计准则的规定，根据财务报表提供的资料进行财务分析等。外部审核时，若发现报表存在问题，相关部门可以要求企业查明原因，并及时纠正；对于存在违法、违规现象的，相关机关还应做出严肃处理。

5. 财务报表的装订

财务报表在编制完成后并及时报送后，留存的报表需要按月装订成册，小企业可以按季装订成册，并妥善保管。装订时应按照如下要求进行。

- 在进行财务报表装订前要按编报的目录进行核对，查看所有报表是否齐全、完整，并且要保证报表页面整洁，不能有折角。如果报表有损坏，应将损坏部分粘贴修补后再进行装订。
- 整理好的财务报表应按照“财务报表封面—财务报表编制说明—各类财务报表—财务报表附注—财务报表封底”的顺序进行装订。

9.7 动动手

1. 编制资产负债表和利润表

新丰公司根据2018年12月发生的经济业务，编制了表9-11所示的各科目的期末余额表。根据该科目余额表，新丰公司应如何编制资产负债表和利润表？

表9-11 各科目期末余额表

单位：元

科目名称	期末借方余额	期末贷方余额	科目名称	期末借方余额	期末贷方余额
库存现金	26 500		应付利息		27 875
银行存款	1 422 377.95		其他应付款		35 111.64
其他货币资金	40 000		长期应付款		450 500
应收票据	329 000		实收资本		2 000 000
应收账款	608 000		资本公积		50 500
预付账款	60 000		盈余公积		247 536.13
其他应收款	51 400		本年利润		
坏账准备		25 000	利润分配		634 825.12
原材料	1 142 300		应付利润		492 000
在途物资			所得税费用		18 453.75
周转材料	11 000		制造费用	59 164	
库存商品	153 256.80		主营业务收入		710 000

续表

科目名称	期末借方余额	期末贷方余额	科目名称	期末借方余额	期末贷方余额
长期股权投资	375 000		其他业务收入		25 000
固定资产	1 758 000		营业外收入		30 000
累计折旧		242 000	主营业务成本	538 035	
在建工程	853 500		其他业务成本	15 000	
应交税费		235 286.86	税金及附加	1 785	
短期借款		575 000	管理费用	82 490	
应付账款		1 064 700	销售费用	11 000	
预收账款		150 000	财务费用	2 875	
应付票据		70 000	营业外支出	40 000	
应付职工薪酬		530 000			

参考答案

配套\第9章\报表模板\资产负债表模板.xlsx
配套\第9章\报表模板\利润表模板.xlsx
配套\第9章\参考答案\编制新丰公司的资产负债表和利润表.docx

2. 编制利润表

泰昌公司2018年10月各损益类账户的发生额（未结转前）统计如表9-12所示。已知泰昌公司适用的所得税税率为25%，根据以下资料为其编制2018年10月的利润表。

表9-12 泰昌公司2018年10月损益类账户发生额

单位：元

账户名称	本期发生额（方向）	账户名称	本期发生额（方向）
主营业务收入	320 000（贷）	财务费用	4 700（借）
其他业务收入	29 800（贷）	营业外收入	2 300（贷）
主营业务成本	118 000（借）	营业外支出	870（借）
其他业务成本	14 600（借）	投资收益	3 000（贷）
销售费用	21 000（借）	税金及附加	36 700（借）
管理费用	10 350（借）		

参考答案

配套\第9章\报表模板\利润表模板.xlsx
配套\第9章\参考答案\编制泰昌公司利润表.docx

10 Chapter

第10章　交工检验——纳税申报

情景导读

张姐：小叶，今天你跟我去税务局把纳税申报的事情办完吧。

小叶：好呀，张姐。纳税申报就是缴纳税款对吧？

张姐：当然不是，纳税申报和缴纳税款是两回事，纳税申报是缴纳税款的前提。纳税申报更多体现的是一个过程，而缴纳税款更多体现的是一个结果。

小叶：原来如此，那企业需要申报的税种有哪些呢？

张姐：这就要根据企业的具体经营情况来确定了。一般来说，增值税和企业所得税是企业最基本的税种了，我们接下来主要就这两个税种讲讲怎么进行纳税申报吧。

10.1 纳税申报一点通

所谓纳税申报，就是企业在纳税申报期间，将所属期间的收入资料，向其所属的税务主管机关进行申报，从而确定其所属经营期需要缴纳的税款，并将其缴入国库的行为。

企业在纳税申报过程中，不仅是作为纳税人来进行申报，也是作为扣缴义务人的身份在进行纳税申报。作为扣缴义务人申报纳税时，申报的税金并不是企业所负担的税金，而是其他人应当缴纳的税金，企业只是履行了代为申报的职责，例如，企业代扣代缴的个人所得税。

10.1.1 纳税申报的期限规定

纳税申报一点通

每个税种的纳税时间是不同的，税务机关对不同的税种可能会有不同的规定。即便是增值税，申报时间也不是一直不变的。随着时间的推移，国家税务局也可能会随时对申报期限做出调整。

作为一名合格的会计人员，应随时关注国家及地方相关税收政策的变化，了解不同税种的纳税申报期限。

1. 增值税的纳税期限

增值税的纳税期限分别为1日、3日、5日、10日、15日、1个月或1个季度。纳税人的具体纳税期限由主管税务机关根据纳税人应纳税额的大小分别核定。

- 纳税人以1日、3日、5日、10日或15日为纳税期限的，自期满之日起5日内预缴税款，于次月1日起15日内申报纳税并结清上月应纳税款。
- 纳税人以1个月或者1个季度为纳税期限的，自期满之日起15日内申报纳税。这是较常见的增值税纳税方式。

2. 企业所得税的纳税期限

企业所得税按年（公历1月1日起至5月31日）计征，分月或者分季预缴，年终汇算清缴，多退少补。

企业应当自月份或者季度终了之日起15日内，向税务机关报送预缴企业所得税纳税申报表，预缴税款。

企业应自年度终了之日起5个月内，向税务机关报送年度企业所得税纳税申报表，并汇算清缴，结清应缴应退税款。

知识补充

企业在年度中间终止经营活动的，应当自实际经营终止之日起60日内，向税务机关办理当期企业所得税汇算清缴。

3. 消费税的纳税期限

消费税的纳税期限与增值税相同，同样分为1日、3日、5日、10日、15日、1个月或1个季度。

- 纳税人以1日、3日、5日、10日、15日为纳税期限的，自期满之日起5日内预缴税款，于次月1日起至15日内申报纳税并结清上月应纳税款。

- 纳税人以1个月或以1 个季度为纳税期限的，自期满之日起15日内申报纳税。

4．其他常见税种的纳税期限

除增值税、企业所得税和消费税以外，企业其他常见税种的纳税期限如表10-1所示。

表10-1　常见税种的纳税期限

税种	纳税期限
城市维护建设税、教育费附加和地方教育附加	在申报增值税、消费税的同时进行申报
土地增值税	自转让房地产合同签订之日起7日内向房地产所在地主管税务机关办理纳税申报，并在税务机关核定的期限内缴纳土地增值税
房产税	按年征收、分期缴纳，纳税期限由省、自治区、直辖市人民政府规定
车船税	按年申报缴纳，具体申报纳税期限由省、自治区、直辖市人民政府确定
耕地占用税	获准占用耕地的单位或者个人应当在收到土地管理部门的通知之日起30日内，向耕地所在地税务机关申报缴纳耕地占用税
城镇土地使用税	按年计算、分期缴纳，缴纳期限由省、自治区、直辖市人民政府确定
资源税	①纳税期限为1日、3日、5日、10日、15日、1个月，由主管税务机关根据实际情况具体核定 ②不能按固定期限计算纳税的，可以按次计算纳税 ③纳税人以1个月为纳税期的，自期满之日起10日内申报纳税 ④以1日、3日、5日、10日、15日为一期纳税的，自期满之日起5日内预缴税款，于次月1日起10日内申报纳税并结清上月税款
印花税	①应纳税凭证应当于书立或者领受时贴花（申报缴纳税款） ②同一种类应纳税凭证，需频繁贴花的，应向主管税务机关申请按期汇总缴纳印花税 ③汇总缴纳限期由税务机关确定，但最长期限不得超过1个月

10.1.2　可供选择的纳税申报与税款缴纳方式

纳税是每个纳税人的应尽义务，所以纳税人应该主动履行纳税义务。纳税人进行纳税申报实际分两个环节，一个是告诉税务机关“我要交多少税”，这个环节即“申报”；另一个是告诉税务机关“我来缴税了”，这个环节即“缴纳”。

1．申报方式

纳税申报的方式主要有直接申报、邮寄申报、数据电文申报、简易申报等。企业进行纳税申报时，可以根据自身情况选择适合的方式，目前使用较多的方式是直接申报和数据电文申报。

（1）直接申报

直接申报也称上门申报，是指纳税人或扣缴义务人在规定的申报期限内到主管税务机关现场（办税大厅）办理纳税申报的方式。

企业采取直接申报方式办理纳税申报时，需要填写纸质的纳税申报表（一式两份），交由办税大厅进行纳税申报。办税大厅工作人员收到纳税申报表，应在纳税申报表上加盖“已申报”的印章后，一份留在税务机关存档，另一份退还给纳税人或扣缴义务人留底。

完成上述操作后，则表明企业已完成当期纳税申报。

（2）邮寄申报

邮寄申报是指经税务机关批准，纳税人、扣缴义务人使用统一的纳税申报专用信封，通过邮政部门办理交寄手续，并以邮政部门收据作为申报凭据的方式。

（3）数据电文申报

数据电文申报也称网上申报，即利用网上申报系统，将相关数据录入并保存后，完成纳税申报的过程。

企业采取网上申报方式办理纳税申报时，需要事先计算出纳税申报表中涉及的相关数据，然后在纳税申报系统的对应表格中填写具体金额。

（4）简易申报

简易申报是指专用于实行定期定额缴纳税款的纳税人，通过以缴纳税款凭证代替申报或简并征期的一种申报方式。

知识补充

纳税人选择适合的纳税申报方式时，如果选择除直接申报外的其他3种申报方式，还需要填写《纳税申报方式申请审批表》，并报主管税务机关，提出纳税申报方式申请。主管税务机关进行审核并通过后，制发《税务事项通知书》并通知纳税人，纳税人才能按选择的申报方式进行纳税申报。

2. 税款缴纳方式

纳税人缴纳税款的方式，是根据税法规定、结合纳税人的具体情况确定的。所以，纳税人可以选择适合自身情况的缴款方式，但需在税务机关审核通过后使用。具体来说，税款缴纳方式包括自核自缴、申报核实缴纳、申报查定缴纳、定额申报缴纳以及银税一体化缴纳。

（1）自核自缴

采用这种缴款方法时，纳税人需要按照税务机关的要求，在规定的缴款期限内自行计算税款、自行填写纳税缴款书、自行缴纳税款，税务机关只需进行定期或不定期检查。

这种缴纳方式适用于生产经营规模大、财务制度健全、会计核算比较准确的企业。

（2）申报核实缴纳

采用这种缴款方法时，纳税人需自行填写纳税申报表，按规定向主管税务机关办理纳税申报，并报送纳税资料和财务报表。经主管税务机关审核后，填开税收缴款书，纳税人按规定期限到开户银行缴纳税款。

申报核实缴纳适用于生产经营正常，财务制度基本健全，账册、凭证完整，会计核算较准确的企业。

（3）申报查定缴纳

采用这种缴款方法时，纳税人需如实向主管税务机关办理纳税申报并提供其生产能力、原材料、能源消耗情况及生产经营情况等，经主管税务机关审查测定或实地查验后，填开税收缴款书或者完税证，纳税人按规定期限到开户银行或者税务机关缴纳税款。

申报查定缴纳适用于财务制度不够健全、账簿凭证不完备的纳税人。

（4）定额申报缴纳

采用这种缴款方法时，纳税人应按税务机关核定的销售额和征收率，按规定期限向主管税务机关申报缴纳税款。

定额申报缴纳适用于生产经营规模较小、确无建账能力或账证不齐全、不能提供准确纳税资料的纳税人。

（5）银税一体化缴纳

为提高征税缴税效率，税务机关在税款征收工作中可以利用现代计算机网络技术，与有关银行、国库联网后，进行纳税人应纳税款的划解，以方便和简化纳税人的缴税手续。在此环境下，银税一体化缴纳便应运而生。一般来说，银税一体化缴纳可分为以下3种缴款方式。

- 预储账户缴税：纳税人在指定银行开设税款预储账户，按期提前存入税款，并在规定期限内由税务机关通知银行直接划解税款。
- 支票缴税：不要求纳税人开立缴纳税款的指定银行账户，纳税人只需在其任意资金账户按期提前存入当期应纳税款，并在规定期限将缴税支票交由税务机关，通过国库采用交换方式划解税款，纳税人不再到银行划款。
- 税务、国库、银行联网实时缴税：不要求纳税人开立缴纳税款的指定银行账户，只需纳税人在其任意资金账户按期提前存入当期应纳税款，并在规定期限内由税务机关通过国库直接划解税款，纳税人同样不需到银行划款。

在银税一体化缴纳方式中，支票缴纳和税务、国库、银行联网实时缴税两种方式都需要税务机关、银行、国库三方机构实现计算机联网后才可以实施。

10.2 纳税申报表这样填

纳税申报表，是税务机关制定，由纳税人填写，以完成纳税申报程序的一种税收文书。每个税种在进行纳税申报时，都会填写相应的纳税申报表。增值税纳税申报表和企业所得税纳税申报表是中小企业中最常填写的纳税申报表。

纳税申报表这样填

10.2.1 填写增值税纳税申报表

纳税申报资料包括纳税申报表及其附列资料和纳税申报其他资料两类。而增值税一般纳税人和增值税小规模纳税人所需填写的增值税纳税申报表是不同的。

1. 增值税一般纳税人使用的增值税纳税申报表

增值税一般纳税人办理纳税申报时应报送的资料包括增值税纳税申报表及其附列资料，主要包括以下内容。

- 《增值税纳税申报表（适用于增值税一般纳税人）》（主表），如表10−2所示。
- 《增值税纳税申报表附列资料（一）（本期销售情况明细）》，如表10−3所示。
- 《增值税纳税申报表附列资料（二）（本期进项税额明细）》，如表10−4所示。
- 《增值税纳税申报表附列资料（三）（服务、不动产和无形资产扣除项目明细）》，如表10−5所示。

- 《增值税纳税申报表附列资料（四）（税额抵减情况表）》。
- 《增值税纳税申报表附列资料（五）（不动产分期抵扣计算表）》。
- 《增值税减免税申报明细表》。

在实际工作中，在进行增值税纳税申报时，通常只需要填写增值税纳税申报表附列资料（一）~资料（三），然后由系统自动生成主表数据。若一般纳税人销售服务、不动产和无形资产，在确定服务、不动产和无形资产销售额时，按照有关规定可以从取得的全部价款和价外费用中扣除价款的，需填报《增值税纳税申报表附列资料（三）》。其他情况不填写该附列资料。

表10-2　增值税纳税申报表

（适用于增值税一般纳税人）

根据国家税收法律法规及增值税相关规定制定本表。纳税人不论有无销售额，均应按税务机关核定的纳税期限填写本表，并向当地税务机关申报。

税款所属时间：　年　月　日至　年　月　日　　填表日期：　年　月　日　　金额单位：人民币元（列至角分）

纳税人识别号				所属行业：			
纳税人名称	（公章）	法定代表人姓名		注册地址		生产经营地址	
开户银行及账号		登记注册类型		电话号码			

项目		栏次	一般项目		即征即退项目	
			本月数	本年累计	本月数	本年累计
销售额	（一）按适用税率计税销售额	1				
	其中：应税货物销售额	2				
	应税劳务销售额	3				
	纳税检查调整的销售额	4				
	（二）按简易办法计税销售额	5				
	其中：纳税检查调整的销售额	6				
	（三）免、抵、退办法出口销售额	7			—	—
	（四）免税销售额	8			—	—
	其中：免税货物销售额	9			—	—
	免税劳务销售额	10			—	—
税款合计	销项税额	11				
	进项税额	12				
	上期留抵税额	13				—
	进项税额转出	14				
	免、抵、退应退税额	15			—	—
	按适用税率计算的纳税检查应补缴税额	16			—	—

续表

项目		栏次	一般项目		即征即退项目	
			本月数	本年累计	本月数	本年累计
税款合计	应抵扣税额合计	17=12+13-14-15+16		—		—
	实际抵扣税额	18（如17<11，则为17，否则为11）				
	应纳税额	19=11-18				
	期末留抵税额	20=17-18				—
	按简易计税办法计算的应纳税额	21				
	按简易计税办法计算的纳税检查应补缴税额	22			—	—
	应纳税额减征额	23				
	应纳税额合计	24=19+21-23				
税款缴纳	期初未缴税额（多缴为负数）	25				
	实收出口开具专用缴款书退税额	26			—	—
	本期已缴税额	27=28+29+30+31				
	①分次预缴税额	28		—		—
	②出口开具专用缴款书预缴税额	29		—	—	—
	③本期缴纳上期应纳税额	30				
	④本期缴纳欠缴税额	31				
	期末未缴税额（多缴为负数）	32=24+25+26-27				
	其中：欠缴税额（≥0）	33=25+26-27		—		—
	本期应补(退)税额	34=24-28-29		—		—
	即征即退实际退税额	35	—	—		
	期初未缴查补税额	36			—	—
	本期入库查补税额	37			—	—
	期末未缴查补税额	38=16+22+36-37			—	—
授权声明	如果你已委托代理人申报，请填写下列资料： 为代理一切税务事宜，现授权 （地址） 为本纳税人的代理申报人，任何与本申报表有关的往来文件，都可寄予此人。 授权人签字：	申报人申明	本纳税申报表是根据国家税收法律法规及相关规定填报的，我确定它是真实的、可靠的、完整的。			

主管税务机关： 接收人： 接收日期：

表10-3　增值税纳税申报表附列资料（一）

（本期进项税额明细）

税款所属时间：　年　月　日至　年　月　日

纳税人名称：（公章）　　　　　　　　　　　　　　　　　　金额单位：元至角分

项目及栏次				开具增值税专用发票		开具其他发票		未开具发票		纳税检查调整		合计			服务、不动产和无形资产扣除项目本期实际扣除金额	扣除后	
				销售额	销项（应纳）税额	销售额	销项（应纳）税额	销售额	销项（应纳）税额	销售额	销项（应纳）税额	销售额	销项（应纳）税额	价税合计		含税（免税）销售额	销项（应纳）税额
				1	2	3	4	5	6	7	8	9=1+3+5+7	10=2+4+6+8	11=9+10	12	13=11-12	14=13÷（100%+税率或征收率）×税率或征收率
一、一般计税方法计税	全部征税项目	13%税率的货物及加工修理修配劳务	1											—	—	—	—
		13%税率的服务、不动产和无形资产	2														
		9%税率的货物及加工修理修配劳务	3a											—	—	—	—
		9%税率的服务、不动产和无形资产	3b														
		6%税率	4														
	其中：即征即退项目	即征即退货物及加工修理修配劳务	5	—	—	—	—	—	—	—	—			—	—	—	—
		即征即退服务、不动产和无形资产	6	—	—	—	—	—	—	—	—						
二、简易计税方法计税	全部征税项目	5%征收率的货物及加工修理修配劳务	7a							—	—			—	—	—	—
		5%征收率的服务、不动产和无形资产	7b							—	—						
		3%征收率的货物及加工修理修配劳务	8a							—	—			—	—	—	—
		3%征收率的服务、不动产和无形资产	8b							—	—						
		预征率　%	9a							—	—						
		预征率　%	9b							—	—						
		预征率　%	9c							—	—						
	其中：即征即退项目	即征即退货物及加工修理修配劳务	10	—	—	—	—	—	—	—	—			—	—	—	—
		即征即退服务、不动产和无形资产	11	—	—	—	—	—	—	—	—						
三、免抵退税	货物及加工修理修配劳务		12	—	—		—		—	—	—		—	—	—	—	—
	服务、不动产和无形资产		13	—	—		—		—	—	—		—				—
四、免税	货物及加工修理修配劳务		14				—		—	—	—		—	—	—	—	—
	服务、不动产和无形资产		15	—	—		—		—	—	—		—				—

表10-4 增值税纳税申报表附列资料（二）

（本期进项税额明细）

税款所属时间： 年 月 日至 年 月 日

纳税人名称：（公章） **金额单位：人民币元（列至角分）**

一、申报抵扣的进项税额				
项目	栏次	份数	金额	税额
（一）认证相符的增值税专用发票	1=2+3			
其中：本期认证相符且本期申报抵扣	2			
前期认证相符且本期申报抵扣	3			
（二）其他扣税凭证	4=5+6+7+8a+8b			
其中：海关进口增值税专用缴款书	5			
农产品收购发票或者销售发票	6			
代扣代缴税收缴款凭证	7		——	
加计扣除农产品进项税额	8a	——	——	
其他	8b			
（三）本期用于购建不动产的扣税凭证	9			
（四）本期不动产允许抵扣进项税额	10	——	——	
（五）外贸企业进项税额抵扣证明	11	——	——	
当期申报抵扣进项税额合计	12=1+4−9+10+11			
二、进项税额转出额				
项目	栏次	税额		
本期进项税额转出额	13=14至23之和			
其中：免税项目用	14			
集体福利、个人消费	15			
非正常损失	16			
简易计税方法征税项目用	17			
免抵退税办法不得抵扣的进项税额	18			
纳税检查调减进项税额	19			
红字专用发票信息表注明的进项税额	20			
上期留抵税额抵减欠税	21			
上期留抵税额退税	22			
其他应作进项税额转出的情形	23			
三、待抵扣进项税额				
项目	栏次	份数	金额	税额
（一）认证相符的增值税专用发票	24	——	——	——
期初已认证相符但未申报抵扣	25			
本期认证相符且本期未申报抵扣	26			
期末已认证相符但未申报抵扣	27			
其中：按照税法规定不允许抵扣	28			
（二）其他扣税凭证	29=30至33之和			
其中：海关进口增值税专用缴款书	30			
农产品收购发票或者销售发票	31			
代扣代缴税收缴款凭证	32		——	
其他	33			
	34			
四、其他				
项目	栏次	份数	金额	税额
本期认证相符的增值税专用发票	35			
代扣代缴税额	36	——	——	

表10-5 《增值税纳税申报表附列资料（三）》

（服务、不动产和无形资产扣除项目明细）

税款所属时间：　年　月　日至　年　月　日

纳税人名称：(公章)　　　　金额单位：人民币元（列至角分）

项目及栏次		本期服务、不动产和无形资产价税合计额（免税销售额）	服务、不动产和无形资产扣除项目				
			期初余额	本期发生额	本期应扣除金额	本期实际扣除金额	期末余额
		1	2	3	4=2+3	5(5≤1且5≤4)	6=4−5
13%税率的项目	1						
9%税率的项目	2						
6%税率的项目（不含金融商品转让）	3						
6%税率的金融商品转让项目	4						
5%征收率的项目	5						
3%征收率的项目	6						
免抵退税的项目	7						
免税的项目	8						

主管税务机关：　　　　接收人：　　　　接收日期：

2. 增值税小规模纳税人使用的增值税纳税申报表

增值税小规模纳税人应报送的资料包括纳税申报表及其附列资料，主要包括以下内容。

- 《增值税纳税申报表（适用于增值税小规模纳税人）》，如表10-6所示。
- 《增值税纳税申报表（适用于增值税小规模纳税人）附列资料》，如表10-7所示。

表10-6 增值税纳税申报表

（适用于小规模纳税人）

纳税人识别号：□□□□□□□□□□□□□□□□□□

纳税人名称（公章）：　　　　金额单位：人民币元（列至角分）

税款所属期：　年　月　日至　年　月　　　　填表日期：　年　月　日

项目		栏次	本期数		本年累计	
			货物及劳务	服务、不动产和无形资产	货物及劳务	服务、不动产和无形资产
一、计税依据	（一）应征增值税不含税销售额（3%征收率）	1				
	税务机关代开的增值税专用发票不含税销售额	2				
	税控器具开具的普通发票含税销售额	3				
	（二）应征增值税不含税销售额（5%征收率）	4	——		——	
	税务机关代开的增值税专用发票不含税销售额	5	——		——	
	税控器具开具的普通发票不含税销售额	6	——		——	
	（三）销售使用过的固定资产不含税销售额	7(7≥8)		——		——
	其中：税控器具开具的普通发票不含税销售额	8		——		——
	（四）免税销售额	9=10+11+12				
	其中：小微企业免税销售额	10				
	未达起征点销售额	11				
	其他免税销售额	12				
	（五）出口免税销售额	13(13≥14)				
	其中：税控器具开具的普通发票销售额	14				
二、税款计算	本期应纳税额	15				
	本期应纳税额减征额	16				

续表

项目		栏次	本期数		本年累计	
			货物及劳务	服务、不动产和无形资产	货物及劳务	服务、不动产和无形资产
二、税款计算	本期免税额	17				
	其中：小微企业免税额	18				
	未达起征点免税额	19				
	应纳税额合计	20=15-16				
	本期预缴税额	21			——	——
	本期应补（退）税额	22=20-21			——	——

主管税务机关：　　接收人：　　接收日期：

表10-7　《增值税纳税申报表（适用于增值税小规模纳税人）附列资料》

税款所属期：　年　月　日至　年　月　日　　填表日期：　年　月　日

纳税人名称（公章）：　　金额单位：人民币元（列至角分）

应税行为（3%征收率）扣除额计算			
期初余额	本期发生额	本期扣除额	期末余额
1	2	3（3≤1+2之和，且3≤5）	4=1+2-3
应税行为（3%征收率）计税销售额计算			
全部含税收入（适用3%征收率）	本期扣除额	含税销售额	不含税销售额
5	6=3	7=5-6	8=7÷1.03
应税行为（5%征收率）扣除额计算			
期初余额	本期发生额	本期扣除额	期末余额
9	10	11（11≤9+10之和，且11≤13）	12=9+10-11
应税行为（5%征收率）计税销售额计算			
全部含税收入（适用5%征收率）	本期扣除额	含税销售额	不含税销售额
13	14=11	15=13-14	16=15÷1.05

3. 纳税申报其他资料

企业进行增值税纳税申报时，若涉及以下资料的，应当将下列资料连同填写完成的纳税申报表一并交与税务机关。

- 已开具的税控《机动车销售统一发票》和普通发票的存根联。
- 符合抵扣条件且在本期申报抵扣的防伪税控《增值税专用发票》，税控《机动车销售统一发票》《公路、内河货物运输业统一发票》的抵扣联。
- 符合抵扣条件且在本期申报抵扣的海关进口增值税专用缴款书、购进农产品取得的普通发票的复印件。
- 符合抵扣条件且在本期申报抵扣的代扣代缴增值税的税收通用缴款书及其清单，书面合同、付款证明和境外单位的对账单或者发票。
- 已开具的农产品收购凭证的存根联或报查联。
- 应税服务扣除项目的合法凭证及其清单。
- 税务机关规定的其他资料。

4. 实战——填写一般纳税人增值税纳税申报表

一般纳税人在填写增值税纳税申报表时，可以首先填写几类《增值税纳税申报表附列资料》中有关销售情况、进项税额和税额抵减的部分内容，完成之后再综合填写主表《增值税纳税申报表（一般纳税人适用）》。具体填写顺序如下。

- **第一步：** 填写《增值税纳税申报表附列资料（一）（本期销售情况明细）》。
- **第二步：** 填写《增值税纳税申报表附列资料（三）（服务、不动产和无形资产扣除项目明细）》。（有差额扣除项目的纳税人填写）
- **第三步：** 填写《增值税减免税申报明细表》。（有减免税业务的纳税人填写）
- **第四步：** 填写《增值税纳税申报表附列资料（五）（不动产分期抵扣计算表）》。（有不动产进项税额分期抵扣业务的纳税人填写）
- **第五步：** 填写《增值税纳税申报表附列资料（二）（本期进项税额明细）》。
- **第六步：** 填写《增值税纳税申报表附列资料（四）（税额抵减情况表）》。（有税额抵减业务的纳税人填写）
- **第七步：** 填写《增值税纳税申报表（一般纳税人适用）》。（根据附表数据填写主表）

案例10-1 东华公司为增值税一般纳税人，其主营业务是销售生产A、B两种产品，租赁机器设备以及提供技术咨询服务。2019年5月经济业务包括：①向百盛公司提供技术咨询服务，开具增值税专用发票，发票上注明价款为40 000元，税额为2 400元；②向长舟公司出租一台机器设备，开具增值税专用发票，发票上注明价款为8 000元，税额为1 040元；③向百盛公司销售A产品，开具增值税专用发票，发票上注明价款为90 000元，税额为11 700元；④购进生产A产品所需材料一批，取得增值税专用发票，发票注明价款为5 000元，税额为650元；⑤购进生产B产品所需材料一批，取得增值税专用发票，发票注明价款为8 000元，税额为1 040元。假设东华公司本月取得的所有需认证的发票均于当月认证且申报抵扣。至2019年4月30日止，“一般项目”列第20栏“期末留抵税额”为3 000元。根据上述资料，东华公司5月的增值税纳税申报表应如何填写?

分析： 本例中，东华公司会计人员填写增值税纳税申报表时，应按照以下步骤进行。

（1）填写基本信息

即对企业税款所属期间、纳税人识别号、纳税人名称等基本信息的填写。税款所属期间是指税款产生的时间，也就是发生纳税义务的时间；纳税人识别号则根据税务机关统一核发的税务登记证上的号码来填写；纳税人名称则填写企业在税务登记证上所记载的企业全称。

案例中能够得到的信息是税款的所属时间为2019年5月1日至2019年5月31日。

如果企业按年来申报增值税，并且是在纳税年度的中间才开始营业的，那税款的所属期间还是填写为1月1日至12月31日吗?

当然不是。如果纳税人按年来申报增值税，并且是在纳税年度的中间才开始营业的，就应该根据企业营业执照上核发的企业成立之日所在月当月1日至同年12月31日。例如企业在2019年3月15日成立，则税款所属期间则填写为2019年3月1日至2019年12月31日。

（2）计算销售额和销项税额

第一步，根据本月销售情况，分别计算各项目涉及的销售额与销项税额。

①应税服务销售额=40 000+8 000=48 000（元）。

②应税服务销项税额=2 400+1 040=3 440（元）。

③应税货物销售额为90 000元。

④应税货物销项税额为11 700元。

（3）确定进项税额

第二步：根据本月购进业务与进项发票的认证情况，确定进项税额。本期可抵扣的进项税额=650+1 040=1 690（元）。

（4）填表

第三步：填表。根据业务描述与上述计算结果，将数据填入“增值税纳税申报表（适用于增值税一般纳税人）”（主表）。在填表时要注意，如果填写中不涉及的项目可以不用写“0”或者“零”，而是直接留白。表10-8所示为填写完成的增值税纳税申报表。

表10-8 增值税纳税申报表

（适用于增值税一般纳税人）

根据国家税收法律法规及增值税相关规定制定本表。纳税人不论有无销售额，均应按税务机关核定的纳税期限填写本表，并向当地税务机关申报。

税款所属时间：2019年5月1日至2019年5月31日 **填表日期：**2019年6月2日 **金额单位：人民币元（列至角分）**

纳税人识别号					所属行业：	
纳税人名称	东华公司（公章）	法定代表人姓名		注册地址		生产经营地址
开户银行及帐号		登记注册类型		电话号码		
项目		栏次	一般项目		即征即退项目	
			本月数	本年累计	本月数	本年累计
销售额	（一）按适用税率计税销售额	1	138 000			
	其中：应税货物销售额	2	90 000			
	应税劳务销售额	3	48 000			
	纳税检查调整的销售额	4				
	（二）按简易办法计税销售额	5				
	其中：纳税检查调整的销售额	6				
	（三）免、抵、退办法出口销售额	7			——	——
	（四）免税销售额	8			——	——
	其中：免税货物销售额	9			——	——
	免税劳务销售额	10			——	——
税款合计	销项税额	11	15 140			
	进项税额	12	1 690			
	上期留抵税额	13	3 000			——
	进项税额转出	14				
	免、抵、退应退税额	15			——	——
	按适用税率计算的纳税检查应补缴税额	16			——	——

续表

	项目	栏次	一般项目		即征即退项目	
			本月数	本年累计	本月数	本年累计
税款合计	应抵扣税额合计	17=12+13−14−15+16	4 690	——		——
	实际抵扣税额	18（如17<11，则为17，否则为11）	4 690			
	应纳税额	19=11−18	10 450			
	期末留抵税额	20=17−18				——
	按简易计税办法计算的应纳税额	21				
	按简易计税办法计算的纳税检查应补缴税额	22			——	——
	应纳税额减征额	23				
	应纳税额合计	24=19+21−23	10 450			
税款缴纳	期初未缴税额（多缴为负数）	25				
	实收出口开具专用缴款书退税额	26			——	——
	本期已缴税额	27=28+29+30+31				
	①分次预缴税额	28		——		——
	②出口开具专用缴款书预缴税额	29		——	——	——
	③本期缴纳上期应纳税额	30				
	④本期缴纳欠缴税额	31				
	期末未缴税额（多缴为负数）	32=24+25+26−27	10 450			
	其中：欠缴税额（≥0）	33=25+26−27		——		——
	本期应补(退)税额	34=24−28−29	10 450	——		——
	即征即退实际退税额	35	——	——		
	期初未缴查补税额	36			——	——
	本期入库查补税额	37			——	——
	期末未缴查补税额	38=16+22+36−37			——	——
授权声明	如果你已委托代理人申报，请填写下列资料： 为代理一切税务事宜，现授权 （地址）　　　为本纳税人的代理申报人，任何与本申报表有关的往来文件，都可寄予此人。 授权人签字：	申报人申明	本纳税申报表是根据国家税收法律法规及相关规定填报的，我确定它是真实的、可靠的、完整的。			
主管税务机关：		接收人：		接收日期：		

行家点拨

本案例是对主表进行填写，这是为了帮助读者对报表的组成项目与填列方法进行了解。掌握主表的填列方法后，可将该方法运用于附表的填列中。而对于小规模纳税人增值税纳税申报表的填写，对比一般纳税人增值税纳税申报表的填写就更为简单，读者掌握了一般纳税人增值税申报表的填写，就可以轻松完成小规模纳税人增值税纳税申报表的填写。

10.2.2 填写所得税纳税申报表

一般的中小企业的企业所得税是按月预缴，年终汇算清缴的，因此，企业所得税纳税申报表分为两种：一种是企业所得税月（季）度预缴纳税申报表；另一种是企业所得税年度纳税申报表。

1. 企业所得税季度预缴纳税申报表

每个季度末，企业都需要进行企业所得税预缴申报工作，即便企业一直处于亏损的状态，一分钱也没有赚，也不能省略了企业所得税季度预缴纳税申报。

2. 企业所得税年度纳税申报表

企业所得税和其他的税种不同，除了每个季度要申报预缴外，到了年终还要进行汇算清缴。根据规定，凡在纳税年度内从事生产、经营或在纳税年度中间终止经营活动的纳税人，无论是否在减免税期间，也无论盈利或亏损，均应进行企业所得税汇算清缴。

这是因为会计核算和税务规定之间存在很多的差异，平时都是按照会计核算的结果预缴企业所得税，到了年终还要对全年的收入、成本和费用按照税务规定进行调整后重新核算应纳税所得额。

目前所使用的企业所得税年度纳税申报表主要包括以下两类。

- "中华人民共和国企业所得税年度纳税申报表（A类）"：该表适用于查账征收的居民企业，如表10-9所示。
- "中华人民共和国企业所得税年度纳税申报表（B类）"：该表适用于核定应税所得率的居民企业，如表10-10所示。

表10-9 中华人民共和国企业所得税年度纳税申报表（A类）

行次	类别	项目	金额
1	利润总额计算	一、营业收入(填写A101010\101020\103000)	
2		减：营业成本(填写A102010\102020\103000)	
3		税金及附加	
4		销售费用(填写A104000)	
5		管理费用(填写A104000)	
6		财务费用(填写A104000)	
7		资产减值损失	
8		加：公允价值变动收益	
9		投资收益	
10		二、营业利润(1-2-3-4-5-6-7+8+9)	
11		加：营业外收入(填写A101010\101020\103000)	
12		减：营业外支出(填写A102010\102020\103000)	
13		三、利润总额（10+11-12）	
14	应纳税所得额计算	减：境外所得（填写A108010）	
15		加：纳税调整增加额（填写A105000）	
16		减：纳税调整减少额（填写A105000）	
17		减：免税、减计收入及加计扣除（填写A107010）	
18		加：境外应税所得抵减境内亏损（填写A108000）	
19		四、纳税调整后所得（13-14+15-16-17+18）	

续表

行次	类别	项目	金额
20	应纳税所得额计算	减：所得减免（填写A107020）	
21		减：抵扣应纳税所得额（填写A107030）	
22		减：弥补以前年度亏损（填写A106000）	
23		五、应纳税所得额（19-20-21-22）	
24	应纳税额计算	税率（25%）	
25		六、应纳所得税额（23×24）	
26		减：减免所得税额（填写A107040）	
27		减：抵免所得税额（填写A107050）	
28		七、应纳税额（25-26-27）	
29		加：境外所得应纳所得税额（填写A108000）	
30		减：境外所得抵免所得税额（填写A108000）	
31		八、实际应纳所得税额（28+29-30）	
32		减：本年累计实际已预缴的所得税额	
33		九、本年应补（退）所得税额（31-32）	
34		其中：总机构分摊本年应补（退）所得税额(填写A109000)	
35		财政集中分配本年应补（退）所得税额（填写A109000）	
36		总机构主体生产经营部门分摊本年应补（退）所得税额(填写A109000)	

表10-10　中华人民共和国企业所得税年度纳税申报表（B类）

税款所属期间：　　年　　月　　日至　　年　　月　　日

纳税人识别号：□□□□□□□□□□□□□□□□□□

纳税人名称：　　　　　　　　　　**金额单位：人民币元（列至角分）**

项目			行次	累计金额
一、以下由按应税所得率计算应纳所得税额的企业填报				
应纳税所得额的计算	按收入总额核定应纳税所得额	收入总额	1	
		减：不征税收入	2	
		免税收入	3	
		其中:国债利息收入	4	
		地方政府债券利息收入	5	
		符合条件居民企业之间股息红利等权益性收益	6	
		符合条件的非营利组织收入	7	
		其他免税收入	8	
		应税收入额（1-2-3）	9	
		税务机关核定的应税所得率（%）	10	
		应纳税所得额（9×10）	11	
	按成本费用核定应纳税所得额	成本费用总额	12	
		税务机关核定的应税所得率（%）	13	
		应纳税所得额[12÷(100%－13)×13]	14	
应纳所得税额的计算		税率（25%）	15	
		应纳所得税额（11×15或14×15）	16	

续表

项目		行次	累计金额
应补（退）所得税额的计算	减：符合条件的小型微利企业减免所得税额	17	
	其中：减半征税	18	
	已预缴所得税额	19	
	应补（退）所得税额（16–17–19）	20	
二、以下由税务机关核定应纳所得税额的企业填报			
税务机关核定应纳所得税额		21	
预缴申报时填报	是否属于小型微利企业： 是□ 否□		
年度申报时填报	所属行业：	从业人数：	
	资产总额：	国家限制和禁止行业： 是□ 否□	
谨声明：此纳税申报表是根据《中华人民共和国企业所得税法》《中华人民共和国企业所得税法实施条例》和国家有关税收规定填报的，是真实的、可靠的、完整的。			
法定代表人（签字）： 年 月 日			
纳税人公章：	代理申报中介机构公章：	主管税务机关受理专用章：	
会计主管：	经办人：	受理人：	
	经办人执业证件号码：		
填表日期： 年 月 日	代理申报日期： 年 月 日	受理日期： 年 月 日	

上述两类报表是反映企业汇缴清算结果的主要报表，还有许多企业所得税汇算清缴申报表附表，包括《收入明细表》《成本费用明细表》《税收优惠明细表》《广告费和业务宣传费跨年度纳税调整表》《资产折旧、摊销纳税调整明细表》《资产减值准备项目调整明细表》《纳税调整项目明细表》《所得税弥补亏损明细表》等。主表中的数据大部分是从附表生成或从财务报表直接取得的，在填写《企业所得税年度纳税申报表》之前，要先填写所列示项目的相关明细表，根据明细表中内容，填写《企业所得税年度纳税申报表》。

3. 填写企业所得税纳税申报表

居民企业在填写企业所得税纳税申报表时，应按照企业所属类别，填列“中华人民共和国企业所得税年度纳税申报表（A类）”或“中华人民共和国企业所得税年度纳税申报表（B类）”。

案例10-2 东华公司为增值税一般纳税人，经主管税务机关鉴定，对其2018年企业所得税实行按收入总额核定征收。2018年，东华公司实现产品销售收入300万元，从事运输业务取得收入15万元，取得财政部发行的国库券利息1万元，对外租赁房屋取得租赁收入8 000元。假定当年税务机关核定的应税所得率为12%，前11个月已经预缴企业所得税8万元。根据上述资料，填制东华公司2018年企业所得税纳税申报表。

分析：本例中，东华公司会计人员填写企业所得税纳税申报表时，应按照以下步骤进行。

（1）确定报表

在填写企业所得税纳税申报表前，要根据企业的所属类别，确定适用报表，然后根据业务资料将相关数据填入报表中。案例中，由于经主管税务机关鉴定对甲公司2018年企业所得税实行按收入总额核定征收，因此应选择“中华人民共和国企业所得税年度纳税申报表（B类）”进行填写。

（2）整理相关资料

确定了报表后，应根据报表中所列项目，准备报表中所需填写的相关资料。案例中，适用的是B类报表，则根据B类报表所列示的项目，结合企业的实际情况，收集、整理企业填表所需的数据，而案例中已经给出了所需的相关资料，则可以直接利用该资料进行填表。

（3）填表

根据整理好的资料，填写B类报表中企业的基本信息和报表中所列项目。表10-11所示为根据所需资料，东华公司的B类报表中所需填写的相关内容。

表10-11 东华公司企业所得税年度纳税申报表（B类）

税款所属期间：2018年 1月 1日至 2018 年 12 月 31日

纳税人识别号：□□□□□□□□□□□□□□□□□□

纳税人名称：东华公司　　　　**金额单位：人民币元（列至角分）**

<table>
<tr><th colspan="3">项目</th><th>行次</th><th>累计金额</th></tr>
<tr><td colspan="5">一、以下由按应税所得率计算应纳所得税额的企业填报</td></tr>
<tr><td rowspan="14">应纳税所得额的计算</td><td rowspan="11">按收入总额核定应纳税所得额</td><td>收入总额</td><td>1</td><td>3 168 000</td></tr>
<tr><td>减：不征税收入</td><td>2</td><td></td></tr>
<tr><td>免税收入</td><td>3</td><td>10 000</td></tr>
<tr><td>其中：国债利息收入</td><td>4</td><td>10 000</td></tr>
<tr><td>地方政府债券利息收入</td><td>5</td><td></td></tr>
<tr><td>符合条件居民企业之间股息红利等权益性收益</td><td>6</td><td></td></tr>
<tr><td>符合条件的非营利组织收入</td><td>7</td><td></td></tr>
<tr><td>其他免税收入：</td><td>8</td><td></td></tr>
<tr><td>应税收入额（1-2-3）</td><td>9</td><td>3 158 000</td></tr>
<tr><td>税务机关核定的应税所得率（%）</td><td>10</td><td>12%</td></tr>
<tr><td>应纳税所得额（9×10）</td><td>11</td><td>378 960</td></tr>
<tr><td rowspan="3">按成本费用核定应纳税所得额</td><td>成本费用总额</td><td>12</td><td></td></tr>
<tr><td>税务机关核定的应税所得率（%）</td><td>13</td><td></td></tr>
<tr><td>应纳税所得额[12÷(100%－13)×13]</td><td>14</td><td></td></tr>
<tr><td colspan="2" rowspan="2">应纳所得税额的计算</td><td>税率（25%）</td><td>15</td><td>25%</td></tr>
<tr><td>应纳所得税额（11×15或14×15）</td><td>16</td><td>94 740</td></tr>
<tr><td colspan="2" rowspan="4">应补（退）所得税额的计算</td><td>减：符合条件的小型微利企业减免所得税额</td><td>17</td><td></td></tr>
<tr><td>其中：减半征税</td><td>18</td><td></td></tr>
<tr><td>已预缴所得税额</td><td>19</td><td>80 000</td></tr>
<tr><td>应补（退）所得税额（16-17-19）</td><td>20</td><td>14 740</td></tr>
<tr><td colspan="5">二、以下由税务机关核定应纳所得税额的企业填报</td></tr>
<tr><td colspan="3">税务机关核定应纳所得税额</td><td>21</td><td></td></tr>
<tr><td>预缴申报时填报</td><td colspan="4">是否属于小型微利企业：　是□　否□</td></tr>
<tr><td rowspan="2">年度申报时填报</td><td>所属行业：</td><td></td><td>从业人数：</td><td></td></tr>
<tr><td>资产总额：</td><td></td><td colspan="2">国家限制和禁止行业：　是□　否□</td></tr>
</table>

续表

<table>
<tr><td colspan="2">项目</td><td>行次</td><td>累计金额</td></tr>
<tr><td colspan="4">谨声明：此纳税申报表是根据《中华人民共和国企业所得税法》《中华人民共和国企业所得税法实施条例》和国家有关税收规定填报的，是真实的、可靠的、完整的。</td></tr>
<tr><td colspan="4">法定代表人（签字）： 年 月 日</td></tr>
<tr><td>纳税人公章：</td><td>代理申报中介机构公章：</td><td colspan="2">主管税务机关受理专用章：</td></tr>
<tr><td>会计主管：</td><td>经办人：</td><td colspan="2">受理人：</td></tr>
<tr><td></td><td>经办人执业证件号码：</td><td colspan="2"></td></tr>
<tr><td>填表日期： 年 月 日</td><td>代理申报日期： 年 月 日</td><td colspan="2">受理日期： 年 月 日</td></tr>
</table>

行家点拨

案例中有关企业所得税纳税申报表的填列方法，是为了使读者了解报表的项目组成及数据来源而做的演示。在实际工作中，有关企业所得税纳税申报表的填写，只需填列所涉及的各类附表即可，然后由附表数据直接生成主表相应数据。纳税人在填表时，可以根据自身的业务情况选择填报附表：纳税人有相关业务的，选择填报；没有相关业务的，无须填报。

10.2.3 填写消费税纳税申报表

增值税的纳税申报表和企业所得税的纳税申报表是中小型企业最常填写的纳税申报表。此外，有些企业还可能会涉及消费税纳税申报表的填写。

在进行消费税的纳税申报时，根据不同的消费税税目，可以使用不同的消费税纳税申报表，如《小汽车消费税纳税申报表》《卷烟批发环节消费税纳税申报表》《烟类应税消费品消费税纳税申报表》《成品油消费税纳税申报表》，表10-12所示为《卷烟批发环节消费税纳税申报表》。如果有些税目并没有特定的纳税申报表，那么就应当使用表10-13所示的《其他应税消费品纳税申报表》，例如，高档化妆品、贵重首饰及珠宝玉石等应税消费品的纳税申报。

表10-12 卷烟批发环节消费税纳税申报表

税款所属期： 年 月 日至 年 月 日

纳税人识别号：□□□□□□□□□□□□□□□□□□

纳税人名称： **金额单位：人民币元（列至角分）**

<table>
<tr><td rowspan="2">项目
应税消费品名称</td><td colspan="2">适用税率</td><td rowspan="2">销售数量</td><td rowspan="2">销售额</td><td rowspan="2">应纳税额</td></tr>
<tr><td>定额税率</td><td>比例税率</td></tr>
<tr><td>卷烟</td><td>50元/万支</td><td>11%</td><td></td><td></td><td></td></tr>
<tr><td>合计</td><td>——</td><td>——</td><td></td><td></td><td></td></tr>
<tr><td>期初未缴税额：</td><td colspan="5" rowspan="2">声明
此纳税申报表是根据国家税收法律、法规规定填报的，我确定它是真实的、可靠的、完整的。
经办人（签章）：
财务负责人（签章）：
联系电话：</td></tr>
<tr><td>本期缴纳前期应纳税额：</td></tr>
</table>

续表

<table>
<tr><td rowspan="2">项　目
应税消费品名称</td><td colspan="2">适用税率</td><td rowspan="2">销售数量</td><td rowspan="2">销售额</td><td rowspan="2">应纳税额</td></tr>
<tr><td>定额税率</td><td>比例税率</td></tr>
<tr><td colspan="2">本期预缴税额：</td><td colspan="4" rowspan="3">（如果你已委托代理人申报，请填写）
授权声明
为代理一切税务事宜，现授权　　　　　　（地址）为本纳税人的代理申报人，任何与本申报表有关的往来文件，都可寄予此人。
授权人签字：</td></tr>
<tr><td colspan="2">本期应补（退）税额：</td></tr>
<tr><td colspan="2">期末未缴税额：</td></tr>
</table>

表10-13　其他应税消费品纳税申报表

<table>
<tr><td>项　目
应税消费品名称</td><td>适用税率</td><td>销售数量</td><td>销售额</td><td>应纳税额</td></tr>
<tr><td></td><td></td><td></td><td></td><td></td></tr>
<tr><td></td><td></td><td></td><td></td><td></td></tr>
<tr><td></td><td></td><td></td><td></td><td></td></tr>
<tr><td></td><td></td><td></td><td></td><td></td></tr>
<tr><td>合计</td><td>——</td><td>——</td><td>——</td><td></td></tr>
<tr><td colspan="2">本期准予抵减税额：</td><td colspan="3" rowspan="3">声明
此纳税申报表是根据国家税收法律的规定填报的，我确定它是真实的、可靠的、完整的。
经办人（签章）：
财务负责人（签章）：
联系电话：</td></tr>
<tr><td colspan="2">本期减（免）税额：</td></tr>
<tr><td colspan="2">期初未缴税额：</td></tr>
<tr><td colspan="2">本期缴纳前期应纳税额：</td><td colspan="3" rowspan="4">（如果你已委托代理人申报，请填写）
授权声明
为代理一切税务事宜，现授权　　　　　（地址）为本纳税人的代理申报人，任何与本申报表有关的往来文件，都可寄予此人。
授权人签章：</td></tr>
<tr><td colspan="2">本期预缴税额：</td></tr>
<tr><td colspan="2">本期应补（退）税额：</td></tr>
<tr><td colspan="2">期末未缴税额：</td></tr>
</table>

案例10-3 某卷烟生产厂从事卷烟批发销售，2018年批发销售卷烟200箱给泰昌公司，共计销售额400万元，适用消费税税率为11%。已知本期已经预先缴纳消费税税款7万元，2017年年末该卷烟厂期末未缴纳消费税税额为10万元，并于本期全部缴纳。根据资料填写消费税纳税申报表。

分析：本例中，该卷烟生产厂的会计人员填写消费税纳税申报表时，应按照以下步骤进行。

（1）确定报表

在填写消费税纳税申报表前，要根据消费税税目，确定合适的报表进行填写。案例中，该卷烟生产厂从事的是卷烟的批发销售，因此选用《卷烟批发环节消费税纳税申报表》进行填写。

（2）计算相关项目

选择适用的报表后，应根据给出的相关资料，计算填写报表中所列项目。案例中，通过已给出的资料，可以计算得出以下项目的数据。

①应纳税额=销售额×适用税率=4 000 000×11%=440 000（元）。

②期初未缴税额=上期期末未缴纳税额=100 000（元）。

③本期缴纳前期应纳税额=期初未缴税额=100 000（元）。

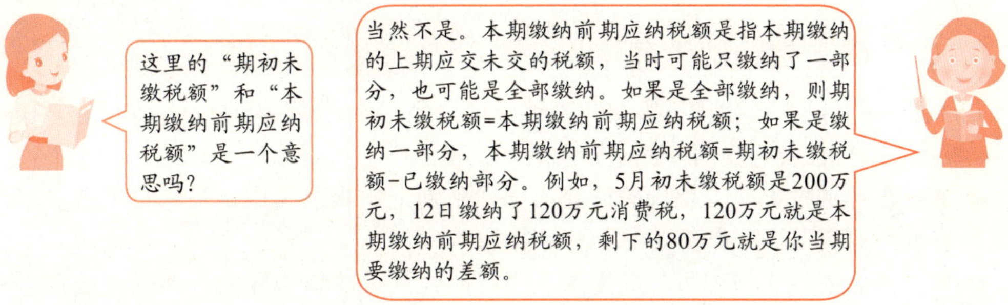

④本期预缴税额=70 000（元）。

⑤本期应补（退）税额=应纳税额（合计栏数）-本期预缴税额=440 000-70 000=370 000（元）。

⑥期末未缴税额=期初未缴税额+本期应补（退）税额-本期缴纳前期应纳税额=370 000（元）。

（3）填表

根据整理好的资料，填写B类报表。在“（2）计算相关项目”已经将要填表的各项目数据计算得出，这里就不再重复叙述了。

10.3 操作简便的网上报税

随着税收征管改革的不断深入和完善，以及计算机技术、网络技术的不断发展，纳税申报也可以采用信息化、现代化的管理方式，例如网上报税。

操作简便的网上报税

10.3.1 网上报税的基本要求

网上报税就是利用网络媒介完成各类纳税申报表的填写。纳税人要想直接在网上进行纳税申报，必须满足以下5个基本要求。

- 在每月的申报期内都必须填写《通用纳税申报表》。申报表包括申报期纳税人应申报的全部税种信息，例如，税种名称、税目名称、税款所属时期、税率以及税种是否代扣、委托等。
- 网上报税需填写报送其他纳税申报表，主要包括企业所得税申报表、企业所得税汇算清缴申报表。其中，企业所得税申报表是季度报表，必须与《通用纳税申报表》一并提交，且数据相符，申报才算成功。
- 网上报税需报送作为财务分析依据的财务报表，以验证报表的平衡及勾稽关系。这些财务报表主要包括资产负债表（月报）、利润表（月报）、主营业务收支明细表、利润分配表（年报）、现金流量表（年报）和应上缴各税及其他款项情况表。
- 采用网上报税方式申报纳税的纳税人必须定期向主管税务机关报送纸质申报资料，主要包括通用纳税申报表、资产负债表、利润表，以及其他需要报送的资料。报送时，每份资料的纳税人名称处必须加盖单位公章，并按上述顺序定期向办税服务厅报送。

- 网上报税只有在办理网上报税手续时才能使用，在办理网上报税前需签订纳税人、税务机关、纳税专户开户银行三方协议，由税务局分配办理网上报税业务的登录密码。

10.3.2 网上报税的流程

实际上，采用网上纳税申报时填写的纳税申报表与纸质纳税申报表基本一致。但是，网上申报除了填写报表的数据外，还涉及以下流程。

- 第一步：纳税人向国税局的征管部门提出网上申报纳税申请，经县（市）区税务局审批同意后，正式进行网上申报纳税。
- 第二步：纳税人向税务机关提供在银行已经开设的缴税账户，并保证账户中有足够用于缴税的资金。
- 第三步：纳税人与银行签署委托划款协议，委托银行划缴税款。
- 第四步：纳税人利用计算机和申报纳税软件制作纳税申报表，并通过因特网传送给税务机关的税务系统。
- 第五步：税务机关将纳税人的应划缴税款信息，通过网络发送给有关的银行。由银行从纳税人的存款账户上划缴税款，并打印税收转账专用完税证。
- 第六步：银行将实际划缴的税款信息利用网络传送给税务机关的税务系统。
- 第七步：税务机关接收纳税人的申报信息和税款划缴信息，打印税收汇总缴款书，办理税款的入库手续。
- 第八步：纳税人应及时到银行营业网点领取税收转账完税证，进行会计核算。

10.4 新手加油站

1. 税务代理

税务代理是指代理人接受纳税主体的委托，在法定的代理范围内依法代其办理相关税务事宜的行为。税务代理的范围包括以纳税人（含扣缴义务人）的名义代为办理纳税申报，申请减免税，设置、保管凭证账簿，进行税务行政复议和诉讼等。因此，若企业规模较小，可以委托具有相应资质的代理公司进行纳税申报。

2. 税务机关征收税款的方式

税务机关可以依法根据不同税种和纳税人的具体情况，来确定适合的征收税款的方式。常见的税款征收方式包括查账征收、查定征收、查验征收、定期定额征收4种。

（1）查账征收

查账征收也称“查账计征”或“自报查账”，是指税务机关依据纳税人报送的纳税申报表、财务报表和其他纳税资料，进行税款征收的方式。查账征收主要适用于账簿、凭证、财务核算制度健全，能据以如实核算，反映生产经营成果，并能正确计算应纳税款和如实履行纳税义务的纳税人。

（2）查定征收

查定征收是指对账务不全，但能控制其材料、产量或进销货物的纳税单位或个人，由税务机关依据该纳税人正常条件下的生产能力对其征收税款的方式。查定征收主要适用于生产经营规模较小、产品零星、税源分散、会计账册不健全，但能控制原材料或进销货的小型厂矿和作坊。

（3）查验征收

查验征收是指税务机关对纳税人的应税商品、产品，通过查验数量，按市场一般销售单价计算其销售收入，并据以计算应纳税款的征收方式。查验征收适用于纳税人财务制度不健全、生产经营不固定、零星分散、流动性大的税源。

（4）定期定额征收

定期定额征收简称“定期定额”，也称为“双定征收”，指税务机关对小型个体工商户的应纳税经营额或所得额进行核定，并以此为计税依据，确定其应纳税额的一种征收方式。定期定额征收适用于经批准的生产经营规模小、未达到规定的设置账簿标准、难以查账征收、不能准确计算计税依据的个体工商户和个人独资企业。

10.5 动动手

1. 填写增值税纳税申报表

泰昌公司是一家轮胎制造公司，2019年5月该公司销售情况包括：①销售额：491 080.00元；②销项税额：83 783.60元。其2019年5月公司购进情况，共涉及13笔开具增值税专用发票的购买业务，获取13张增值税专用发票的抵扣联，发票上相关数据如表10-14所示。则在2019年6月8日，根据上述资料，该公司会计人员李艾应如何填写2019年5月的增值税纳税申报表？

表10-14 泰昌公司5月购进情况相关数据表

日期	业务	不含税售价（元）	税率（%）	税额（元）	价税合计（元）
5月4日	赊购热塑性树脂	120 000	13	15 600	135 600
5月5日	赊购铝材	121 900	13	15 847	137 747
5月8日	支付热塑性树脂运费	1 000	9	90	1 090
5月8日	购买乘用车	44 000	13	5 720	49 720
5月9日	支付汽油费	6 000	13	780	6 780
5月10日	赊购橡皮	15 000	13	1 950	16 950
5月12日	支付装修服务费	7 200	9	648	7 848
5月13日	购买数码相机	12 200	13	1 586	13 786
5月14日	赊购染色剂	27 000	13	3 510	30 510
5月14日	购买办公用品	5 800	13	754	6 554
5月16日	赊购五金配件	68 000	13	8 840	76 840
5月19日	支付电费	2 700	13	351	3 051
5月27日	购买包装箱	6 600	13	858	7 458

单据及答案

配套\第10章\纳税申报表模板\增值税纳税申报表.xlsx
配套\第10章\参考答案\填写增值税纳税申报表.docx

2. 填写企业所得税纳税申报表

新丰公司是一家工业企业，2018年全年生产经营情况如下：实现营业收入400万元，发生营业成本100万元，税金及附加为12万元，销售费用为41万元，管理费用为28万元，财务费用为8万元。前11个月已经预缴所得税20万元。已知该公司企业所得税按照会计账务资料进行征缴。根据以上资料，填写新丰公司企业所得税纳税申报表。

单据及答案

配套\第10章\纳税申报表模板\企业所得税纳税申报表.xlsx
配套\第10章\参考答案\填写企业所得税纳税申报表.docx